함께꿈이,아라옴

경계긋기의 어려움
고종석時評集

2009년 2월 28일 초판 1쇄
2010년 10월 15일 초판 2쇄

지은이 | 고종석

편 집 | 문해순, 박대우
관 리 | 이영하

종 이 | 세종페이퍼
인 쇄 | 미르인쇄
제 본 | 은정제책

펴낸이 | 장의덕
펴낸곳 | 도서출판 개마고원
등 록 | 1989년 9월 4일 제2-877호
주 소 | 서울시 마포구 공덕1동 105-225 2층
전 화 | (02) 326-1012
팩 스 | (02) 326-0232
이메일 | webmaster@kaema.co.kr

ISBN 978-89-5769-094-9 03300
ⓒ고종석, 2009. Printed in Seoul, Korea.

www.kaema.co.kr

국립중앙도서관 출판시도서목록(CIP)

경계긋기의 어려움 : 고종석 時評集 / 고종석 지음. --서울 : 개마고
원, 2009
 p. ; cm

ISBN 978-89-5769-094-9 03300 : ₩15000

사회 비평[社會批評]

304-KDC4
300.2-DDC21   CIP2009000545

개마고원

책 앞에

이 책 『경계긋기의 어려움』은 『신성동맹과 함께 살기』(2006) 이후에 쓴 시평(時評)들을 모은 것이다. 제2부에 실린 글 한 편의 제목을 옮겨와 책 표제로 삼았다. 이 책에 실린 글들의 적잖은 수가, 살아가면서 경계를 긋는 것의 어려움을 털어놓고 있다는 생각에서다. 그 경계는 공적인 것과 사적인 것의 경계, 보편주의와 문화적 상대주의의 경계, 자유주의와 민주주의 사이의 경계, 이성적 판단과 윤리적 판단과 미적 판단 사이의 경계 같은 것이다. 그것은 또 윤리의 논리성이나 논리의 윤리성 속에서 피어나는 아지랑이 같은 것이기도 하다. 친구와 전화로 수다를 떨 때, 그 수다가 삼성재벌의 탈법적 망동을 꾸짖는 것이라면, 그런데 친구와 내가 들고 있는 휴대폰이 삼성 제품이라면, 우스꽝스러운 일일 것이다. 그런데 그 우스꽝스러운 일이 매일 일어나고 있다. 이 자랑스러운, 그러나 최근 위협받고 있는 '자유민주주의 사회'에 살면서, 나는 이(利)와 의(義)의 경계가 어딘지도 때때로 잘 모르겠다. 김수영의 말대로, "우리들의 적은 늠름하지 않다/우리들의 적은 카크 다글라스나 리챠드 위드마크 모양으로 사나웁지도 않다/그들은 조금도 사나운 악한이 아니다/그들은 선량하기까지도 하다." 그 적들 앞에서, 나는 저를 보편주의자로 (잘못) 여기는 상대주의자 같기도 하고, 저를 자유주의자로 (잘못) 여기는 민주주의자 같기도 하다.

한 가지, 『경계굿기의 어려움』이 나 자신을 포함한 기성세대를 힐책하고 싶은 욕망(차라리 근질근질함?)에 슬며시 이끌리고 있음을 밝히고 싶다. 경계를 찾기 위해 어둠 속의 길을 더듬거리면서도, 나는 청년 편에 서려 애썼다. 나 자신을 노년이라 여긴 적은 없지만, 쉰한 살 먹은 사내는 청년들 눈에 (거의) 노년으로 비칠 것이다. 나는 한 사회가 잘되고 못되는 것이 청년세대보다 기성세대한테 더 달려 있다고 생각한다. 특히, 지금 한국 청년세대가 맞고 있는 사회경제적 시련의 상당 부분이 기성세대의 이기심 탓이라고 생각한다.

'제1부 프라하의 소녀시대'는 『한국일보』의 '고종석 칼럼'이다. 발표한 날짜를, 시간적 역순으로, 글 뒤에 붙였다. 사실 이 책은 제1부로 마무리됐어야 했을지도 모른다. 그 뒤의 글들은 말 그대로 사족이다. 그러나 그 사족 덕분에 제1부의 글에 좀더 설득력이 더해졌기를 바란다.

'제2부 도린과 제라르를 위하여'의 글 가운데 둘은 2006~2007년의 『시사저널』사태'를 비판적으로 다루고 있는데, 다른 데가 아니라 바로 『시사저널』지면에 실렸다. 좀 기묘한 모양새이긴 하다. 살펴보니, 나는 그 글 둘만이 아니라 제1부와 제3부에서도 여러 차례 이 사태에 참견했다. 『시사IN』의 창간에 이바지한 바는 조금도 없지만,

나 역시 이 미증유의 사태에 간접적으로나마 연루돼 있었음을 알겠다. 제2부의 글들은, 『시사저널』의 시평 난에 쓴 첫 세 글을 빼고는, 『씨네21』의 '유토피아, 디스토피아' 난에 실렸다. 역시 발표일 역순으로 싣고, 그 날짜를 밝혔다.

'유토피아, 디스토피아'와의 인연이 단속적으로 이어지고 있는 게 기쁘다. 마음 한구석에선, 당연하다는 방자함도 움찔거린다. 푼수라는 놀림을 받을 각오를 하고 밝히자면, 이 난은 본디 『씨네21』의 창간편집장이었던 소설가 조선희 씨가 나를 위해 만들어준 난이다. 나는 당시 파리에서 세월을 허송하는 백수였고, 조선희 씨는 그런 친구의 살림을 조금이라도 거들겠다고 나만을 위한 고정난을 만든 것이다. 그러나 어리석은 나는 민족주의를 다소 거세게 비판한 첫 원고가 실리지 못하게 되자 마음이 상해 『씨네21』과의 관계를 끊었고(조선희 씨의 욕을 길게 들었다), 몇 해가 지나서야 이 난의 필자로 손가락을 들이밀게 되었다.

'제3부 슬픈 사랑 노래 둘'은 『대산문화』를 비롯한 여러 잡지에 쓴 글들이다. 글 끝머리에 발표 매체와 날짜를 밝혔다. 수록한 순서에 질서가 없는 것은 발표 지면이 여럿이어서 시간적 순서에 별 뜻이 없다고 보았기 때문이다. 주간지의 글들은, 지면에서는, 끝에 적힌 날짜보다 일주일 이상 앞서 독자를 만났다고 해야 할 게다. 발표일을 인터넷판에서 옮겨왔기 때문이다. 《선샤인뉴스》에 실으려고 쓴 글들 뒤에 발표일이 없는 것은 확인할 수가 없어서였다.

　원고를 출판사에 넘기기 전에 한번 쭉 훑어보니, 여항의 사사로운 다툼과 거리를 유지하지 못한 참견의 글(곧이곧대로 얘기하자면 선전선동문)들이 적잖이 눈에 띈다. 아직도 내게 이런 격정이 남아 있는 것은 좋은 일일까? 그랬으면 좋겠다.

2009년 이른 봄
고종석

차례

제2부 도린과 제라르를 위하여

제1부
프라하의 소녀시대

정치인의 책 쓰기

정치인이 문필업을 겸할 필요는 없다. 그에게 필요한 것은 권력의지나 통찰력, '싸움의 기술' 같은 것이지, 문장력이 아니다. 그러나 적잖은 정치인이 책을 내고 떠들썩한 출판기념회를 연다. 대개 자기홍보용 팸플릿에 가까운 책이다. 제 '화려한' 이력을 과장해서 기록하고 있는 그 책들을 그 '바쁜' 정치인이 직접 썼는지는 알 수 없다. 나는 정치인이 제 이름으로 내는 책을 꼭 제 손끝으로 써야 한다고 주장하는 것은 아니다. 그러나 주변 사람들의 도움을 받더라도, 그 알갱이가 자신의 생각이어야 함은 엄연하다. 불행하게도, 그들의 '자서전들'을 들추다보면, 이건 완전한 대필이구나 하고 짐작하게 하는 대목을 어렵지 않게 찾을 수 있다.

　나는, 다른 전문직 종사자처럼, 정치인들도 힘닿는 한 책을 많이 써야 한다고 생각한다. 제 이력을 화사하게 포장한 자서전류 말고(그런 자서전류는 은퇴한 뒤에나 쓸 일이다), 제 정치적 비전과 야심을 드러내는 책 말이다. 그러나 그런 책을 찾아내기는 어렵다. 지식인 출신의 정치인들도, 정치판에 일단 발을 들여놓고 나면, 집필과는 담을 쌓는 것 같다. 예외 하나가 언뜻 떠오른다. 한국과 영국에서 최고 수준의 교육을 받고 교수생활을 하다 정계로 들어간 사람이 새 천년 들머리에 『진보적 자유주의의 길』이라는 책을 낸 적이 있다. 그러나 그 책을 읽은 뒤, 실망을 감출 수 없었다. 그가 그 책을 학자로서 쓴 것인지 정치인으로서 쓴 것인지는 알 수 없으나, 그 텍스트의 밀도는 저자의 미끈한 교육배경과 어울리지 않았다.

앤서니 기든스의 『제3의 길』을 여기저기 파헤쳐놓은 듯한 그 책은 외적 일관성도 없었다. 그가 말하는 '진보적 자유주의'는 당시 김대중 정권의 노선과 매우 닮았는데도, 그는 김 정권에 대한 평가에 매우 인색했다. 그가 지식인으로서가 아니라 정치인으로서 이 책을 썼다는 표지인지도 모른다. 그때나 지금이나 그는 자신이 주장하는 진보적 자유주의를 실천하지 않는다. 내가 보기에, 저자는 그때나 지금이나 '진보적 자유주의자'가 아니라 '기회주의적 보수주의자'다.

최근에 또 다른 정치인이 쓴 책을 읽었다. 표제는 '한국의 내일을 말하다.' 저자는 17대 총선에서 낙선했다가 네 해 만에 국회로 돌아온 3선의원이다. 그는 낙선 이후 미국에 얼마간 머무르며 한반도를 비롯한 동북아 지역학을 공부했는데, 그때 이런저런 세미나에서 발표한 발제문들도 끼어 있다. 이 책 텍스트의 전부가 토씨 하나까지 저자의 손가락 끝에서 나왔다는 확신은 없다. 버락 오바마의 대통령 당선 이후 사정까지 다루고 있는 걸 보면, 아마 주변 사람들의 도움을 받았으리라.

그러나 나는 이 책의 저자가 표지에 이름이 박힌 바로 그 사람이라고 자신 있게 말할 수 있다. 이 책을 쓰며 그가 주변에서 받은 도움이 (있었다고 해도) 그리 크지는 않았으리라는 확신이 있다는 뜻이다. 우선 이 책은 그가 정치활동을 하며 관심의 끈을 놓지 않았던, 한반도와 동북아의 갈등 해소를 꾀하는 데 텍스트의 반 이상을 배당하고 있다. 나머지는 작년부터 한국인 대부분의 관심사가 된 신자유주의와 한-미 FTA에 대한 견해의 피력이다. 저자가 직업적 국제정치학자나 경제학자가 아니어서 서술이 세련되지는 못했지만, 외려 그 점이 더 미덥다.(그 꺼끌꺼끌한 문장들은 한국 법조인들의 악명 높은 글솜씨를 연상시킨다. 이 책의 저자는 법조인 출신이다.)

참여정부 다섯 해를 거치면서, 이 책 저자와 가까운 정파에 대해 나는 지지를 철회하게 되었다. 그러나 이 책의 논지엔 대체로 수긍이 간다. 그것은 한국의 '리버럴한' 정치인이 지닐 수 있는 전망의 최대치를 드러내고 있다. 궁리와 공부를 통해 책으로 자신의 비전을 널리 털어놓는 관습이 다른 정치인들에게도 퍼졌으면 좋겠다. (08/12/25)

버락 오바마의 신세계

버락 오바마라는 마흔일곱 살 흑인 남자가 미합중국의 제44대 대통령
으로 뽑혔다는 사실을 두고 웬 호들갑이냐며 짐짓 냉소하는 사람도
있을 수 있겠다. 그는 오바마의 '흑인 정체성'을 확신하지 않는 사람
일 테다. 그 의심이 터무니없는 것은 아니다. 우선 오바마는, 외모가
흑인이긴 하지만, 백인 어머니 밑에서 자란 혼혈인이다. 그러니까 그
는 백악관 주인으로 뽑힌 최초의 아프리카계 미국인이 아니라, 핏줄
의 반쪽이 유럽계(흔히 코카시안이라 부르는)인 미국인이다. 그의 몸속
에는 자신의 모계 조상들인 영국인, 아일랜드인, 독일인의 피가 흐르
고 있다.

더구나 오바마는 노예의 후손이 아니다. 그의 아버지는 케냐에서
하와이로 유학 온 인텔리였다. 다시 말해 오바마에게는 대다수 아프
리카계 미국인들이 집단적으로 추체험하고 있는 '노예의 기억'이 없
다. 그것은 마틴 루터 킹이 1963년의 저 유명한 워싱턴 평화행진 연설

'내게는 꿈이 있습니다'에서 발설한, "언젠가 조지아의 붉은 언덕에서 그 옛날 노예의 자식들과 그 옛날 노예 주인의 자식들이 형제애 가득한 테이블에 함께 앉을 수 있으리라는" 꿈을 오바마 자신이 직접 이룰 수는 없다는 뜻이다.

게다가 오바마는 미국의 평균적 흑인들과는 크게 다른 교육 배경을 지녔다. 그는 컬럼비아대학을 졸업했고, 하버드 법학대학원생 시절엔 권위 있는 『하버드법률평론』지(誌)의 편집장을 했으며, 시카고 법학대학원에서 가르쳤다. 그리고 자기 못지않게 지적인 흑인 여성과 결혼했다. 오바마의 영어 억양은 그처럼 미끈한 교육을 받지 못한 그의 동족 대부분과 크게 다르다.

오바마가 백악관에 들어가면, 거의가 백인인 참모들에게 둘러싸여서 거의가 백인인 장관들과 함께 행정을 펼치게 될 것이다. 공익 변호 활동을 비롯해 그가 정계에 발을 들여놓기 전 참여한 시민운동은 그에게 윤리적 아우라를 입혔지만, 민주당이든 공화당이든 흔히 '말벌(와스프 Wasp: White Anglo-Saxon Protestant, 백인 앵글로-색슨 신교도)'이라 불리는 미국 주류 세력의 이해관계에 떠밀려 그것이 빛바랠 가능성은 얼마든지 있다. 오바마는 또 그 말벌들 사이에서 미국의 경제와 문화를 움켜쥐고 있는 시오니스트들의 얼굴마담이 돼, 미국과 이스라엘 사이의 신성동맹에 시멘트를 한 겹 더 바를 수도 있다.

그러나 나는 오바마의 당선이 확정된 순간 소주잔을 들고 태평양 너머로 곡진한 축하의 마음을 건넸다. 어쩌면 그때 내 눈에 이슬이 비쳤는지도 모르겠다. 설령 오바마가, 노무현이 그랬듯 대통령이 된 것 이상의 업적을 남기지 못한다 할지라도, 그의 당선은 단기적으로 인류의 미래를 조금은 덜 어둡게 만들 것이다. 오바마의 당선은 앞으로

4년간 이 행성에, 적어도 지난 8년간보다 포연이 덜 휘날릴 가능성을 높여주었다. 피부 빛깔의 경계가 계급의 경계와 얼추 일치하는 미국에서 오바마가 제 인종의 계급적 이해관계를 배신한다 하더라도, 그의 당선에 뜻이 없는 것은 아니다. 인종적 유대감은 흔히 계급적 유대감을 넘어서고, 사람들의 삶은 빵 못지않게 중요한 자긍심이라는 먹거리에 기대고 있기 때문이다. 가장 힘센 나라에서 '후세인' 이라는 미들네임을 지닌 흑인 대통령이 나왔다는 사실은, 흑인을 포함한 유색인들 전체에 자긍심을 줄 것이다.

더러 흑인을 대통령으로 등장시키는 미국 드라마들을 보며, 나는 그 비현실성에 비위가 상하곤 했다. 내 생애 안에 흑인 미국 대통령이 나오리라는 것은 상상도 못 했다. 민주당 대통령 후보 경선에서 오바마가 힐러리 클린턴과 각축을 벌이기 전까지는 말이다. 나는 지금 내가 형편없는 정치 관측자라는 사실이 너무 기쁘다. 미국 유권자들은, 특히 적잖은 백인 유권자들은, 네 해 전의 불명예를 씻어냈다. 그것도 축하할 일이다. (08/12/11)

지방은 식민지다

독일 수도는 베를린이다. 그러나 프랑크푸르트나 뮌헨 같은 '지방도시' 시민들이 베를린이나 그 둘레에 사는 사람들을 선망할 것 같진 한다. 제네바나 취리히 같은 '지방도시'에 사는 스위스인 역시 수도 베른의 시민들을 부러워할 것 같지 않고, '지방도시' 안트베르펜에 사는 벨기에인 역시 수도 브뤼셀의 시민들을 질투할 것 같지 않다.

이 나라들은 연방국가들이니, 그렇다 치자. 그렇다면 연방국이 아닌 일본에선 어떨까? '지방도시' 교토에 사는 이들이 수도 도쿄에 사는 이들을 선망할까? 그럴 수도 있겠다. 그러나 간사이 지방과 간토 지방의 전통적 라이벌 의식을 생각하면, 선망보다 흠잡기에 더 관심이 있을 것 같다. 이것은 일본이 유럽 바깥에서 전형적 봉건제를 겪은 매우 드문 나라라는 사실과도 관련이 있으리라.

한국은 어떤가? 나 자신이 서울에 살고 있어서 말하기가 조심스럽긴 하지만, 수도권에 대한 수도권 바깥 사람들의 선망과 질투는 아마 세계 최고 수준일 것이다. 그럴 만도 하다. 강준만의 근저 『지방은 식민지다!』가 인용하고 있는 조명래의 『현대사회의 도시론』에 따르면, 2002년 현재 서울은 한국 중앙행정 기능의 100%, 경제 기능의 76.1%, 정보 기능의 93.6%를 지니고 있었다. 수도권의 면적은 국토의 12%에 지나지 않지만 2007년 현재 전체 인구의 48.6%가 이곳에 산다. 대한민국은 수도권의 구심력이 드세기 짝이 없는 서울공화국인 것이다.

　　역사적 연원이 어디에 있든(지방분권적 봉건제 전통의 부재, 즉 지속적인 중앙집권주의가 한 원인이 될 수 있겠다), 수도권이 나날이 비대해지고 지방이 점점 여위어가는 직접적 원인은 중앙정부의 수도권 중심 정책 때문일 것이다. 그러나 강준만은 지방 사람들에게 이제 '서울 탓'보다는 '내 탓'을 더 하자고 호소한다. 『지방은 식민지다!』에서 그는 지방이 대한민국의 '내부식민지'가 될 수밖에 없는 사정을 정치·경제·문화·교육·언론에 걸쳐 파헤친다. 그리고 이를 극복할 수 있는 '세련된' 해결책을 내놓는다. 해결책의 큰 테두리는 지역주의를 지방주의로 바꾸는 것이다.(대구 출신 인사들이 중앙권력을 잡아야 한다고 생각하는 이는 지역주의자다. 반면에 대구든 어디든 수도권 이외 지역이 문화를 포함한 모든 영역에서 수도권에 맞먹어야 한다고 생각하는 사람은 지방주의자다.)

　　그러나 그 해결책의 각론 가운데 만만한 것은 하나도 없다. 지역 언론운동이나 '문화 거버넌스' 같은 거창한 일만이 아니라, 공공적 연고주의, 암묵지의 공유, '고향기부 마케팅'처럼 비교적 자잘한 일도 실천에 옮기기 어려울 것이다. 그 이유는 간단하다. 인간은 강준만이 생각하는 것만큼 선하거나 공적(公的)이지 않기 때문이다. 강준만도 자신이 내놓은 지방의 내부식민지 탈피 방안을 마법의 지팡이로 여기지는 않을 것이다. 다만, 그 자신이 더러 쓰는 표현대로, (서울공화국에 치여) 죽더라도 이유는 알(리)고 죽자는 취지에서 책을 썼을 것이다. 나는『지방은 식민지다!』를 되도록 많은 사람들이, 특히 수도권 바깥에 사는 사람들이 읽기 바란다.

80년대 한국 노동운동을 좌편향으로 이끄는 데 결정적 영향을 끼친 이가 수도권의 도지사가 돼 "중국 공산당도 우리 같은 규제는 안 한다"고 말해도 그게 스캔들이 되지 않는 사회가 한국이다. 대중은 그들 자신에게 걸맞은 정부를 갖는다는 금언은 상투적인 만큼이나 옳다. 지방선거에서든 대선에서든, 한국 유권자들은 제 마음 깊은 곳에 숨어 있는 가장 비루한 인격을 체화한 이들에게 권력을 위임했다. '지방 살리기'라는 인기 없는 주제를 가지고 지방에서 고군분투하는 강준만을 생각하면, 서울에서 논평질이나 하고 있는 내 모양새가 계면쩍다. 이러나저러나 지방은 앞으로도 식민지일 것이다. 우리 모두가 좋은 의미의 지방주의자로 변하지 않는 한. (08/11/27)

들어라, 노년들아!

이 글 제목의 방자함을 독자들이 해량하여 주셨으면 좋겠다. 이 글이
흘긋 엿볼 책의 표제가 '들어라 청년들아'여서, 그 제목을 살짝 비틀
어본 것뿐이다. 물론 그 비틂에는 내가 이 책의 논지에 '고스란히는'
공감하지 않는다는 뜻이 배어 있다. 이 책 저자 정과리는 불문학을 전
공하고 대학에서 국문학을 가르치는 문학평론가다. '들어라 청년들
아'라는 표제를 보고, 나는 라이트 밀스의 『들어라 양키들아』를 떠올
리며 '이제 정과리가 정치 팸플릿도 쓰나?' 하는 생각을 잠깐 했다.
그러나 부제 '정과리 문화읽기'가 암시하듯, 이 책은 일종의 문화비
평서다. 거기서 문화란, 자연을 뺀 삶의 모든 것, 곧 정치 · 사회 · 예
술 · 일상 따위를 아우르는 넓은 개념이다. 곧, 저자의 전공인 순문학
바깥의 세상사를 살핀 에세이들을 모은 책이다.
　　저자는 이 책의 글들을 지난 10년에 걸쳐 썼다고 한다. 그 10년
동안 먼발치에서 정과리의 '변화'를 바라보면서, 나는 그가 (나쁜 의미

의) 정치적 보수주의자이자 (좋은 의미의) 문화적 아방가르드가 됐다고 판단했었다. 그런데 『들어라 청년들아』를 읽고 보니, 정과리는 정치적으로든 문화적으로든 좋은 의미의 보수주의자인 듯하다. 한국 인문학자들 가운데 정과리만큼 디지털 세계에 소양이 깊은 이도 드물 텐데, 그는 관심의 방향이 자신과 비슷한 소설가 복거일과 달리 이 새로운 세상을 장밋빛으로만 칠하지 않는다.

정과리는 디지털 문화의 쌍방향성에 대해 코웃음을 치고(생산자와 향유자가 동일 평면에서 만나는 일은 결코 없으므로), 포스트 휴먼 세상을 우울하게 전망한다.(컴퓨터를 만든 것도 사람이고 인터넷을 구축한 것도 인간이지만, 조상이 자손의 영원한 지배자가 되리라는 것은 역사적으로 증명된 바가 없으므로.) 정과리를 불편하게 하는 '사유하는 기계'는 제레미 리프킨이 『노동의 종말』에서 '실리콘칼라'라고 불렀던 구식 로봇이 아니라, 질 리포베츠키와 장 세루아가 『누리-문화(La Culture-monde)』에서 '테크노 사피엔스'라고 부르는 최첨단 사이보그다. 호모 사피엔스를 테크노 사피엔스가 대체하고, 심지어 지배할 가능성에 전율을 느끼지 않을 호모 사피엔스는 드물 테다.

『들어라 청년들아』의 폭넓은 관심을 이 짧은 칼럼에서 주유할 수는 없다. 그러니 젊은이들을 향한 '계몽'의 열정이 가장 도드라지는 마지막 장에 대해서만 몇 마디 하자. 저자는 여기서 디지털 세계와 한국 판타지 소설과 한국 젊은 세대를 솜씨 좋게 포개면서, 한국 청년문화의 미숙함을 질타한다. 이를테면 "그곳의 글쓰기는 문장의 기본부터 다시 가르쳐야 할 것들로 가득 차 있다"거나 "대부분의 판타지 소설들은 아직 글쓰기 이전에 있다"(248~249쪽) 같은 진단들이 그렇다.

그러나 나는 이름난 중년 · 노년 지식인들의 날림글들과는 비교

할 수 없이 명료하고 윤리적인 이십대 청년들의 한국어 텍스트를 인터넷에서 어렵지 않게 발견한다. 문법도 엉망이고 내용도 부정확한 외국어 텍스트를 인터넷에서 어렵지 않게 발견하듯. "디지털 공간에서 생산되는 문화의 95%는 쓰레기"(184쪽)라는 저자의 선고가 외국어 텍스트까지를 아우르고 있는지는 알 수 없지만, 그것은 디지털 공간 바깥에서도 마찬가지일 게다. 좋은 것은 어디서나 드문 법이다.

내가 확연히 느끼는 것은, 요즘 청소년들이 청소년 시절의 내 세대보다 생각도 깊고 글쓰기에도 능숙하다는 점이다. 그것은 디지털 공간이, 비록 적잖은 부작용을 낳고 있긴 하나, 문화의 민주주의를 넓혔다는 뜻이다. 나는 저자의 계몽주의가 나이 든 세대를 향했으면 좋겠다. "미숙함이 그 자체로서 개성적인 가치로 인정받는 사태, 인정받을 뿐 아니라 요란하게 선전되는 사태"(250쪽)의 책임은 청년들한테가 아니라 나이 든 세대, 곧 우리들한테 있으니 말이다. (08/11/13)

심상정 생각

1985년 6월 구로동맹파업이 일어났을 때, 나는 3년차 직장인 겸 석사과정 3학기 대학원생이었다. 파업을 지지하며 연대를 건네는 대자보들이 교정 곳곳에 나붙어 있었다. 다니던 직장도, 정보를 캐내 파는 회사였으므로, 동맹파업 얘기로 시끌시끌했다. 그때 나는 심상정이라는 이름을 몰랐다. 그러나 그 잔혹했던 군부파쇼 시절, 동맹파업을 조직한 이들에게 동시대인으로서 부끄러움을 느끼지 않을 수는 없었다. 그 부끄러움은 부러움이기도 했다. 나는 교정의 대자보들에서 지천으로 발견되는 세 겹 느낌표(!!!)를 핑계 삼아, 그 부끄러움과 부러움을 억지로 눅였다. 젊어서부터 나는 세 겹 느낌표를 경멸했다. 그것이 독선과 반(反)지성의 기호처럼 보였기 때문이다.

파업이 가혹하게 진압된 직후 서울노동운동연합(서노련)이라는 '대중정치조직'이 만들어졌을 때도, 나는 심상정이라는 이름을 몰랐다. 다만 그 조직을 이끄는 이의 실명이 김문수라는 것을 직장 동료에게서 얻어들었다. 동료의 (어쩌면 편견에 찬) 논평에 따르면, 김문수는 '골수 빨갱이' 라는 것이었다. 그 말이 옳았든 글렀든, 김문수는 지금 '하얗디하얀' 경기도지사가 돼 있다. '전향' 자체는 선(善)도 악(惡)도 아니다. 사람과 상황은 변하게 마련이니까. 그러나 그것도 정도 문제다. 노동운동가 시절의 극좌 인사가 극보수 정당의 중진 정치인이 돼 있는 것을 보면, '인간은 모두 존엄하다' 는 말이 허언(虛言) 같다.

내가 심상정이라는 이름을 처음 들은 것은 새 천년이 돼서였다. 그는 당시 금속노조 사무처장이었다. 그 즈음에야, 나는 구로동맹파업과 서노련의 중심에 심상정이라는 여자가 있었음을 알게 됐다. 그리고 '금속노조' 라는 '무시무시한' 산별노조를 이끄는 헌신적 노동운동가가 여자라는 데 '조금' 놀랐다. '붉은 로자' 라는 별명으로 불렸던 로자 룩셈부르크를 떠올리며, 나는 더러 '붉은 상정' 이라는 말을 되뇌어보곤 했다. 그러나 17대 총선에서 민주노동당 소속 국회의원으로 뽑혔을 때, 심상정은 한 세기 전의 로자만큼 붉어 보이진 않았다. 말하자면 그도 전향을 한 셈이다. 그 전향은 레닌의 『무엇을 할 것인가』를 통째로 암송하던 이십대의 급진 사회주의자에서, 의회 활동을 통해 사회를 변화시키려는 사십대 사회민주주의자로의 전향이었을 것이다. 그것은 당당하고 아름다운 전향이었다. 역사에서 확실히 패배한 체제에 이끌려 현실과 유리된 언어를 계속 놓하는 것은 부정직하고 무책임한 짓이므로.

17대 국회 재경위에 소속돼 심상정이 펼친 '잔 다르크적' 활동을 여기서 재론할 필요는 없겠다. 전문성이 가장 요구되는 위원회에서 그는 부지런히 공부하며 경제 관료들에게 뒤지지 않는 식견을 결기 있게 펼쳤고, 이내 진보정치의 한 상징이 되었다. 지나간 역사를 가정하는 것만큼 허망한 짓도 없지만, 만일 17대 대선에서 '반(反)신자유주의 연합전선'의 단일후보 심상정이 이명박과 맞붙었다면, 승자와 패자의 득표 차이는 크지 않았을 것이다. 18대 총선에서 진보신당 후보로 고양 덕양에 출마했다가 석패한 심상정은 이제 새로운 시작을 준비하고 있다. 그러나 대선에서 이명박에게 압승을 안기고 총선에서 심상정을 떨어뜨린 '그' 유권자들과 더불어 진보정치의 희망을 조직하는 일이 쉽지는 않을 것이다.

심상정은 최근 『당당한 아름다움』이라는 책을 냈다. 편집이 세련되긴 하나, 정치인들이 흔히 내는 그만그만한 책이다. '봉하 마을 어른' 덕분에 지난 다섯 해 동안 내 염세주의는 한층 악화했다. 그래서 심상정에게서도 경계의 눈초리를 말끔히 거두지는 못하겠다. 그러나 책 표제 '당당한 아름다움'은 과장돼 보이지 않는다. 쉰 살 심상정은, 지금까지 그랬던 것처럼, 당당하고 아름답다. 앞으로도 이 책의 표제가 심상정의 삶에서 빛바래지 않았으면 좋겠다. (08/10/30)

헌법 제20조를 위하여

지난번 이 자리에 쓴 「미친 사랑의 기도」는 근본적 시장주의가 초등학교 과정에서부터 계급에 따라 교육을 분리하는 세태를 비판한 글이었다. 그리고 나는 그 글에서 이 천박한 시장지상주의를 이명박 정권 탓으로 돌리지도 않았다. 그런데 적지 않은 독자들이 그 글을 기독교 비판으로, 더 나아가 이 정권의 종교 편향에 대한 비판으로 읽은 듯하다. 칼럼에 대한 비판적 반응들은 대개 헐거운 호교론(護敎論)을 밑절미 삼아 이 정권을 두둔하고 있었다.

　글 첫머리에서 무신론자를 자처한 것이 그런 오해를 낳은 것 같다. 그런데 어차피 이런 오해를 받고 보니, 달갑잖은 계몽주의자 시늉을 할 수밖에 없다는 생각이 든다. 리처드 도킨스가 『만들어진 신』에서 했던 그 역할 말이다. 나는 사실, 『만들어진 신』을 읽고 나서 저자에게 약간 짜증이 났다. 고작 신이 없다는 것을 사람들에게 납득시키기 위해 중언부언을 마다 않고 그렇게 두꺼운 책을 썼다는 데 비위가 상했다. 도킨스의 능력으로라면 그 1/10 분량의 텍스트로라도 무신론을 깔끔하게 옹호할 수 있었을 것이다. 그래서 혹시 『만들어진 신』의 부피가 계몽을 향한 열정보다는 인세 수입에 대한 타산과 더 관련이 있지 않을까 하는 의심까지 잠깐 했다.

무신론자가 되기 위해, 굳이 『만들어진 신』을 읽을 필요는 없다. 그 책보다 (내용이 아니라 두께가) 훨씬 얄팍한, 러셀의 『나는 왜 기독교인이 아닌가?』 정도면 충분하다. 철학자 브라이언 매기는 『칼 포퍼』라는 책에서 "합리적인 사람이라면 포퍼의 마르크스 비판을 읽고 나서도 마르크스주의자가 될 수는 없다"고 말한 바 있다. 나는 그를 흉내 내서 '합리적인 사람이라면 러셀의 기독교 비판을 읽고 나서도 기독교인이 될 수는 없다'고 말하겠다.

러셀의 책 제13장은 '하느님은 존재하는가?'라는 제목으로 러셀과 어느 성공회 신부가 BBC 방송에서 한 토론을 옮겨놓고 있다. 코플스턴이라는 성(姓)을 지닌 이 신부는 대담에서, '종교 없이도 윤리가 가능한가?', 다시 말해 '하느님이 없어도 선악을 분별할 수 있는가?'라는 질문을 지침 없이 되풀이하며 러셀을 괴롭힌다. 이 주제는 도킨스의 책에서도 두 장을 차지하고 있는데, 물론 나는 러셀이나 도킨스처럼 그게 가능하다고 여긴다. 나는 신에 기대서가 아니라 내 이성과 경험에 기대어 선악을 구별할 수 있다. 물론 그 능력은 내가 속한 인류의 진화 단계에 얽매여 있을 것이다.

역사적 기독교가 저지른 죄악들이나 한국 개신교의 '돈 숭배'를 손가락질하며, 그것은 예수의 가르침을 배반하는 것이라고 말하는 '지식인들'도 있다. 이들은 '타락한 교회'를 비판하며, 가난하고 핍박받는 이들의 벗이었던 예수의 정신으로 돌아가라고 훈계한다. 나는 이런 사람들을 부정직하다 여긴다. 20세기에 출간된 가장 강력한 기독교 변증서일 『순전한 기독교』의 저자 클라이브 스테이플스 루이스조차 이런 '세련된' 지식인들을 거세게 비판했다. "예수를 위대한 도덕적 스승으로는 기꺼이 받아들이지만, 그 자신이 하느님이라는 주장은 받아들일 수 없다"는 말은 자가당착이기 때문이다.

예수가 만일 하느님(의 아들)이 아니고 인간이었다면, 그는 위대한 도덕적 스승이 될 수 없다. 왜냐하면 신약에 묘사된 역사적 예수는 교만하고 우스꽝스러운 미치광이일 뿐이기 때문이다. 그가 사람이 아니라 하느님(의 아들)이어야만, 그의 기괴한 행적들을 납득할 수 있다. 나는 예수를 약간 별났던 사내로 여기고, 무염시태도 부활도 믿지 않으므로, 기독교인이 될 수 없다. 그러나 나는 기독교인들을 업신여기거나 적대시하지 않는다. 그들이 '내 조국' 대한민국을 자기들의 신에게 봉헌하려고 헌법 제20조를 짓밟지만 않는다면. 이 정권이 들어선 뒤, 이 조항을 잊은 사람들이 많아진 것 같아 걱정이다. (08/10/16)

미친 사랑의 기도

괜한 겸손을 떨진 않겠다. 나는 신을 믿지 않는다. 불행스런 일 앞에서 그 무신론이 기우뚱거린 적도 있긴 했다. 그럴 때면, 어쩌면 신이 있을지도 몰라, 하며 불가지론자 시늉을 하거나, 이놈의 신은 딴 데 정신 팔려 제가 만든 세상엔 무심하군, 하며 이신론자 시늉을 했다. 그러나 전지전능하고 지선(至善)한 신의 존재를 믿어본 적은 한 번도 없다. 불가지론자 시늉이나 이신론자 시늉도, 가늠할 길 없는 세상사에 절망해 잠시 비틀거린 것일 뿐, 그 유혹이 내 무신론에 금을 내진 못했다. 눈앞의 일상적 비참을 보면서도 전지전능하고 지선한 신을 믿는 사람들의 그 맹목이 나는 부럽다.

'부럽다'는 말은 비아냥거림이 아니다. '이 무한한 공간의 영원한 침묵에 두려움을 느끼는' 인간이, 비록 생각할 줄은 안다 해도 '갈대'에 불과한 인간이, 제 운명의 상승을 어떤 초자연적 존재에게 빈다고 해서 그걸 탓할 수는 없다. 영국인 생물학자 리처드 도킨스가 『만들어진 신』(원제의 뜻은 '신(神)이라는 망상')이라는 책에서 펼친 주장을 나는 거의 받아들인다. 그러나 나는 도킨스가 그 책에서 성직자나 신자들에게 보인 경멸과 조롱에까지 동의하지는 않는다. 그것은 내 무신론이 도킨스의 무신론보다 여려서가 아니라, 동류에 대한 내 연민이 계몽을 향한 도킨스의 열정보다 더 크기 때문이다. 이 대목에서 나는 도킨스보다 더 거만하다.

기도하는 사람들을 볼 때 나는 경건해진다. 도킨스라면 그들 앞에서, 그들의 '무지(無知)'와 '미몽(迷夢)' 앞에서, 눈살을 찌푸리며 혀를 차리라. 그러나 나는 기도하는 사람들의 마음속에 담겼을 간절함과 순박함에 가슴이 저리다. 그들을 슬기로운 사람이라 여기지는 않지만, 아름다운 사람이라 여긴다. 그 기도가 평화나 박애 같은 공적 가치를 위한 것일 땐 특히 그렇다.

그러나 기도하는 사람 모두가 내 눈에 아름다운 것은 아니다. 대입 수능이 한 달여 앞으로 다가왔으니, 자식이 시험을 잘 치르게 해주십사고 기도하는 어머니의 사진을 어느 신문이든 한두 번은 곧 1면에 실을 게다. 나는 제 자식의 '시험 운'을 위해 곡진하게 기도하는 이 '헌신적' 어머니들의 사진이 역겹다. 그들 가운데 자식이 애쓴 만큼만 이루게 해달라고 기도하는 어머니는 거의 없을 것이다. 그들 대부분은 자식에게 '넘의 운'이 따르기를 기원할 것이다.

그들의 기도가 추한 것은, 기도라는 그 정결한 옷 안에 탐욕이라는 때투성이 몸이 감춰져 있기 때문이다. 제 자식을 축복하는 기도를 통해 이웃들의 자식에게 저주를 내리기 때문이다. 나 자신 그런·역겨운 기도의 유혹에서 완전히 자유로웠다고 말하지는 않겠다. 그러나 그 사실이 이런 기도가 역겹다고 털어놓을 자격을 내게서 빼앗는 것은 아니리라. 어쩌면 그 기도는 지독한 사랑의 기도일지 모른다. 그러나 그때의 사랑은 미친 사랑일 것이다. 그 사랑은 제 자식의 동년배들을 향한 미움의 다른 이름일 테니까.

최근 교육 당국은 '국제중학교'라나 뭐라나를 통해서, 이 미친 사랑의 기도를, 저주의 기도를 초등학생 부모들에게까지 강요하기 시작했다. 이제 대한민국은 24시간 기도 소리가 울려 퍼지는 '하나님 나라'가 될 모양이다. 그런데 이 하나님은 돈 많은 자들의 기도에만 귀를 기울이시는 이상한 취향을 지니셨다. 그리하여 한국에선, 경제학자 우석훈이 근저 『괴물의 탄생』에서 지적하듯, 주거공간의 분리, 시장의 분리와 더불어 교육의 분리가 빠르게 진행될 참이다. 국가와 사회가 시장에 고스란히 포섭된 상태를 뜻하는 '괴물'이 우석훈의 우려대로 파시즘행 통로를 넓힐지 어쩔지는 모르겠다. 슬프게도 이 괴물이 태어난 것은, 우석훈에 따르면, '삼성을 위한 정권'이었던 노무현 '좌파' 정권 때 일이다. 날은 이미 저물었는데, 갈 길은 아득하다.

(08/10/02)

김진석 생각

균형은 어느 한쪽으로 치우치지 않은 상태다. 고대 윤리학자들은 그
것을 '중용'이라는 이름의 덕(德)으로 떠받들었고, 근세 독일 철학자
들은 그것을 미적 형식 원리의 하나로 추켜세웠다. 이상적 민주주의
는 왼쪽의 평등과 오른쪽의 자유가 균형에 다다랐을 때 이뤄진다. 평
등이 쇠약할 때, 자유는 힘세고 사나운 이들이 약하고 순한 이들을 짓
밟으며 멋대로 이익을 취할 수 있는 권리로 변질된다. 자유가 비실거
릴 때, 평등은 다수의 횡포와 중우정치로 통하는 길을 닦는다. 균형은
삶의 여러 영역에서 인류가 오랜 세월 좇아 구해온 어떤 이상태(理想
態)다.

　　철학자 김진석(인하대 교수)의 근저 『기우뚱한 균형』은 인류의 이
오랜 공안(公案)을 풀어보려는 끈질긴 사유의 한 열매다. 네 해 전, 꽉
죄는 철학의 거푸집을 깨고 나와 『폭력과 싸우고 근본주의와도 싸우
기』로 사회정치적 발언을 하기 시작한 저자는 앞선 책의 문제의식을

이어 나가면서, 그러나 구체성의 살을 한층 더 불려, 현실정치에 개입하고 있다. 포스트모더니즘 철학의 한 끝머리를 난해한 문체로 농한 그의 첫 저서 『탈형이상학과 탈변증법』(1992)의 인내심 많은 독자들은, 중도를 지향하는 담백한 문체의 정치학자를 『기우뚱한 균형』에서 발견하고 꽤 놀랄 것이다. 그 중도는 지난해 대선을 앞두고 농담처럼 펄럭였던 우(右)와 극우 사이의 중도가 아니다. 김진석의 중도는 표준적 민주주의의 이념적 정규분포를 지탱하는 중도이자 균형이다.

그 균형이 '기우뚱한 균형'인 것은, 저자의 설명에 따르면, 끊임없이 우로 좌로 부딪쳐야 기우뚱 무게를 잡을 수 있기 때문이고, 그렇게 잡은 균형도 무거운 중심추를 마음 놓고 바닥에 늘어뜨려 놓지는 못하기 때문이다. 그러나 나는, '동요하는 우파와 좌파에게 권하는 우충좌돌 정치철학'이라는 이 책 부제에 기대어, 그의 기우뚱한 균형을 '다소 편파적인 균형'이라 해석하고 싶다. 관용어 좌충우돌을 '우충좌돌'로 바꿔놓은 데서도 짐작할 수 있듯, 그의 비판이 먼저 겨냥하는 것은 우파다. 그것은 한국 정치지형에서 우파의 힘이 압도적이기 때문이다. 그러니까 저자가 생각하는 자신의 '기우뚱한 균형'은 왼쪽으로 살짝 기운 균형일 것이다. 그러나 그의 펜촉은 곧이어 좌파를 겨눈다. 그의 생각에 한국의 일부 좌파는, 현실과 동떨어진 관념 속에서, 실천 가능성 너머의 근본주의로 치닫고 있기 때문이다.

김진석은 그런 기우뚱한 균형 속에서 보편주의와 실용주의 사이를, 솔직함과 뻔뻔함 사이를, 위선과 위악 사이를, 자율과 공공 사이를 걷고 기고 날고 미끄러진다. 사이를 두고 맞버티는 여러 쌍의 테제들은 한국 사회의 구체적 사건들과 들러붙어 있다. 저자가 이 책에서 이론가인 것 이상으로 비평가라는 뜻이다. 그 기우뚱한 균형은 또 위태로운 균형이기도 하다. 세상의 이상적인 것은 모두 위태롭다. 이상(理想)은 늘 정상보다 이상(異常)에 가까우므로.

　　나는 그의 '기우뚱한 균형'을, 저자의 자기정향(自己定向)과 달리, '오른쪽으로 살짝 기운 균형'으로 여긴다. 중도우파를 자처하는 내가 보기에도, 시장사회나 전쟁에 대한 그의 관점이 사뭇 유연하기 때문이다. 그러나 자신이 참여지식인으로서 실천할 수 있는 것 너머를 이야기하지 않는 절제는 이 책의 두드러진 미덕이다. 언어의 변증법에 현실을 억지로 꿰맞추지 않는 정직함도 그렇다.

　　철학은 개념의 생산이라고 들뢰즈는 말했다. 그렇다면 니체의 '초월'을 땅바닥으로 끌어내린 '포월(匍越)'이라든가, 마르크스주의자들의 '소외' 개념에 적극성과 능동성의 옷을 입힌 '소내(疎內)' 따위의 개념을 만들어낸 김진석은 분명히 철학자다. 그러나, 역시 그 자신이 창안한 '기우뚱한 균형'이란 개념을 열쇠말로 삼아 한국　정치를 세심히 살필 때, 그는 정치학자 같기도 하다. (08/09/18)

지난여름의 한기 寒氣

역사의 진행이 단선적일 수야 없겠지만, 이명박 정권의 가파른 반동
개혁은 걱정스럽다. 제6공화국의 두번째 집권자 김영삼이 한국 정치
에서 군부의 생식선을 제거해낸 이래, 한국인들의 정치적 자유는 발
랄하게 뻗어 나갔다. 보수신문들이 뭐라고 투덜댔든, 김대중·노무현
시대에 한국 언론은 무람없이 자유를 누렸다. 경제적 최약자들의 정
치적 몸부림이 더러 표독스럽게(다시 말해 반민주적으로) 억눌리기는
했으나, 그 두 자유주의 정권은 시민들이 누릴 수 있는 자유의 폭을
빠른 속도로 넓혔다. 그와 함께, 소위 '공안정국'이라는 말이 신문에
서 사라졌다.

　　그러나 최근의 사회주의노동자연합(사노련) 사건에서 보듯, 야릇
한 기시감(既視感)과 함께 이 불길한 말이 역사의 박물관에서 밖으로
기어 나오고 있다. 이 정권은 촛불집회가 장기화하면서 지지율이 곤
두박질치자, 낡아빠진 레드콤플렉스 깃발을 다시 쳐들기로 한 모양이

다. 그런데 이 희비극적 사태는, 사노련 운영위원장 오세철이 지적했듯, 그 책임의 작지 않은 부분이 김대중·노무현 정권에 있다. 특히 과반 의석을 차지하고도 국가보안법 하나 없애지 못한 노무현 정권은 크게 비판받아야 한다.

보안법 문제를 정면 돌파하기보다 소위 '사문화론(死文化論)'을 내세우며 어물쩍 넘어가던 당시의 여권을 나는 이 자리에서 이렇게 비판한 적 있다. "주로 지금의 집권 세력 한쪽에서 나오는 사문화론은, 보안법이 악법이기는 하지만 실제론 거의 작동하고 있지 않으니 굳이 이 법을 놓고 분란을 일으킬 필요가 없다는 것이다. 이런 편의주의자들이 잊고 있거나 모른 체하고 있는 것은, 한순간 사문화한 듯 보이는 보안법이 정권 담당자나 사법부의 변덕에 따라 언제든지 되살아나 사람들을 선택적으로 처벌할 가능성이다. 악법의 적용을 삼가는 '좋은 정권'과 '좋은 검찰'과 '좋은 사법부'를 기대하고 악법을 놓아두자는 주장은 법의 지배를 포기하자는 것이다."(05/03/31)

내게 무슨 '혜안'이라도 있었다고 젠체하려는 것이 아니다. 막 어섯눈 뜬 십대 소녀들도 이해할 법한 이 간단한 이치를 당시의 여권이 모른 체했다는 데 화가 난다는 것이다. 겨우 두 번 대선에서, 그것도 가까스로 이긴 처지에, 자기들 정권이 영원할 줄 알았던 모양이다. 보안법을 양보하고 무슨 대단한 민생입법을 받아낸 것도 아니다. 그들은 소리 높여 '개혁'을 외칠 줄만 알았지, 그 개혁을 무를 수 없을 정도로 제도화하는 데는 무심했다. 그 결과는 법의 자의적 남용을 통해 시민의 기본권을 억누르고 시장숭배를 통해 사회양극화의 심화를 굳건히 제도화하려는 반동 자본가 정권의 등장이다. 이명박 정권은, 앞선 세 정권의 진화를 거슬러 오르며 노태우 정권으로 퇴행하고 있

다. 노태우 정권의 개혁과 이명박 정권의 반동개혁은 유사 권위주의
적 자본가 정권이라는 지점에서 만난다. 1990년 3당 합당 이후의 민
자당과 당시 민주당(평민당)의 원내 세(勢)도 지금과 엇비슷하다.

그러나 사정은 지금이 더 나쁘다. 노태우 정권 때의 개혁파는 공
세를 취할 만한 대의와 지지기반이 있었다. 정권 쪽에서도 일정한 한
계를 넘지 않는 선에선 양보할 의사가 있었다. 그 시절, 유사 권위주
의 정권과 보수신문들의 동맹은 지금처럼 견고하지 않았다. 그러나
지금의 소위 개혁 세력은 수세에 처해 있다. 이미 정권의 그늘 아래
들어간 듯한 공영방송사에서 노태우 정권 때와 같은 대규모의 방송민
주화운동이 일어난다 해도, 그 당시처럼 여론의 호응이 클지 의심스
럽다. 정권 역시, 설령 물리력을 사용하지 않는다 해도, '재능 넘치고
영혼 없는' 법률가들을 동원해 방송사 내의 민주파를 압살할 것이다.
지난여름의 폭염에서 열기보다 한기가 더 느껴졌던 이유가 거기 있
다. 올겨울은 또 얼마나 추울까. 겨울은 없는 사람들에게 가장 힘겨운
계절인데. (08/09/04)

허물어지는 '영광의 20년'

경찰이 촛불시위를 거칠게 진압하고 KBS 건물에 난입하면서 공격성을 뽀족이 드러낸 뒤, 야당과 시민사회 일각에서 이명박 정권을 전두환의 제5공화국에 비유하는 일이 잦아졌다. 정치공세에는 과장이 따르기 마련이라는 점을 감안해도, 이것은 위험한 언행이다. 결과적으로, 현재의 '(상대적으로) 덜한 악'을 비판하기 위해 과거의 '절대악'을 두둔하는 짓이기 때문이다. 이런 경박한 비유는 5공을 겪지 못한 젊은 유권자들의 정치적 상상력을 크게 왜곡한다.

5공 때라면 촛불집회 자체가 불가능했을 테고, 경찰이 굳이 KBS 건물 안으로 쳐들어갈 필요도 없었을 테다. 그 시절, 정치적 반대자에 대한 고문은 일상적이었고, 파업이나 시위는 제 삶의 큰 부분을 거는 모험이었다. 꼭 5월이 아니더라도, 젊은이들은 제 몸을 불사르거나 내던짐으로써 민주주의를 위한 싸움을 생명과 맞바꿨다. 집권 방식도 다르다. 수백 구의 시신을 짓밟으며 총으로 집권한 전두환과 달리, 이명박은 표로 집권했다. 지난해 12월 대한민국 유권자들이 아둔했든 약삭빨랐든, 이 정권은 전두환 정권과 달리 정통성을 지닌 정권이다. 이 정권을 두고 '5공으로의 회귀'니 하는 말을 입에 담는 이들은 5공을 역사적으로 복권시키고 있는 것이다.

그러나 인수위 시절 이후 이 정권의 행보가 지난 스무 해 동안의 개혁에 대한 반동개혁의 성격을 띠고 있는 것은 사실이다. 두 노씨와 두 김씨가 이끌어온 6공 스무 해 동안, 대한민국은 시민적 자유의 빠른 신장과 한반도의 긴장 완화에 더해, 만만찮은 경제성장을 이뤄냈다. 1997년 말의 환란을 극복하는 과정에서 사회양극화가 크게 심화하기는 했으나, 그 IMF 구제금융 시절을 제외하곤 경제위기라 할 만한 것이 없었다. 앞선 네 정권의 권력엘리트들이 능력이 있어서 그랬든 국내외 환경이 좋아서 그랬든, 대한민국은 대체로 '영광의 20년'을 보냈다. 문제는 그 영광의 빛이 경제적 약자들에게, 사회에 새로 진입하는 젊은 세대에게 전혀 미치지 못했다는 것이다.

지금 이 정권은 그 '영광의 20년' 동안 대한민국이 이뤄낸 성과들을 허물어뜨리는 한편, 그 영광의 빛을 쬐지 못한 사회경제적 약자들을 더욱 큰 절망의 구덩이로 내몰고 있다. 교육을 포함한 사회 모든 분야를 적자생존의 무한경쟁체제로 전환함으로써, 이 정권은 계급 재생산 기제를 공고히 다지고 있다. 정연주를 KBS 사장 자리에서 끌어내면서, 또 MBC 〈PD수첩〉을 길들이려 하면서 이 정권이 보여준 난폭함과 조잡함은 시민적 자유의 핵심인 언론의 자유만이 아니라 민주주의의 근간인 법치주의에까지 어두운 그늘을 드리웠다. 친미 일변도의 서툰 외교는 당사국인 미국을 포함한 주변국들의 조롱과 경멸과 적의에 대한민국을 노출시켰다. 북한에 대한 대통령의 경솔한 발언은 남북관계를 김일성 사망 직후로 경색시켰다. 해외 요인이 깊이 개입했다고는 하나, 이 정권은 경제의 양적 성장조차 앞선 정부들이 이룬 만큼 해내지 못할 듯싶다.

　부패 문제도 그렇다. 국제투명성기구(TI)의 부패인식지수(CPI)나 수뢰자지수(收賂者指數, BPI) 순위에서 한국이 비슷한 경제 규모의 딴 나라들보다 훨씬 뒷자리에 있는 것이 이 정권 탓은 아니지만, 새 정권 초기부터 사방에서 터지고 있는 부패 스캔들은 이 정권이 좋아하는 '국가경쟁력'에 틀림없이 큰 장애가 될 것이다. 국제투명성기구의 관찰에 따르면, 국가경쟁력과 부패는 대체로 역의 관계에 있다. 나처럼 견결한 반공주의자가 레닌의 수사법을 훔쳐오는 게 스스럽긴 하지만, 이 정권의 핵심부와 그 둘레는 경제적 강자들과 '수천 가닥의 실로 묶이고 엮여' 있는 것 같다. 이 정권은 분명히 5공 정권이 아니다. 그러나 이 정권은 노태우 정권까지 포함한 6공의 다섯 정권 가운데 가장 무엄하고 미련한 정권이다. 걱정이다. (08/08/21)

이청준 생각

나는 선생의 작품을 즐기지 못했다. 그저 허영심이나 의무감으로 읽었다. 단편 「눈길」을 읽었을 땐 주책없이 눈물을 쏟았지만, 그 눈물은 일본열도를 울음바다로 만들었다는 구리 료헤이(栗良平)의 『우동 한 그릇』을 읽고 흘린 눈물과 별다를 바 없었다. 사실 「눈길」은 선생의 문학세계 변두리에 고명처럼 덧놓인 소품일 뿐이다.

선생은 젊어서부터 최인훈과 함께 한국 지식인문학을 대표했지만, 나는 선생의 지성에 잘 적응하지 못했다. 최인훈의 세계가 나와는 한결 더 맞았다. 두 분의 문학세계는 '지식인문학'이라는 헐거운 말로 뭉뚱그리기엔 너무 다르다. 두 분 다 관념을 부리는 데 능했지만, 최인훈의 관념이 근대적이라면, 선생의 관념은 고전적이었다. 묻고 되묻고 거듭 캐묻는 '지식인문학'의 임무 수행에 어느 쪽이 더 효과적인 것일까?

추리소설 형식을 즐겨 취한 것도 선생의 문학에 지성의 무늬를 아로새겼다. 그러나 선생의 문학에는 기지나 풍자나 냉소나 해학 같은 지적 장치들이 없었다. 그것들이 최인훈에게는 있었다. 발랄함과 재바름의 결여는 선생의 삶과 문학이 지녔던 진지함과 따스함의 뒷면일 수도 있겠으나, 그것이 (내 경우에) 선생의 작품에서 잔재미를 앗아갔다.

　　문체도 그렇다. 이성의 투명함으로 반들반들한 최인훈 문장에 견줘, 선생의 문장은 자주 어눌하고 청승맞았다. 그 청승은 어쩌면 선생이 '진짜' 전라도 사람이라는 데서 나왔으리라. 고향이 서로 멀지 않았던 문학평론가 김현이나, 함경도에서 전라도를 거쳐 서울로 온 최인훈과 달리, 선생은 끝내 서울 사람이 되지 못했다. 내가 한 번도 가보지 못한 선생의 고향 장흥은 내 선대들의 누백 년 세거지지(世居之地)였다. 내 본향이 그곳이다. '제주 고씨 장흥 백파'가 내 부계 혈통의 라벨이다. 장흥은 '약빠른 서울내기'인 나와 전라도 사람이었던 선생을 이어주는 거의 유일한 고리다.

　　내가 선생의 작품을 즐기지 못했다는 것은 선생의 문학이 예사로웠다는 뜻이 아니다. 취향과 품질을 분별할 정도의 판단력은 내게도 있다. 읽기의 편식이 심해 극히 주관적인 평가가 되겠지만, 해방 뒤 소설가 가운데 셋만 꼽으란다면, 나는 주저 없이 선생과 최인훈, 이인성을 꼽겠다. 그것은 한국 문학이 지난주 대상(大喪)을 당했다는 뜻이다.

　　나는 생전의 선생과 친분이랄 만한 게 거의 없었다. 먼발치에서 뵌 것까지 셈해도, 여남은 번이나 뵈었을까? 그러나 내겐 거의 스무 해 전 선생께 받은 편지가 하나 있다. 선생의 어떤 작품을 읽고 반해 신문에 호들갑스러운 서평을 썼는데, 거기 고마움을 표한 편지다.

몇 년 전, 그 알량한 친분마저 금이 갔다. '전라도' 발언(본인은 이를 부인한다)으로 한창 물의를 일으키고 있던 소설가 이문열 씨가 민주당 추미애 의원과 사나운 말을 주고받은 적이 있다. 그때 선생은 한 신문 칼럼에서 이문열 씨를 두둔했다. '전라도'가 정체성의 큰 부분인 나는 이문열 씨를 비판하는 칼럼 끝머리에서 거칠게 선생을 거론하고야 말았다. "이청준 씨께 묻는다. 문인까지 갈 것도 없이 한 시민의 처지에서, 이문열 씨의 발언은 받아들일 만한가? 아니, 전라도 사람으로서, 이문열 씨의 발언은 받아들일 만한가?"라고.

그 뒤, 선생은 나를 볼 때마다 외면하셨다. 나도, 겸연쩍음과 오기가 겹쳐, 선생을 피하게 됐다. 마지막으로 뵌 것이 두 해 전 어느 상가(喪家)에서였는데, 우연히 선생과 등을 맞대고 앉게 된 나는 일어설 때 인사도 없이 그곳을 나왔다. 이따금 그 칼럼을 되새기며, 내가 옳았는지 글렀는지 곰곰 생각해보곤 한다. 모르겠다. 그러나 똑같은 상황이 다시 벌어진다면, 나는 똑같은 방식으로 처신할 것 같다. 지난주, 「눈길」 이후 처음으로 선생님 때문에 울었다. 선생님이 저쪽 세상에서 늘 평안하시길 빈다. (08/08/07)

『시사IN』 잡감 雜感

『시사IN』의 정기구독 연장을 청하는 전화를 받고 나서 요번 호 표지를 보니, 어느새 45호다. 시사주간지는 설과 추석이 낀 주에 한 호씩 쉬므로, 한 해에 쉰 번 나오는 게 상례다. 45호니 아직 1년을 채우지는 못했으나, 정기구독의 단위기간이 보통 1년이므로, 영업하는 이들이 독자들의 구독 연장에 신경 쓸 때가 된 것이다.

지난해 가을 『시사IN』이 출범했을 때, 나는 그 미래를 크게 낙관하지 않았다. 기자들이 주도해 만든 언론사가 영업을 어떻게 감당해 나갈지도 걱정스러웠고, 『시사저널』 시절 파업중 다져진 구성원들 사이의 연대감이 얼마나 이어질지도 미심쩍었다. 나는 지금도 그 점에 대해선 확신이 없지만, 두 가지만은 확실히 알고 있다. 이 잡지가 결호 없이 45호까지 나왔다는 것. 그리고 이 시사주간지가 한국 저널리즘 시장에서 흔치 않은 '비판언론'이라는 것.

여기서 '비판언론'이라는 건, 지금은 '관보'로 탈바꿈한 소위

'조중동'이 지난 10년간 자처했던 비판언론을 말하는 게 아니다. 『시사IN』은 노무현 정권 시절에도 비판언론이었고, 지금도 비판언론이다. 이 잡지의 기사들을 이끄는 원칙은 한국 저널리즘에 널리 퍼진 정파성이 아니라, '시민적 양식'인 듯하다. 『시사IN』의 비판적 시각은 정치권력 이상으로 한국 사회를 쥐락펴락하는 자본권력에도 예외가 아니다. 『시사IN』의 탄생 자체가 『시사저널』 시절 삼성 관련 기사 삭제 사건에 말미암은 것과도 무관치 않겠지만, 삼성특검 수사를 다룬 이 잡지의 기사들은 그 질로나 양으로나 발군이었다. 실제로 『시사IN』은, 최근의 삼성재판 1심 판결에서 보듯 여전히 삼성의 그늘 아래 있는 한국 사회에서, 삼성의 손아귀 바깥에 있는 매우 드문 매체 가운데 하나다.

『시사저널』 시절부터의 독자로서 판단컨대, 『시사IN』 기자들은 파업과 창간 과정에서 약간의 '존재 전이'(내가 싫어하는 좌파 상투어다)를 겪은 것 같다. 기자들의 인적 구성에 변화가 거의 없는데도, 『시사IN』은 『시사저널』 시절의 '엄숙한 중립'에서 벗어나 한결 발랄해졌고, 사뭇 약자 편이 되었다. 그 발랄함은 들머리 '편집국장의 편지'에서부터 또렷하다. 문정우 국장은 『시사저널』 시절에도 편집장을 맡았던 것으로 기억하는데, 요즘처럼 '편집국장의 편지'에 풍자와 해학을 버무리진 않았던 것 같다. 물론 전문기자들의 심층기사와 칼럼들은 여전히 진지하다. 나는 그들의 글에 의지해, 세상 보는 법을 익힌다.

『시사IN』에서 내가 '편집국장의 편지'보다 먼저 찾아 읽는 것이 '까칠거칠' 난이다. 사실 나도 이 난의 필자가 될 뻔했으나, 이 잡지의 모태가 된 '시사모(시사저널을 사랑하는 사람들의 모임)'의 대표로 이름을 빌려준 일이 있던 터라, 근친상간의 느낌이 들어 사양했다. 비교적 젊은 외부 필자들이 돌아가며 쓰는 '까칠거칠' 난은 (아마 『씨네21』의 '유토피아 디스토피아' 난과 더불어) 생기와 통찰력에서 한국어 칼럼의 맨 꼭대기에 있을 것이다.(처음에 사양하길 정말 잘했다.)

기묘하게도, 이 난의 칼럼들에선, 필자가 누구든, 첫 필자였던 미학자 진중권 씨의 무늬가 설핏 엿보인다. 아니, '풍자문학가' 진중권 씨의 무늬라 해야 옳겠다. 사적 일화를 감칠맛 나는 문체에 실어 진지하게 글을 풀어 나가는 김현진 씨(나는 『시사IN』 덕분에 그녀의 팬이 되었다)조차, 이따금 엷게나마 풍자의 면사포를 걸친다. 그래서 '까칠거칠'은 에라스무스의 『광우예찬』(설마 '狂牛' 예찬?) 한 대목을 21세기 한국판으로 옮겨놓은 것 같기도 하다.

공적 지면의 언어로서는 매우 부적절하지만, '까칠거칠'의 젊은 필자들께 투덜거려야겠다. "늬들 왜 그렇게 글을 잘 쓰니?" 진중권 교수께도 무람없이 한마디 해야겠다. "넌 어쩌다가 애들을 이리도 곱다시 물들여놨니?" (08/07/24)

박정희, 뉴라이트, 이영훈

공론장에서 누군가의 인격을 '추레하다'고 헐뜯는 것은 제 인격의 추
레함을 드러내는 짓이다. 그 짓을, 비록 일종의 비유이긴 했지만, 두
주 전 칼럼 「인격이 사교술이 아니라면」에서 내가 저질렀다. 강준만
교수의 '인격론'을 따져본 그 칼럼에서 나는, 『한국 근현대사』(소위
'뉴라이트' 대안교과서)의 책임편집자 이영훈 교수(서울대 경제학부)가
『시사IN』(제29호)과 한 인터뷰를 거론하며, "이 소문난 '실증주의자'
의 반(反)실증주의적 언동도 어처구니없지만, 인격의 사적 영역을 경
시할 때, 그의 (공적으로 '추레한') 인격은 그의 (역시 공적으로 '추레한')
이념의 속살일 뿐"이라고 썼다.

　　그 칼럼을 읽은 독자 한 분이 기다란 메일을 보내주셨다. '뉴라
이트운동을 지지하는 직장인'이라고 밝힌 그는 '자신이 동의하지 않
는 이념과 그 이데올로그의 인격'을 '추레하다'고 표현한 내 '독선'에
'크게 실망했다'고 썼다. 그런데 그 큰 실망을 털어놓는 메일이 너무

예의발라서, 나는 잠시 얼떨떨했다. 소위 '뉴라이트'에 대해 편견을 지닌 나는 그쪽 사람들을 죄다 '머리에 뿔난 도깨비'(과장된 농담이다) 쯤으로 여기고 있었는데, 이 독자는 적어도 나보다는 인격이 훌륭했던 것이다. 이 글은 그 독자에게 보낸 답신을 줄인 것이다.

이영훈은 그 인터뷰에서 "박정희의 10월유신도 정당했다고 보는 것 같다"는 기자의 말에 이렇게 답했다. "한 개인의 권력욕만으로는 충분히 설명될 수 없는 커다란 변화를 한국인에게 안겨주었다고 썼다. 이미 죽은 사람이지만 자주 대화를 한다. 당신은 무엇을 위해서 그런 선택을 했냐고. 1979년 10월 그가 죽은 뒤 수백 명이 정치적 자유를 얻었다. 그 희생으로 중화학공업화와 경제성장을 이룬 것이다. 그런데 얼마나 큰 희생이었나? 노예처럼 끌려가 채찍 맞고 그런 것은 아니지 않나? 국회의원, 대통령을 하고 싶었는데 한동안 못했을 뿐이다. 대한민국 국민은 오대양 육대주를 누비며 역사상 유례없는 시대를 만들었다. 당시 중화학공업을 발전시키지 않았으면 지금 대한민국이 과연 어디에 있었을지 암담할 따름이다."

이것은 내 기억과 다르다. 내 기억이 옳다면, 10월유신은 국회 해산, 비상계엄 선포와 함께 일부 국회의원들이 군부대로 끌려가 '노예처럼' 고문당하는 것으로 막을 올렸다. 박정희가 죽은 뒤 정치적 자유를 얻은 것은 감옥에서 풀려난 수백 명의 정치범들만이 아니었다. 잠깐 동안이긴 했지만, 대한민국 시민 전체가 줄잡아도 7년 만에야 자유를 숨 쉴 수 있었다.

5 · 16 군사쿠데타로 수립된 제3공화국의 통치도 사뭇 억압적이었지만, 10월유신이 분만한 소위 제4공화국은, 한 시인의 표현대로, '겨울공화국'이었다. 박정희의 이름난 정적들이 당한 박해는 사실 별

것 아니다. 소위 인혁당 재건위 사건처럼 잘 알려진 간첩조작사건이 아니더라도, 납북 어부들의 가족을 비롯한 대한민국 천지의 '재수 없는' 장삼이사들이 간첩으로 몰려 끔찍한 고문을 당하고, 기약 없는 옥살이를 하고, 때로는 살해됐다. 그 시기의 한국은 시민들 전체가 감시의 눈길을 내면화한 원형감옥이었다.

　이영훈의 기억보다 훨씬 더 가혹했던 이 공포체제가 중화학공업을 기반으로 한 경제성장과 어느 정도 상관관계가 있는지는 잘 모르겠다. 그러나 이영훈이 암시하듯 경제성장을 위해서 그 '희생'이 필요했다 하더라도, 그 시대를 긍정하는 사람의 인격과 이념은 '추레하다'고밖에 할 수 없다. 그것은, 나만 안 당한다면, 내 이웃의 누군가가 무슨 일을 당하든, '좋은 게 좋은 거 아니냐'는 비루한 인생관의 발현이기 때문이다.

　유족에겐 큰 결례이겠으나, 박정희가 살해되고 그 이튿날 느꼈던 안도감과 가슴 설렘을 나는 지금도 잊을 수 없다. 너무 이른 안도감과 가슴 설렘이었다는 게 이내 드러나긴 했지만. (08/07/10)

인격이 사교술이 아니라면

인격에 관한 한, 나는 늘 내 발밑이 불안하다. 그래서 내 나름대로는 '인격'을 입에 담는 것을 삼가왔다. 그러나 강준만 교수의 6월 18일자 칼럼 「인격은 사교술이 아니다」가 내 6월 12일자 칼럼 「손호철과 강준만에 잇대어」에 대한 비판적 논평의 성격을 띠었으므로, 내 인격에 대해서 잠시 눈을 꼭 감고, 용기를 내서, 인격 얘기를 이어가 본다. 사실 마음 한구석엔 비생산적 대화라는 거리낌이 있다. 내 판단에 강 교수의 글과 내 글은, 서로 맞버티는 듯 보이지만, 엇비슷한 세계관이 서로 다른 각도로 한국 사회에 투영된 것이기 때문이다. 다시 말해, 가치관이 비슷한 사람들이 서로 겉도는 얘기를 하고 있는 것이다.

　　강 교수는 특정한 사람의 '인격'을 판단하는 것이 쉽지 않다는 내 말에 공감을 표하긴 했으나, 그 공감이 흔쾌한 공감 같지는 않다. 다시 말해 '인격'의 판단을 그가 그리 어려운 일로 여기지 않을지도 모른다고 나는 의심한다. 왜냐하면 그가, 비록 '극단적인 사례'라고

방어벽을 치긴 했으나, 5년 전 어느 '개혁' 정당에서 일어난 성폭력 사건 은폐와 그 즈음 문단에서 일어난 '범죄행위(에 가까운 인격적 일탈 행위)'를 예로 들었기 때문이다. 그런 '극단적' 사례를 두고 당사자의 인격을 판단하긴 쉽다. 그러나 이념과 인격의 괴리 문제가 인격의 그런 극단적 타락에서 말미암는 일은 그리 흔치 않다.

강 교수는 주변 사람들에게서 험담을 안 듣는 사람의 인격이 평균인의 인격보다 뛰어날 가능성이 크다는 내 말에 이의를 제기하며, 인격은 사교술이 아니라고 일갈했다. 나는 이 대목에서 좀 멍해졌다. 그의 말이 지당해서이기도 했지만, 내가 그를 잘못 읽었다는 걸 깨달아서였다. 강 교수가 인격의 중요성을 힘줘 말했을 때, 나는 그가 인격은 (사적 영역만이 아니라!) 공적 영역을 아우르는 것이라 말하고 있다고 판단했다. 그런데 알고 보니, 그는 '인격'의 사적 영역을 인정하는 데 인색한 것이다.

물론 인격은 사교술이 아니다. 그러나 부분적으로 사교술이기도 하다. 만약에 인격이 순전히 공적 영역이라면, 그것을 이념과 구별해 내는 것은 정말 어려울 것이다. 그리고 내가 복거일 씨나 이문열 씨에게 화가 난 것은, 내 판단과 달리, 그들의 '이념' 때문이 아니라 '인격' 때문일 것이다. 어쩌면 그럴지도 모른다. 그러나 그 경우에 이념과 인격을 구분하려는 노력의 실익은 현저히 줄어들 것이다.

그렇게 될 때, "어느 이념이건 그 실천이 그 신봉자의 나쁜 인격에 의해 왜곡되고 타락할 수 있다는 점에 주목하자"는 강 교수의 제안도 뜻을 거의 잃을 것이다. 인격을 공적 영역에 가둘 때, 예컨대 마르크스주의자를 자처했던 스탈린은 자신의 (공적인) '너저분한 인격'으로 마르크스주의를 왜곡하거나 타락시킨 게 아니다. 그는, 인격에서든 이념에서든, 거짓 마르크스주의자였을 뿐이다. 소위 뉴라이트 계열의 교과서 포럼이 대안교과서라며 지난봄 내놓은 『한국 근현대사』의 책임편집자 이영훈 교수는, 그 즈음 『시사IN』과의 인터뷰에서, 유신체제의 해악은 (고작) 수백 명의 시민들에게 국회의원, 대통령이 될 권리를 한동안 제한한 것뿐이라고 주장했다. 이 소문난 '실증주의자'의 반(反)실증주의적 언동도 어처구니없지만, 인격의 사적 영역을 경시할 때, 그의 (공적으로 '추레한') 인격은 그의 (역시 공적으로 '추레한') 이념의 속살일 뿐이다. 인격의 사적 영역을 몰수해버리면, 강 교수의 소망과 달리, 이념은 곧 인격이 되고 만다.

그건 그렇고 한국은, 강 교수의 생각처럼, 정말 '명분 중독증'에 걸린 '이념과잉' 사회일까? 오히려, 그가 얼마 전 낸 책의 제목대로, (명분이나 이념이라는 공적 가치를 소집단에 대한 충성심과 사적 이해관계로 대치하는) '각개약진 공화국'이 아닐까? (08/06/26)

손호철과 강준만에 잇대어

주제넘은 개입이다 싶어 잠자코 있으려 했으나, 입이 근질근질해 몇 자 적는다. 이 글은 5월 26일자 손호철의 정치논평 「김용갑을 다시 생각한다」와 그 글에 대한 긍정적 논평 격인 6월 4일자 강준만 칼럼 「'이념'과 '인격' 사이에서」의 독후감이다.

우선 두 분의 논지에 내가 공감하고 있음을 밝혀야겠다. 나는 진보주의자가 아니므로 손 교수와 똑같이 말할 수는 없지만, 손 교수 발언에서 '진보적'을 좀 모호한 용어인 '리버럴'로 바꿔치기하면, 그의 말을 고스란히 되풀이할 수 있다. 곧 "나 자신은 리버럴하다고 생각하지만, 리버럴하면서도 인간이 안 되고 격이 없는 사람보다는 보수적이어도 인간이 되고 격을 갖춘 사람이 더 바람직하다고 생각한다"고. "이념은 그 자체가 목적이 아니라 인간답게 살기 위한 수단에 불과하므로 인간이 안 된 사람이 진보적 이념을 가지고 운동을 한다고 해보아야 그것은 다 거짓"이라거나 "이념 못지않게, 아니 이 이상으로 중요한 것은 그 사람의 클래스 내지 격"이라는 그의 말에도 공감한다.

마찬가지로, "진영주의 앞에서 도덕은 사소하고 하찮은 것이 된다. 이런 사고방식은 정쟁(政爭)을 극단으로 몰고 가는 주요 이유"라는 강 교수의 진단에도, "인격은 막대한 공적 영역이므로 인격과 이념은 같이 가야 한다"는 그의 처방에도 공감한다.

이념에 앞서 '인격'이나 '인간'을 중시하는 두 분의 견해에 이렇게 공감하면서도, 몇 가지 개운치 않은 생각이 가슴에 얹힌다. 우선 특정한 사람의 '인격'은 누가 판단하는가? 나 자신을 두고도 어떤 사람들은 썩 형편없는 인간이라 판단할 테고, 어떤 사람들은 썩 괜찮은 사람이라 판단할지도 모른다. 그리고 그 '인격'의 판단에는 연고나 사적 이해관계가 개입할 수도 있고, 심지어 '이념'이 개입할 수도 있다. 연고나 이해관계, 심지어 '이념'에서 독립된 '인격'을 추출해내는 것이 늘 쉽지는 않을 것이다.

그것이 대체로 가능하다 하더라도 문제는 미묘하다. 예컨대 나는 소설가 복거일 씨나 이문열 씨와 두터운 친분은 없지만, 이들 주변 사람들이 그들의 '사람됨'에 대해 나쁘게 얘기하는 걸 들어본 적이 없다. 말하자면 이 두 작가의 '인격'은 일반인 평균보다 뛰어날 가능성이 크다. 그러나 나는 그들의 몇몇 소설과 신문 칼럼에서 드러나는 우승열패적 자유지상주의나, 보수를 넘어서 복고적, 봉건적이라고밖에 말할 수 없는 '이념'에 화가 난다. 그리고 그 '이념'의 해악은 그들 '인격'의 넉넉함을 상쇄하고도 남는다고 믿는다.

반면에 역시 나와는 친분이랄 게 거의 없지만, 주변에서 험담의 표적이 되고 있는 소설가도 있다. 그 험담들의 반만 진실이라 하더라도 그는 평균 이하의 도덕성을 지닌 이다. 그러나 그의 몇몇 소설은 시대의 어둠을 밝히는 횃불 노릇을 해왔다. 그와 이념을 달리하는 이들도 그 작품들의 격은 인정한다. 이럴 때, 그 인격의 하찮음 때문에 작품의 격도 '거짓'으로 백안시해야 하는 걸까? 선뜻 그렇다는 답이 나오지 않는다. '글이 곧 사람'이라는 말은 적중률이 매우 낮은 격언이다. 사람에게는 제 글로 제 인격을 가릴 수 있는 '교활함의 재능'이 있기 때문이다.

　마지막으로 '인격'이 '이념'보다 우위에 있다 하더라도, 그 적용의 한계 문제가 남는다. 나는 손 교수가 '이념'과 '인격'을 논하면서 김용갑 씨를 예로 든 것은 적절치 않았다고 판단한다. 김용갑 씨의 정계은퇴 선언 앞뒤로, 그의 '인격'을 기리는 갖가지 미담을 나 역시 접했다. 그러나 김용갑 씨는, 이념이고 뭐고를 떠나서, 전두환 정권의 안기부 기조실장과 청와대 민정수석을 지냈던 이다. 반란-내란정권의 비밀경찰과 사정기관을 지휘했던 사람이, 제 주변 사람들에게 아무리 넉넉한 '인격'을 발휘했다 해도, 나는 그에게 너그러울 수 없다.

(08/06/12)

어째서 이런 일이 벌어졌을까?

한 시인의 표현을 훔쳐, 어째서 이런 일이 벌어졌을까? 취임하고 백일도 안 된 세월이 마치 천일처럼 느껴지고, 그래서 남은 임기를 초단위 미만으로 알려주는 '이명박 퇴임시계'가 등장하고, 국민 지지도가 20%대에 머무는 일이. 민주화 이후 선거 역사상 최다 득표차로 당선하고, 여론시장을 손아귀에 넣은 주류신문들이 한목소리로 밀어주는 대통령에게.

어째서 이런 일이 벌어졌을까? 무능하다고, '아마추어'라고 비판하던 정권을 대신해 들어선 정권이 전임 정권보다 훨씬 더 무능하게 굴고, '아마추어'라는 말도 아까울 정도로 견습정권 짓을 저지르는 일이.

"이게 다 이명박 때문이야!"는 농담이 아니라 사실이다. 이 사태의 가장 큰, 그리고 최종적인 책임은 이명박 대통령에게 있다. 그가 말 그대로 국정 최고 책임자이기 때문이다. 그렇다면 국민은 왜 이명박에게 화가 났을까? 그가 너무 보수적이어서? 그럴 수도 있겠다. 그는 시장만세를 외치는 경쟁지상주의자라는 점에서도 보수적이고, 촛불집회가 상징하는 시민저항권을 '질서'로 대치하고 싶어한다는 점에서도 보수적이다. 그러나 그게 다는 아니다. 그렇다면, 그가 최근에 농담인지 진담인지 알 수 없게 자신을 규정했듯 '매우 진보적'이어서? 그럴 수도 있겠다. 방향이 어느 쪽인지 가늠하기도 어렵지만, 한국 사회를 변화시키고자 하는 그의 욕망은 멀미가 날 정도로 가파르다. 그러나 이 설명 역시 유권자 대다수의 이반을 온전히 납득시키지 못한다.

그렇다면 보수파든 중도파든 진보파든, 국민은 이명박에게 왜 화가 났을까? 가장 결정적 이유는 한 나라의 수석 공직자에게 공심(公心)이 결여돼 있다는 걸 그들이 마침내 확인했기 때문일 것이다. 공직에 들어서기 전부터 윤리적으로 미심쩍은 경력을 지녔던 그는 수석 공직자가 돼서도 그 습속을 버리지 못했다. 그 첫 증거는 인사다. 자신의 발밑이 불안하면 그렇지 않은 사람들로 주변을 채워야 했건만, 그는 그러지 않았다. 이명박은 내각과 대통령실을 한 나라의 정책을 짜내고 집행하는 공조직으로 여겼다기보다, 자신과 사적 인연들로 맺어진 지인들의 동아리로 여겼던 것 같다. 지난 대선에서 그가 크게 이긴 것이, 무능한 것보다는 부패한 게 차라리 낫다는 민심 때문이었다는 분석도 있었지만, 적어도 공적 영역에서는 무능과 부패가 일정한 정(正)의 상관관계에 있음을 이명박 정부 백일은 보여주었다.

이명박에게 공심이 결여돼 있다는 또 다른 증거는 그의 잦은 실언과 식언이다. 후보 시절의 마사지걸 발언부터 최근의 "(미국산 쇠고기가) 위험하면 안 먹으면 될 것 아니냐"는 발언에 이르기까지, 그의 실언 리스트는 길다. 실언보다 더 큰 문제는 식언이다. 그리고 그의 실언과 마찬가지로, 그의 식언이 특히 문제되는 것은 그가 수석 공직자라는 점 때문이다. 이명박은 우리가 겪은 대통령들 가운데 자기 말을 가장 가볍게 여기는 사람일 것이다. 후보 시절 정부조직에 관한 공약은 당선 뒤 그가 말을 뒤집음에 따라 큰 소란을 겪었고, 대운하나 쇠고기 협상과 관련해 거듭된 그의 말 바꾸기는 국민을 의심증 환자로 만들었다. 이미 지난 일이기는 하나, 설령 그가 BBK와 아무런 관련이 없다 하더라도, 국민들은 자신이 BBK를 설립했다고 말하는 이명박의 동영상을 또렷이 기억하고 있다. 제 말을 뒤집을 땐 변명이라도 하는 것이 여항인의 관례인데, 이명박은 그런 변명조차 불필요하다 여기고 세월이 베푸는 망각의 힘에 기대는 듯하다.

자신의 말을 믿지 않는 국민에게 지도자가 어떻게 리더십을 발휘할 수 있겠는가? 결국 우리는 공직자가 될 준비가 전혀 안 된 사람을 수석 공직자로 뽑아놓은 셈이다. 하릴없는 바람은, 그가 대통령 자리의 엄중함을 깨닫고 공심을 터득하는 것이다. 그 첫번째 실천은 자신의 말을 무겁게 여기는 것이다. (08/05/29)

노정태라는 사내

인터넷이 촘촘히 깔린 나라에 살면서도, 나는 이 문명의 놀이터와 거리를 두고 지내왔다. 국제적으로 큰일이 터졌을 땐 몇몇 외국 신문 사이트에 들어가 보던 시절도 있었지만, 언젠가부터 그 짓도 시들해졌다. 그나마 바지런히 들어가 보는 곳이 내 전자우편함과 《프레시안》이다.

그런데 몇 달 전부터, 주말마다 개인 블로그 몇 군데를 찾게 되었다. 예전 어느 잡지 사이트에서 한 젊은이의 글을 흥미롭게 읽은 적이 있는데, 그가 쓴 글들을 한목에 읽고 싶어 그의 블로그를 찾은 것이 계기가 되었다. 그 젊은이의 블로그엔 아마도 그의 지인들일 다른 이들의 블로그가 연결돼 있었다. 그리고 그 가운데 서넛은 내 첫 방문지만큼 흥미로웠다. 그중 하나가 노정태라는 이의 블로그(http://basil83.blogspot.com)다.

그런데 요즘은 노정태 씨의 블로그를 찾을 때마다 실망하기 일쑤다. 새 글이 올라 있지 않은 경우가 많기 때문이다. 노정태 씨는 매우 게으르거나 매우 바쁜 사람임이 틀림없다. 그러나 이따금씩 오르는 그의 글은, 내가 그 취지에 동의하든 회의하든, 늘 깊은 생각거리를 남긴다. 그는 최근 미국 쇠고기 파동을 두고 "광우병 논란의 양쪽 방향을 두루 살펴봐도, 우리의 '국민감정'은 어디까지나 농촌을 황폐화시키는 쪽으로 향하고 있다는 인상을 지울 수 없다"는 우려를 표했는데, 이것은 사태의 정곡을 찌른 발언이다.

김영삼 정부 초기에 쌀시장 개방을 강력히 주장하던 한 '자유주의' 논객은, 식량을 무기로 삼는 일은 너무나 비윤리적이어서 어떤 나라도 감히 그런 짓을 할 수 없을 것이라 강변한 바 있다. 2, 3차 산업이, 특히 3차 산업이 번성하는 한, 한국 농업이 설령 완전히 무너진다 해도 걱정할 일이 아니라는 것이었다. 국제시장에서 곡물 가격이 가파르게 오르고 있는 지금, 그리고 무엇보다도 그가 윤리적으로 생각할 한국 우익 세력이 휴전선 너머 동족에 대해서까지 식량을 무기로 사용하려 하고 있는 지금, 그가 무슨 생각을 하고 있을지 궁금하다.

내가 노정태 씨에 대해 아는(차라리 짐작하는) 것은 적다. 20대 후반 젊은이라는 것. 철학(이 아니라면 신학?)을 공부하는 학생이거나 회사원이라는 것.(어쩌면 학생이면서 회사원이라는 것.) '가을이'와 '입동이'라는 고양이와 함께 산다는 것. 진보신당 당원(이 아니라면 지지자?)이라는 것. 그 또래의 '리버럴'한 젊은이들이 흔히 그렇듯 '최장집, 진중권, 우석훈 마니아'라는 것. 영어에 능하다는 것.

늘어놓고 보니 나는 그에 대해 꽤 많은 것을 알고 있는 셈이다. 그러나 이것들은 그저 짐작일 뿐이고, 내가 확실히 알고 있는 사실이 있다. '논설위원'이나 '대학교수' 같은 직함을 내걸고 신문에 칼럼을 홀리는 중장년 글쟁이들 대다수보다 이 '무명'의 젊은이가 더 깊이 세상을 바라보고 더 단정하게 글을 쓴다는 것. 사실 노정태 씨 말고도 사이버 공간 한구석에서 혜안을 번득이는 블로거들이 많을 것이다. 제도언론의 선정성에 가려져 세상 밖으로 널리 드러나지 않을 뿐.

노정태 씨에게 불만이 없는 것은 아니다. 더러 현학적이고 독선적이라는 것. 그러나 현학과 독선은 젊음의 특권이다. 젊을 땐, 젠체하는 것도 아름답다. 더구나, 그보다 두 배쯤 나이를 먹었으면서도 아직 현학과 독선을 말끔히 씻어내지 못한 주제에 이런 불만을 늘어놓는 것은 도리도 아닐 것이다. 재능은 실존의 작은 부분이면서 가장 눈에 띄는 부분이다. 노정태 씨가 제 재능을, 나이 들어서도 지금처럼, 자신보다 재능이 모자란 사람들을 옹호하는 데 썼으면 좋겠다. 윤리적 감수성의 가장 큰 적은 나이다.

재능과 윤리적 감수성이 나보다 훨씬 뛰어난 한 세대 아래 젊은이를 보면, 문득 내 해묵은 비관주의를 벗어던지고 싶다. 앞으로 세상은 더 나아질지도 모르겠다. (08/05/15)

메이데이의 몽상

반(反)사실 추론을 통해 대체역사를 상상하는 것은 허튼짓이다. 그러나 심심파적으로는 꽤 쓸모 있고, 어떤 사건의 의미를 또렷이 하는 데 보탬이 되기도 한다. 제 개인사를 두고도 이런저런 회고적 상상을 할 수 있겠지만, 그보다 더 흥미로운 것은 세계사적 개인이라 부를 만한 사람의 생애를 두고 반-사실 추론을 해보는 것이리라.

시공간과 사건들을 미적분하다 보면, 가장 자잘해 보이는 원인들이 물질적 · 관념적 사슬을 통해 중대한 결과로 이어지기 일쑤다. 그렇다면 장삼이사의 변덕스런 결단이나 운명이 소위 세계사적 개인들의 그것보다 역사의 흐름에 반드시 덜 깊이 간섭한다고는 할 수 없을지도 모른다. 그러나 적어도 겉보기에는, 어떤 개인들의 결단이나 운명은 다른 개인들의 그것보다 더 큰 틀에서 역사에 간섭하는 것 같다.

작가 복거일은 이토 히로부미가 1909년에 살해되지 않았다 가정하고 1987년의 조선을 한 소설의 배경으로 끌어왔거니와, 누구라도 이런 식의 상상을 통해 수많은 가능세계들 가운데 하나를 만들어가는 즐거움을 누릴 수 있다. 1815년 워털루 전투에서 나폴레옹이 영국-프로이센 연합군을 이겼다면? 2000년 미국 대선에 녹색당의 랠프 네이더가 나오지 않았다면? 한국 정치를 두고도 이와 비슷하게, 1997년 대선에 이인제가 나서지 않았다면, 2002년 대선 때 노무현이 정몽준과 단일화를 하지 않았다면 따위의 상상을 해볼 수 있을 테다.

시간대를 좀더 가까이 당겨보자. 2007년 3월 손학규가 한나라당에서 나오지 않고 대선 후보 경선을 치렀다면, 지금 한국은 얼마나 달라졌을까? 경선규칙을 어떻게 마물렀느냐에 영향을 받았겠지만, 정치적 뿌리로 보나 지역 기반으로 보나 한나라당 후보 경선에서 손학규 지지표는 박근혜 지지표보다 이명박 지지표를 더 먹어들어 갔을 것이다. 그래서 박근혜가 한나라당 후보가 되기 쉬웠을 것이다. 경선 직전 이명박 캠프에서 나온 험한 소리들이 순전히 전술적 발언이 아니었다면, 경선에서 진 이명박 진영은 이런저런 구실을 만들어 딴살림을 차렸을 가능성이 있다. 일이 그리 흘러갔다면, 지난 12월 대선은 구여권 후보와 한나라당의 박근혜, 그리고 한나라당 탈당파 후보를 세 축으로 삼아 치러졌을 것이다. 그리고 지난 두 번의 대선에서 교훈을 얻은 한나라당 지지자들은 똘똘 뭉쳐 박근혜를 대통령으로 만들었을 것이다.

4·9총선 결과는 보수정치권 내부의 지분 차이 말고는 비슷했을 것이다. 지금처럼 한나라당이 과반의석을 차지했을 테고, 구여권과 한나라당 탈당파가 그 뒤를 이었을 것이다. 요컨대 정치지형이 크게 달라졌을 것 같진 않다. 대통령직 인수위가 덜 시끄러웠을 것 같긴 하고, 새 권력엘리트들의 '강부자' 소란이 덜했을지도 모르겠다. 아, 대

운하가 쑥 들어갔겠군. 그것만 해도 대단한가? 쇠고기는? 삼성특검은? 소위 '학교 자율화'는? 비정규직은? 모르긴 몰라도, 처지가 어려운 사람들에게 별다른 희망이 생겼을 것 같지 않다.

1886년 5월 1일 미국 노동자들이 8시간노동제를 요구하며 총파업을 벌이지 않았더라도, 노동계급의 운명이 크게 달라지지는 않았을 것이다. 그러나 그 일이 아니었다면 우리가 이날을 노동절(메이데이)로 기념하고 있진 않을 것이다. 1891년 노동절 시위에서 마리 블롱도라는 프랑스 노동자가 진압군에게 살해되지 않았더라도, 노동계급의 운명이 크게 달라지지는 않았을 것이다. 그러나 한 아름 꽃을 들고 행진하다 머리에 총알을 맞은 이 열여덟 살 처녀 때문에, 유럽에선 이날 꽃을 주고받는 풍습이 생겼다. 그 풍습을 따를 것은 없겠다. 그러나 이 깊은 봄날, 지난주 이 자리에서 서화숙 편집위원이 조언한 대로, 난만한 꽃들을 둘러보기라도 하자. 흐드러지게 핀 철쭉은, 순백의 은방울꽃은 슬쩍 행복감을 줄 테니. (08/05/01)

18대 총선의 여자들

페미니스트여서가 아니라 꿋꿋한 이성애자인 탓에, 나는 남자들보다 여자들에게 더 친밀감을 느낀다. 정치인들에 대해서도 마찬가지다. 다른 조건이 엇비슷할 때, 내 마음은 남성 정치인보다 여성 정치인에게 끌린다. 18대 총선에 발을 담근 여자들에 대한 소감.

심상정(진보신당, 경기 고양 덕양 갑): 네 해 전 추미애가 낙선했을 때처럼, 그녀의 낙선은 내 마음 한구석을 시큰하게 했다. 진보정당이 나뉘면서 날것으로 파닥거린 근친증오가 꺼림칙해 신당을 엉거주춤 지지할 수밖에 없었으나, 나는 그녀의 당선을 간절히 바랐다. 유권자로서 그녀에게 품고 있는 경의 때문이었다. 지난 네 해 동안의 빛나는 의정활동에 대한 경의만은 아니다. 그녀가 젊음과 맞바꾼 긴 세월의 노동운동에 대한 경의가 더 크리라. 대한민국 복지의 이 얄팍한 피륙조차 심상정과 그 동료들의 헌신 없인 짜이지 못했을 것이다. 그러나 그녀가 민주당 후보의 단일화 제안에 맞장구친 것은 잘못이다. 그것은 분당의 대의명분을 쩍 금가게 했다. 설령 단일화가 이뤄져 그녀가 당선했다 해도 마찬가지다.

최현숙(진보신당, 서울 종로): 선거캠프 쪽의 의도였든 선정주의적 보도 탓이었든, '레즈비언 최현숙'은 '진보정치인 최현숙'을 압도했다. 다행스럽달 수 없었다. 동성애를 향한 적의가 그득한 세상에서 자신의 일차 정체성을 동성애자로 선포하는 것은 물론 용기 있는 일이다. 그런데 그것이 선거에 임하는 올바른 태도이기도 할까? 나는 그녀가, 동성애자 정치인으로서 이런저런 진보가치를 구현하겠다고 말하기보다, 이런저런 진보가치에 헌신하고자 마음먹은 동성애자 정치인이라고 말했더라면 더 좋았으리라 생각한다. 받아들이는 사람에게, 그 둘의 차이는 보기보다 크다.

박근혜(한나라당, 대구 달성): 이번 총선을 통해, 그녀는 박근혜-이명박 관계가 옛 열린우리당의 정동영-노무현 관계라기보다 옛 민자당의 김영삼-노태우 관계에 훨씬 더 가깝다는 것을 새삼 또렷이 보여주었다. 박근혜는 이제, 스스로 망가질 각오만 돼 있다면, 이명박을 단숨에 망가뜨릴 수도 있을 만큼 강하다. 그녀가 그런 강함을 파워게임에 탕진하기보다 이 정권의 정책적 지남(指南)에 선용했으면 한다. 예컨대 한나라당 주류의 시장지상주의자들이 박정희보다는 외려 김대중이나 노무현과 경제관을 더 넓게 공유하고 있음을 그녀가 깨달았으면 좋겠다. 박정희라면, 공기업을 팔아치우고 비정규직을 제도적으로 양산하며 시장만세를 외치진 않았을 것이다. 박정희라면, 귀족학교 설립을 격려하지도 않았을 테고 건강보험을 민영화하겠다는 생각도 삼갔을 것이다.(내가 최대의 선의로 넘겨짚은 박정희는 그렇다.) 나는 박근혜가 자신의 정치적 힘을 바탕으로 아버지의 유산을 선택적으로 상속했으면 좋겠다. 고문실, 비밀경찰, 정적 살해, 군사교육, 문화통제, 종신집권 같은 것 말고, 시장에 대한 국가의 적절한 개입 말이다. 냉전 레토릭을 걷어내면, 박근혜의 '올드라이트'는 이명박의 '뉴라이트'보다 더 현대적일 수 있다.

추미애(민주당, 서울 광진 을): 18대 총선에서 민주당의 리버럴 분자들이 우수수 낙선하는 바람에, 이 당이 지금보다 더욱 우경화하리라는 전망이 나오고 있다. 남북문제, 지역문제에 대한 견해나 4·3특별법 입법 과정의 역할을 통해, 추미애는 균형 잡힌 역사의식과 실사구시 정신, 성숙한 인권 감수성을 보여준 바 있다. 그녀가, 거기서 더 나아가, 민생에 깊은 관심과 식견을 지닌 경제적 좌파의 길을 걸었으면 한다. 그래서 지도부의 일원으로서든 평의원으로서든, 당의 반동 우경화에 맞버티는 균형추가 됐으면 한다.

강금실(민주당 선대위원장): 총선 불출마에 어떤 깊은 뜻이 있었든, 그녀는 정치인의 첫번째 자질인 권력의지를 보여주지 않았거나 못 했다. 시민사회로 돌아오는 것이 좋겠다. (08/04/17)

잠들지 않는 남도

제주 4 · 3사건이 오늘로 60주년을 맞았다. 올해는 또 건국 60돌을 맞는 해이기도 하다. 대한민국이 남녘 섬의 피비린내와 함께 태어났다는 뜻이다. 실제로 4 · 3사건의 공식 맥락은 남한만의 단독선거(5 · 10 선거)와 단독정부 수립에 반대하는 민의였다. 그 민의는 너끈히 이해할 만한 것이다. 해방 뒤 두 해 남짓은 분단을 실감하기엔 너무 짧은 세월이었을 테고, 단일정부를 세우는 것은 그 시기 대다수 한국인들에게 당연지사로 받아들여졌을 테다. 돌이켜보는 자의 지혜에 기대어 두 세대 전 민의를 어리석다고만 여길 수는 없다.

　　60년 전 오늘 시작된 제주도 봉기는 무자비한 진압 속에서 수만명의 희생자를 내고 한 해 뒤에야 잦아들었고, 그 여진은 6 · 25전쟁 중에도 이어져 제주도는 1954년 들어서야 평온을 되찾았다. 건국을 피로 물들인 4 · 3은 오래도록 입에 올려서는 안 될 금기담이었다. 그것은 오직 귓엣말이어야만 했다. 제주 출신 작가 현기영은 박정희 정권 끝머리였던 1978년 이 사건을 건드린 중편 「순이삼촌」을 발표했다가 모진 고초를 겪은 바 있다.

그러나 진압 과정이 워낙 잔혹했고 희생자 규모가 워낙 컸던 터라, 4·3은 국가 주도의 이념 사냥 속에서도 신원(伸寃)을 절실히 요구하고 있었다. 1987년 6월항쟁으로 한국 민주주의가 기지개를 켜면서, 4·3은 비로소 귓엣말을 벗어나기 시작했다. 가수 안치환이 그 해에 만든 노래 〈잠들지 않는 남도〉는 "외로운 대지의 깃발/흩날리는 이념의 땅/어둠살 뚫고 피어난/피에 젖은 유채꽃이여/검붉은 저녁 햇살에/꽃잎 시들었어도/살 흐르는 세월에/그 향기 더욱 진하리"라며 4·3을 기렸다. 김대중 정부 시절인 1999년 말 국회는 4·3특별법을 제정해 국가 차원에서 이 사건 희생자들의 명예를 회복시킬 밑자리를 마련했고, 2003년 10월 31일 당시 대통령 노무현은 제주도를 방문해 '많은 사람을 무고하게 희생시킨 과거 국가권력의 잘못'에 대해 유족과 제주도민에게 공식적으로 사과했다.

지난해 대선에서 한나라당이 이긴 뒤, 4·3을 다시 역사의 다락에 처박으려는 움직임이 우리 사회 한켠에서 일고 있다. 특별법에 따라 2000년 출범한 제주 4·3위원회를 없애야 한다는 목소리가 한나라당에서 나온 데 이어, 일부 보수단체가 정부의 4·3진상조사보고서를 허위라 비난하고, 4·3평화공원을 '폭도공원'이라 조롱하며 공원 안의 평화기념관 개관을 뒤로 미루라 요구하기도 했다. 소위 뉴라이트 계열의 교과서 포럼이 대안교과서라며 최근 내놓은 『한국 근현대사』도 4·3사건을 좌파 세력의 무장반란이라 규정했다.

『한국 근현대사』의 4·3 규정에는 일리가 있다. 4·3의 한 측면은 분명히 그 시절 좌파라 여겨졌던 세력의 반란이었다. 그러나 그와 동시에, 그것이 오로지 좌파의 반란만은 아니었던 것도 엄연하다. 4·3의 성격은 복합적이다. 그것은 외세에 맞선 민족항쟁이기도 했고, 민중의 권리를 펼치려는 민주주의의 싸움이기도 했다. 또 은밀히는, 육지 세력에 대한 토착 세력의 저항이기도 했다. 민중봉기의 불을 댕긴 것이 미 군정청을 등에 업은 서북 출신 관민합작 진압부대의 과격한 폭력이었다는 점은 4·3의 이런 복합적 성격을 한 자락 드러낸다. 무엇보다도, 4·3은 6·25전쟁 앞뒤로 대한민국 국가가 저지른 민간인 학살 가운데 두드러진 것이었다. 그것에 대해 대한민국 대통령이 사과한 것은 전적으로 정당하다.

프랑스 부르봉 왕가가 보기에 18~19세기 시민봉기들은 좌파의 반란이었다. 그러나 오늘날 대다수 프랑스인들은 그 반란을 제 역사로 보듬는다. 4·3도 한국인들에게 그리 받아들여져야 하리라. 대한민국은 우파만의 나라도 아니고 좌파만의 나라도 아니다. 우파와 좌파가, 그 사이와 그 너머의 온갖 파가 다 대한민국이다. (08/04/03)

박근혜 생각

대통령중심제 국가에서 정치적 힘이 가장 큰 이는 대통령이다. 그러니 지금 대한민국 최고의 정치권력자는 이명박 씨다. 좀 긴 시간대의 간접적 힘까지 치면 삼성의 이건희 씨가 더 큰 힘을 지녔다 볼 수도 있겠으나, 좁은 의미의 정치적 힘만 따지기로 하자. 그럼 이명박 씨에 이어 두번째로 큰 정치적 힘을 지닌 이는 누구일까? 제1야당의 법적 대표 모씨? 국무총리 모씨? 아니다. 지금 이명박 씨 다음의 정치적 힘을 지닌 이는 박근혜 씨다. 지난해 한나라당 대통령후보 경선 이후의 냉혹한 파워게임 끝에 요즘 박근혜 씨가 정치적 궁지에 몰려 있다는 사실도 이런 판단을 고치지 못한다.

지금 제1야당의 법적 대표는 옛 야권에서 건너간 관리자에 지나지 않는다. 4월 총선 결과에 따라 그의 처지가 크게 달라질 수는 있겠지만, 적어도 지금까지는 야권의 명실상부한 리더라 할 수 없다. 박근혜 씨를 뺀 여당의 이런저런 '실세'들이나 국무총리를 비롯한 행정부

고위관료들은 제 정치적 힘을 거의 고스란히 대통령의 한시적 신임에 기대고 있다.

박근혜 씨는 다르다. 그는 지금 대한민국에서 가장 크고 강력한 지지집단을 거느린 정치인이다. 박근혜 지지집단의 충성도와 응집력은 옛 노사모에 뒤지지 않는다. 물론 박근혜 씨는 아버지의 상징적 뒷배라는 자산을 지닌 채 정치에 발을 들여놓았으므로, 그의 가파른 정치적 성장을 노무현 씨의 그것에 나란히 댈 수는 없다. 그러나 박근혜 씨가 오로지 아버지의 이름만으로 정치를 해온 것은 아니다. 그리고 지지자들 역시, 단지 '박정희의 딸' 박근혜를 따르는 것은 아니다. 2004년 노무현 탄핵소추의 반작용으로 궤멸의 위기를 맞은 한나라당을 되살려냈을 때, 박근혜 씨가 아버지의 이름으로 그 어려운 일을 해내지는 않았다. 그는 상당 부분 자신의 지도력으로 한나라당을 이끌었고, 그의 품 안에서 체력을 키운 한나라당은 결국 정권교체에 성공했다.

박근혜 씨의 지금 처지는 현실정치의(나아가서 세상살이의) 얄궂음을 새삼 곱씹게 만든다. 한나라당이 2004년 총선에서 기사회생하고 2006년 지방선거에서 완승한 데는 그 시기의 당대표 박근혜 씨의 지도력이 결정적이었다. 그런데도 한나라당은, 누가 나가든 제 당의 승리가 거의 확정적이었던 17대 대선에, 박근혜 씨 대신 윤리적으로 미심쩍은 기업인 출신의 지방행정가를 내보냈다. 후보 경선 때 박근혜 씨를 반대하고 대선 이후 박근혜 그룹의 당내 숙청을 주도한 이들 가운데 박근혜 씨 덕을 보지 않은 이가 거의 없다는 점을 생각하면, 박근혜 씨가 느낄 배신감을 얼추 짐작하겠다.

18대 총선을 치르는 4월 9일은 박근혜 씨의 정치역정에서 한 분수령이 될 것이다. 나는 박근혜 씨가 이날 또 하나의 결단을 내려주었으면 한다. 4월 9일은 33년 전 제네바에 본부를 둔 국제 법학자회의가 '사법사상 암흑의 날'로 선포한 날이다. 이날, 소위 인혁당 재건위 관련자 여덟 사람이 확정판결 열 시간 만에 형장의 이슬로 사라졌다. 몇 해 전 사법부가 재심 끝에 이들에게 무죄를 선고하자, 박근혜 씨는 그 것을 자신에 대한 정치공세라 일축했다. 그것이 박근혜 씨의 진심은 아니었으리라 믿고 싶다. 그는 그저 그 사건을 잊고 싶었으리라. 그러나 박근혜 씨는 그때, 마땅히 희생자 유족들에게 사죄했어야 했다. 아직도 늦지 않았다.

이를 두고 연좌제 운운하는 것은 망발이다. 누구도 인혁당 사건을 두고 박근혜 씨를 비판하지 않는다. 사법살인을 저지른 것은 박정희이지 박근혜 씨가 아니기 때문이다. 그러나 애매히 간첩으로 몰려 참혹한 고문 끝에 살해된 이들의 유족에게 아버지를 대신해 사죄하는 것은 최소한의 윤리다. 아버지의 두드러진 정치적 과오를 사죄하는 것이 아버지의 모든 것을 부정하는 것도 아니다. 이 다부진 정치인이 그의 아버지를 미워하는 이들에게까지 인정받는 지도자가 됐으면 한다. (08/03/20)

민주노동당과 진보신당

당내 주류의 친북 노선과 패권주의를 비판하며 민주노동당을 나온 이들이 2일 진보신당 창당준비위원회를 만들어 새 진보정당의 돛을 올렸다. 민노당 안에 오래 잠복해 있다가 지난 대선 참패를 계기로 불거져 나온 정파 갈등이 분당으로 마무리된 것이다. 소위 자주파나 평등파의 핵심 인사들이야 앓던 이 빠진 듯 홀가분한 기분일 수도 있겠으나, 정파를 의식하지 않던 평당원들이나 당내 사정을 모른 채 그저 진보의 대의에 손을 건넸던 지지자들로선 마음이 개운치 않을 것이다.

자주파가 조직적 입당운동을 통해 당내 다수파를 이뤄 패권주의를 추구했다는 관측이 몇 해 전부터 있었다. 아마 옳은 관측일 것이다. 그런 한편, 민노당이 그 시초부터 민주적 사회주의자들과 민족주의자들의 연합체였던 것도 사실이다. 진보 진영의 정치세력화에 한쪽은 적극적이었고 다른 쪽은 소극적이었다는 점을 들어 당 내부의 적통(嫡統)을 다투는 것은 부질없다.

민노당의 원류라 할 1980년대 사회운동이 민족민주운동이라고 불렸을 때, 그 운동은 이미 이름에서부터 민족주의 지향과 민주사회주의 지향을 함께 품고 있었다. 자주파라 해서 이 미쳐 날뛰는 시장지상주의 해일을 경계하지 않았을 리 없고, 평등파라 해서 한반도가 제국주의자들의 놀이터가 되는 걸 걱정하지 않았을 리 없다. 그러나 주사위는 던져졌다.

대선 이후의 힘겨루기 마당에 '종북주의'라는 자극적 어휘가 나풀댄 탓에, 이제 민노당에 남아 있는 이들은 종북주의자가 되고 말았다. 이 고약한 딱지에 반대파들의 얄은꾀가 묻어 있다 하더라도, 자주파는 남 탓하기 앞서 신실히 반구(反求)해야 한다. 그들이 제멋에 겨워 남발한 민족지상주의 수사는 평범한 유권자들의 눈살을 찌푸리게 했고, 민노당을 별난 집단으로 보이게 만들었다.

자주파라는 말도 허망하다. 이들이 평양에 대해 자주적이지 못했다고 비아냥거리려는 게 아니다. 자주파의 자주란 민족자주를 뜻하는 것일 테고, 자주파는 평양 정권을 자주의 모범으로 여기는 듯하다. 그러나 평양 정권이 과연 자주적인가? 평양이 제 뜻대로 할 수 있는 일이 도대체 뭔지 곰곰 생각해보자. 제 인민 사납게 통제하고, 굶겨 죽이고, 핵카드를 들었다 놓았다 하며 손 벌리는 것밖에 없다. 바깥 도움 없이는 제 인민도 못 먹여 살리는 자주국가가 북한이다.

지난 10년간 남북관계는 그럭저럭 좋아졌지만, 민노당 자주파가 거기 이바지한 바는 거의 없다. 남북관계가 나아진 것은 다수의 민족주의자들을 안고 있는 중도자유주의 세력 덕분이었다. 그러니 이제 민노당도 평양 정권과의 주관적 연대는 접는 게 좋겠다. 연대감은 마땅히 북한 인민과 탈북자들을 향해야 한다. 그게 올바른 친북이다. 북

한 같은 억압적 사회에서 살 생각이 추호도 없는 이들이 그 무능하고
파렴치한 정권에 추파를 보내는 건 꼴사납다.

진보신당은 평등, 생태, 평화, 연대라는 기치를 내걸고 이명박 정
권의 신개발주의, 신자유주의에 맞서 싸우겠다고 다짐했다. 그 다짐
이 빛바래지 않기 바란다. 그에 앞서, 민노당이 먹고살 만한 정규직
조직노동자들만의 당이 된 게 온통 자주파의 책임이었는지도 되돌아
보았으면 좋겠다. 또 패권주의라는 것이 자주파의 전유물이었는지도
되짚어보았으면 한다. 큰 권력이든 작은 권력이든, 날것의 권력이든
상징권력이든, 권력을 향한 욕망은 사람 마음속에 늘 이글거린다. 그
것은 흔히 이념을 구부러뜨리고 패거리를 낳는다. 진보신당이 또 다
른 분열을 겪지 않기 바란다.

4월 총선을 앞두고 진보정당간의 출마 지역구 조정 문제가 거론
되고 있는 모양이다. 지역구 조정은 분당의 명분 자체를 허무는 일이
다. 그러나 몇몇 지역구의 전략적 조정은 불가피하다. 진보정당들의
서너 후보는 가느다라나마 지역구 당선 가능성이 있다. 근친증오 때
문에 그 가느다란 희망의 싹까지 잘라내선 안 된다. (08/03/06)

노무현 생각

며칠 뒤면 노무현 대통령이 청와대를 떠난다. 2002년 대통령선거에서 그를 지지한 사람이든 반대한 사람이든, 노무현 시대에 점수를 후히 매기는 것 같진 않다. 무엇보다, 지난해 말 대통령 선거에서 구여권 후보가 겪은 참담한 패배에는 노무현에 대한 평가가 얼마쯤 반영돼 있었다.

그가 취임하기 직전, 나는 대통령 노무현의 가장 큰 업적은 대통령에 당선된 것일 수도 있다고 쓴 적 있다. 새 대통령의 발걸음에 딴죽을 걸겠다는 악의로 한 말이 아니라, 소수파의 호민관으로서 대한민국 제1시민 자리에 다다른 정치역정을 기린 말이었다. 그를 지지했던 사람들 처지에서 보면 아쉽게도, 노무현은 결국 대통령이 된 것 이상의 업적을 남기지 못한 채 일반 시민으로 돌아올 참이다.

힘센 사람들을 향한 노 정권의 투항이 되돌릴 수 없는 지점에 이르렀다고 판단된 세 해 전, 나는 어느 글에서 노무현이 트로이목마일지도 모른다고 비아냥거린 적 있다. 복고주의자들이 리버럴리즘 진영을 무너뜨리기 위해 보낸 트로이목마라는 뜻이었다. 나는 그 비아냥거림을 뉘우칠 계기나 기회를 그 뒤에도 얻지 못했다. 노 정권 5년간, 서울 강남을 지역적 이데올로기적 고리로 삼은 재벌-관료 동맹은 그 전보다 더욱 튼튼해졌다. 그리고 이 신성동맹은 곧 출범할 이명박 정권에서 만세동락을 구가할 모양이다.

노무현은 힘센 친구를 새로 얻기 위해 힘없는 친구를 버렸지만, 그 뜻을 이루지 못했다. 그의 배신이 또렷해진 뒤에도, 그 배신으로 이득을 본 세력은 그의 친구가 돼주지 않았다. 노 정권 덕분에 재산을 단단히 불린 땅 부자들, 집 부자들, 대자본가들은 5년 내내 노무현을 저주했다. 옛 친구를 버리고서도 새 친구를 얻지 못함으로써, 다시 말해 모두를 적으로 돌림으로써, 노무현은 기이한 방식으로 국민통합에 기여했다.

노무현이 사면초가에 놓인 이유 하나는 그의 배신이 전면적이지 못했다는 데서도 찾을 수 있다. 권력을 시장에 헌납함으로써 노무현은 과감히 경제적 강자 편을 들었으면서도, '민주화 세력'이라는 자신의 상징적 기득권은 포기할 뜻이 없었다. 소위 '과거사 정리'라는 것은 역사적 정통성에 대한 이 욕망과 관련 있었을 테다. 그런데 이 '과거사 정리'는 그가 버린 힘없는 사람들에게는 자신들의 삶과 별 관계없는 '정권의 취미'로 보였던 데 비해, 그가 새로 친구로 사귀고자 했던 힘센 사람들에게는 제 존재의 기반을 건드리는 민감한 문제였다.

다섯 해 전 새 대통령을 뽑을 때, 한국 유권자들 마음속에선 윤리적 욕망이 파닥거렸다. 지난해 말 새 대통령을 뽑을 때, 그들 마음속에 윤리적 욕망이 들어설 자리는 없었다. 이렇게 된 이유 가운데 큰 것이 자신의 행태였음을 노무현은 잊지 말아야 할 것이다. 탈-윤리 대통령 이명박은 윤리 대통령 노무현이 다섯 해 동안 진화한 결과이기 때문이다. 앞으로 오래도록, 한국 유권자들은 정치적 결정에 윤리가 끼어드는 걸 꺼릴 것이다.

공정함을 위해서, 적대적 언론의 반노(反盧) 선동이 커뮤니케이션을 왜곡해 정권을 고립시켰다는 대통령과 그 주변의 하소연에도 일리가 있었음을 지적해야겠다. 정파 신문들이 판치는 한국 저널리즘 시장에서 노무현에게 호의적인 매체는 드물었다. 그리고 그것은 정권에 대한 여론 악화를 크게 거들었다. 새 대통령 당선자나 인수위의 최근 천둥벌거숭이 행태를 노 대통령이나 그 주변 사람들이 벌였다면, 정권이 뒤흔들릴 정도의 십자포화를 언론으로부터 받았을 것이다. 이것은 노무현 시대를 평가할 뒷날의 역사가가 이 시대 신문들을 사료로 쓰는 데 매우 조심스러워야 한다는 뜻이기도 하다. 이 글까지 포함해서 하는 말이다.

노무현과 노무현 시대에 대한 평가는 앞으로 분명히 나아질 것이다. 그러나 그때에조차, 노무현이 실패한 대통령이었음은 엄연하다.
(08/02/21)

사행심도 일종의 희망이라면

인종차별이나 성차별이나 언어차별에서 그 차별의 주체와 객체는 대체로 또렷하고 고정적이다. 미국 사회에서 앵글로색슨계를 비롯한 백인 혈통 시민과 아프리카계 시민 사이의 권력관계가 투명하듯, 대부분의 사회에서 남성과 여성의 권력관계, 영어 사용자(또는 표준어 사용자)와 비-영어사용자(또는 방언 사용자)의 권력관계도 투명하다. 그러나 나이차별[ageism]은 그 주체집단과 객체집단이 그만큼 또렷하거나 고정돼 있지 않다.

흔히 나이차별은 상대적 노령자에 대한 차별을 가리킨다. 대부분의 현대사회는 나이 듦을 그 주체의 사회경제적 불이익과 연결하는 문화적 통로를 갖추고 있다. 일정한 나이에 이르면, 사람들은 대개 일자리에서 물러난다. 퇴직을 나이와 연관시키는 이 제도적 강제가 정년제다. 연령제한의 그림자는 노동의 끝머리만이 아니라 첫머리에도 드리워져 있다. 그래서 젊은이들조차, 어떤 나이를 넘기면 사기업의 수습사원이 될 수도 없고 공무원 시험을 치를 수도 없다.

젊음은 아름다움과 활력을 뜻하므로, 청춘송가는 자연스럽다. 사람들은 젊어 보이기 위해 노력을 아끼지 않는다. 미용술이나 성형수술은 여성만의 것이 아니다. 헬스클럽 회원 명부에는 남녀노소가 뒤섞여 있다. 광고 카피로 상징되는 시장언어는 젊음의 찬양 일색이다. 정치권에서도 간헐적으로 '새로운 피'에 대한 욕구가 발설된다. 그러니 나이 먹는 것이 겁나지 않을 수 없다. 나이 든다는 것은 육체적 정신적으로 쇠약해진다는 뜻이다. 버텨내려 안간힘을 써도, 그간 누려온 지위와 역할을 잃기 십상이다. 나이 든 사람들은 결국 배제되고 소외된다.

그러나 나이차별이 이 방향으로만 작동할까? 배제되고 소외되는 것은 정녕 나이 든 사람들일까? 부분적으로만 그런 것 같다. 세대적 이기심('유대감'이라 해도 좋다)에서 나이 든 사람들은 젊은 사람들보다 훨씬 더 억척스러워 보인다. 이 억척스러움 역시 자연스럽다. 나이 든 세대는 젊은 세대에 견줘 생물학적으로 열등하기 때문이다. 그들은 젊음을 우러르지만, 그와 동시에 자신들이 지니지 못한 그 젊음을 질투한다. 그래서 젊은이들과 좋은 것을 나누려 하지 않는다. 그들은 늘, 한목소리로, '요즘 젊은것들'을 탓한다. 툭하면 보도 카메라 앞에서 생뚱맞은 소리를 내뱉는 자칭 '원로'들이나 오래 지켜온 가치들 앞에서 옷깃을 여미는 보수주의자들만 그런 게 아니다. '요즘 젊은것들' 타령에는 좌우가 따로 없다.

문제는 바로 이 나이 든 세대에게 한 사회의 자본이, 물질자본이든 상징자본이든, 쏠려 있다는 점이다. 요컨대 그들은 기득권자다. 노동시장으로 들어가려는 젊은이들을 막아선 높다란 장벽의 일부분은

나이 든 정규직 노동자들의 세대적 이기심이라는 벽돌로 이뤄져 있
다. 시대의 끈을 놓아버린 옛 얼굴들이 분야를 가리지 않고 세력을 이
루고 있는 이유 하나도 나이 든 기득권자들의 세대적 이기심에서 찾
을 수 있을 테다. 이들 가운데 적지 않은 수는 노동력을 잃은 뒤에도
해묵은 세대적 이기심을 견지할 것이다. 그들은 노령사회 안의 양적
우세에 기대어, 즉 투표권을 이용해, 자신들을 먹여 살려야 할 젊은
세대에게 불리하도록 사회적 결정을 유도할 것이다.

　　새 대통령 당선자는 지금 대통령보다 열 살이 더 된 나이에 국가
수반으로 뽑혔다. 새 정권의 중핵을 이루게 될 이들의 나이도 지금 정
권보다 다소 높아질 가능성이 크다. 사행심도 일종의 희망이라 우기
며, 나는 가망 없는 요행수 하나를 바란다. 젊은 세대의 희망을 업고
태어난 노무현 정부가 그 세대를 절망으로 내몰았던 것처럼, 나이 든
세대의 정권 이명박 정부가 젊은 세대의 친구가 됐으면 하는. 뒷세대
를 위해 자기 세대의 이익을 포기하는 것은 쉽지 않은 일이다. 그러나
그것은 인간을 포함한 모든 생물체의 종적(種的) 정의(正義)이기도 하
다. (08/01/31)

부자들의 문화헤게모니

"북(北)은 핵폭탄! 남(南)은 세금폭탄! 불안해서 못 살겠다!!"

서울 강남의 한 아파트 단지 앞에 입주자 대표회의 이름으로 내걸린 플래카드 문구다. 빼어난 선동이다. 핵무기와 세금의 유비는, 비록 현실을 구부러뜨리고 있긴 하지만, 뛰어난 수사학적 성취다. 리듬도 힘차다. 수사학 교과서에 예문으로 오르기에 손색이 없다. 게다가 그 진솔함이라니. 서울 강남의 살 만한 사람들에겐, 눈에 뵈지 않는 북핵보다 제 재산을 갉아먹는 듯한 세금이 훨씬 더 불안할 것이다.

'세금폭탄'의 세금은, 그것이 아파트 입주자 대표회의 이름으로 적시됐으니, 부동산 보유나 거래와 관련된 세금일 테다. 그렇잖아도 한나라당에 막무가내로 우호적인 서울 강남 유권자들이 지난 대선 때 앞 다투어 투표소를 찾아 이명박 후보를 꾹꾹 눌러 찍어준 것도 부동산 세제 때문일 것이다. '공시가격이 고작 6억 남짓하는 아파트인데 종부세라니, 원.' '팔아치우려 해도 그놈의 양도세 때문에.'

서울 강남 민심이 천심이라는 걸 깨달은 게 한나라당만은 아니다. 통합신당의 새 대표가 된 손학규 씨는 첫 기자회견에서 "부동산 취득세와 등록세 1% 포인트 인하 정책은 곧바로 추진돼야 하며 1가구 1주택자 양도세 완화조치도 2월 국회에서 바로 처리할 생각"이라고 말했다. 이를 환영한다는 한나라당 정책위 의장의 화답도 바로 이어졌다. 곧 자리를 맞바꿀 여당과 제1야당이 고가 아파트 보유자들을 위해 한목소리를 낸 것이다. 사실 손학규 씨 주장은 대통령 선거운동 기간 동안 제 당 후보 정동영 씨가 내세웠던 주장을 되풀이한 데 불과하다. 여야를 가리지 않고 부자들의 환심을 못 사 안달이다. 종부세 과세 기준을 9억이나 10억으로 올리겠다는 새 정부 뜻도 곧 이뤄지리라. 출총제와 금산분리도 사라질 테고.

20세기의 한 정치철학자는 사회가 부자들에게 유리하게 유지되는 것은 부자들이 추구하는 가치를 일종의 '상식'으로 만드는 헤게모니 문화를 통해서라고 말한 적 있다. 이 문화헤게모니에 휘둘려, 가난한 사람들은 부자에게 이로운 것이 제게도 이롭다 여기게 되고, 그래서 부자들처럼 세상을 바라보게 된다는 것이다. 부자들의 가치를 자연스러운 규범으로 만드는 이 문화헤게모니를 해체해야 좀더 평등하고 정의로운 사회를 향해 나아갈 수 있다는 것이 그 철학자의 생각이었다. 지난 대선 때 우리 사회의 가난한 사람들이 부자들을 대표해온 정당의 후보에게 투표한 데는 여러 이유가 있겠지만, 그 가운데 하나는 부자들의 문화헤게모니에서 찾을 수 있을 것이다.

지금 대한민국에서 부자들의 문화헤게모니는 그 어느 때보다 튼튼해 보인다. 오로지 '경제'라는 구호를 선점했다는 이유로, 그것이 어떤 경제인지는 묻지도 생각해보지도 않은 채, 부자고 서민이고 '경제 후보'에게 몰표를 던졌다. 그 후보가 속한 정당을 포함해 올 4월 총선에서 원내 1, 2, 3당이 되리라 예상되는 정당들의 대표는 모두 한 정당 출신, 최상층 부자들을 대표해온 정당 출신이다. 대다수 정당이, 더 나아가 가장 가난한 사람들을 포함한 유권자 다수가 부자들의 문화헤게모니에 빨려 들어갔다는 뜻이겠다. 그 문화헤게모니의 이름은 시장지상주의다. 그러나 지금 한국인들의 몸을 잠식하고 있는 시장은 합리성의 연산으로 작동하는 투명한 시장이 아니다. 그 시장은 여러 규모의 '패밀리'들이 온갖 연(緣)줄의 폭력으로 개인들을 억압하며 경쟁을 왜곡하는 전근대적 시장이다.

　　강력한 복지가 시장의 냉혹함을 누그러뜨리고 주체적 개인들의 합리성이 마피아적 연줄을 끊어내는 투명한 연대사회를 세우려면, 부자들의 이 문화헤게모니를 무너뜨려야 한다. 그리고 그 헤게모니를 무너뜨릴 가느다란 희망은 민주노동당 같은 비주류 정당 언저리에 있다. 요즘 시끌벅적한 민주노동당에 자꾸 눈길이 가는 이유다.

(08/02/17)

분당파의 심정은 이해되지만

대선 참패 뒤 민주노동당 안팎에서 새 진보정당을 만들어야 한다는 목소리가 드세다. 자주파 손아귀에 있는 지금의 민주노동당으로는 유권자들의 마음을 얻을 수 없으니, 분당을 해서라도 새로운 사회민주주의 정당을 세워야 한다는 주장이다. 이런 주장을 펴는 이들은 평등파에 속하는 모양이고, 이들의 진단에 따르면 자주파는 '종북주의자들' '김일성주의자들'이다. 당 바깥 사람으로서, 북한에 대한 자주파의 태도가 종북주의나 김일성주의라고 불러야 할 만큼 반(反)자주적인지는 잘 모르겠다. 그러나 이들의 통일 수사나 북핵 온정주의가 한국인들의 평균적 감수성과 크게 어긋났던 것은 사실이다.

평양의 봉건 극우정권에 대한 좌파정당 민주노동당의 살가움이 논리적으로나 윤리적으로 얼마나 글러먹었는지 이 자리에서 다시 거론하고 싶지는 않다. 자주파라는 사람들도 저 자신 북에 가서 살기는 싫을 것이다. 『민족21』 화보에 비치는 삶이 북한 인민의 표준적 삶이 아니라는 걸 그들도 잘 알고 있을 테니 말이다. 민주노동당은 평양을 잊어야 한다. 평양과의 사업은, 교류협력사업이든 통일사업이든, 곧 들어설 이명박 정부가 그럭저럭 잘 해낼 것이다. 이명박 정부가 너무 엇나갈 경우, 곧 야당이 될 지금 여권 안팎의 민족주의자들이 비판과 질정으로 그럭저럭 바로잡아 줄 것이다. 민주노동당은 평양을 잊고 좌파 정당 본연의 '민생'에 몰두하는 것이 옳다.

그런데 민주노동당을 지금 당장 허물지 않고서는 민생 중심의 진보정당을 만들어낼 수 없는 것일까? 그러니까 즉각적 분당 말고는 방법이 없는 것일까? 그럴지도 모른다. 민족주의 같은 집단적 자기애는 이념이라기보다 생물적 본능에 바탕을 둔 정서 상태여서, 한번 거기 몰입하면 빠져나오기가 쉽지 않다. 또 당을 이리 만신창이로 만들어 놓고도 그 알량한 비례대표 의원 자리에 저리 집착하는 당권파의 행태엔 이념이고 뭐고 떠나서 정나미부터 떨어진다.

그러나 분당이 그야말로 '최후 수단'이 되어야 한다는 것도 엄연하다. 분당은 평등파가 당을 박차고 나가 딴살림을 차린다는 것이다. 곧, 8년 역사의 민주노동당을 '우리 민족 제일주의자'들에게 고스란히 넘겨주고 더 작은 진보정당을 만든다는 뜻이다. 그것도 선택지 가운데 하나이긴 하겠으나, 공식적 노선 전환에 한 번 더 힘을 모을 수는 없을까? 갈라서기는 달라지기보다 늘 더 쉽지만, 갈라선 뒤라 해서 이만한 강도의 내부 갈등이 생기지 말란 법도 없다. 무릇 갈등을 낳는 것은, 이념의 외피와 상관없이, 주로 집단적·개인적 이해관계이니 말이다. 따지고 보면, 통일민족국가 건설은 민주노동당 창당이념 가운데 하나다. 최근 몇 년 새 자주파의 '입당운동'이 아니더라도, 이 당의 민족주의는 그 뿌리가 있었다.

독일사회민주당은 130년이 넘는 역사 동안 여러 차례 노선을 바꾸면서도 그 몸통과 이름을 간직했다. 오늘날 같은 국민정당이 된 것은 1959년 고데스베르크 강령에서였지만, 그 이전에 이 정당은 유사 마르크스주의 정당이기도 했고, 전쟁을 지지하는 유사 군국주의 정당인 적도 있다. 지금 민주노동당 평등파는 자주파를 제1차 세계대전 시기 독일사회민주당 우파와 비슷하게 여기는지도 모른다. 그래서 그 시기의 분당파들처럼 당을 뛰쳐나가 이름에 값하는 진보정당을 만들겠다는 생각일 테다. 심정은 십분 이해하겠다. 그러나 민주노동당의 이름과 몸통을 버리기에 앞서, 민족지상주의를 당의 중심에서 쓸어내는 건곤일척의 노선 전환 운동을 벌였으면 한다.

속사정 모르고 분수 넘치는 소리 한 김에 한마디 더 보태겠다. 분당론자 가운데 일부는 대담하게도 선전투쟁을 극우 신문에 의지하고 있다. 요즘 유행하는 '실용주의'인지는 모르겠으나, 좌파의 기품에 크게 못 미치는 일일 뿐 아니라 궁극적으로 제 무덤 파는 짓이다.

(08/01/03)

민주노동당, 시간이 없다

오직 한 캠프만 환호작약이고 다른 모든 정치 세력은 상혼낙담이다. 집권의 길이 아득함을 다시 한 번 깨달은 민주노동당은 뒤쪽에 속할 테다. 그러나 낙담은 사치다. 시간이 넉넉지 않기 때문이다. 18대 총선은 넉 달도 남지 않았다. 시간은 이번 대선에서 패배한 모든 정치 세력에게 넉넉지 않지만, 민주노동당에겐 특히 그렇다. 다른 정치 세력들은 꽤 두툼한 전통적 지지층이 있어서 내년 4월 총선에서 쓴맛을 본다 해도 이내 세력을 복원할 수 있다. 그러나 기존 지지층이 가녀린 민주노동당은, 18대 총선에서 지역구 의석을 얻지 못하면, 영원히 원내외(院內外) 경계정당으로 남거나 가뭇없이 사라져버릴 수도 있다. 이합집산이 상례인 보수정치권에서야 정당 하나가 몰락하는 것이 대수로운 일은 아니다. 그러나 한국 진보정치사상 처음으로 8년 역사를 이끌어온 민주노동당의 몰락은 진보정치 전체의 영락으로 이어질 수도 있다. 그것이 뜻하는 것은 시장독재의 만개다. 낙담할 여유가 없다.

이번 대선 국면에서 민주노동당은 보수정파나 중도자유주의 정파에 견주어서는 분열상을 덜 드러냈다. 적어도 당원들이나 핵심 지지자들의 이반이 또렷한 흐름을 이루지는 않았다. 그러나 그것은 겉모습일 뿐이다. 완고한 민족주의자들과 사회민주주의자들의 동거는 이 정당의 역사 내내 그랬듯 이번 대선 경선 과정에서도 삐걱소리를 냈고, 당내 자주파의 도움으로 어렵사리 후보가 된 권영길 씨는 민족주의 수사와 북핵(北核)에 대한 모호한 태도로 당내 후원 세력을 만족시켰다. 그리고 그 사실이, 당 밖의 적잖은 진보 유권자들로 하여금 이 정당과의 유대를 재고하도록 만들었다. 바뀌지 않는다면, 민주노동당은 내년 4월 이후 그저 무책임한 직업적 비순응주의자들의 동호회가 되거나 둘로 쪼개질지 모른다. 민주노동당은 바뀌어야 한다.

어떻게? 우선, 당 안팎에서 지적해왔듯, 민주노동당은 민족통일이라는 의제를 제 가치목록의 변두리로 밀어내야 한다. 다시 말해 조선민주주의인민공화국과의 정분을 공식적으로 끊어내야 한다. 민주노동당의 기반은 이웃 나라 정권이나 인민이 아니라 대한민국의 노동계급과 농민, 사회경제적 문화적 약자라는 점을 잊지 말자. 이것은 북한이 지금과 같은 시대착오적 가산국가(家産國家)가 아니라 해도 마찬가지다.

무엇보다도, 민족지상주의와 통일근본주의는 좌파정당 민주노동당의 근본가치가 될 수 없다. 그것들이, 적어도 역사의 지금 단계에선, 반동적이고 복고적인 가치, 다시 말해 극단적으로 우익적인 가치이기 때문이다. 21세기 대한민국에서, 낭만적 민족지상주의에 이끌리는 통일 담론은 수많은 사회경제 문제들을 '관념 속의 핏줄'로 환원한다는 점에서 우익적이다. 더 나아가, 역사상의 어떤 민족주의가 진보적 역할을 수행했다 해도, 민족의 이익이나 재결합 같은 가치는 복지나 사회연대나 인권 같은 가치가 보편가치인 것과 달리 본디부터 특수가치다.

다음, 민주노동당은 자신이 설계하고 있는 사회의 내용과 그 프로그램을 지금보다 더 또렷이 보여주어야 한다. 유권자들은 민주노동당식 사회민주주의의 속살은커녕 그 테두리조차 잘 알지 못한다. 이 정당이 추구하는 평등과 복지의 한계는 어디인지, 비정규 노동자와 대기업 조직노동자의 서로 엇갈리는 이해관계는 어떻게 조정할 것인지, 다양한 수준의 문화적 소수자 인권이나 환경 의제는 이 정당의 가치목록에서 어디쯤 자리 잡고 있는지 같은 것들 말이다. 이것들을 또렷이 하는 것은, '북한문제'와 더불어, 민주노동당이 '새로운 진보'를 자임하는 한국사회당과 어떻게 다르고 닮았는지를 유권자들에게 설명하는 일이기도 하다. 민주노동당의 상대적으로 긴 역사가 저절로 이 정당을 좌파 정치 세력의 주류로 붙박아두는 것은 아니다. 대선 결과를 두고 좌절하거나 안도할 때가 아니다. 시간이 없다. (07/12/20)

미래를 위한 사표 死票

정파 분열과 후보 난립이 겹쳐, 17대 대선 당선자는 1987년 대선 이래 가장 낮은 득표율에서 결정되리라는 전망이 나오고 있다. 그것은 이번 대선에서 나올 사표(死票)의 비율이 87년 대선 이래 가장 높으리라는 뜻이기도 하다.

자신이 던진 표가 사표가 되기를 바라는 사람은 없다. 될 사람 밀어주자는 식의 부화뇌동, 곧 밴드왜건 효과의 심리적 바탕도 그것이고, 지난 16대 대선 막판에 민주노동당 지지자들을 망설이게 했던 정치적 연산의 바탕도 그것이다. 그러나 사표에 정치적 효과가 없는 것은 아니다. 지난번 대선 때 유효표의 51%가 넘었던 사표는 유권자 과반수가 노무현 후보 반대편에 서 있다는 것을 확인시키면서 노 정권의 행보를 일정하게 제약했다. 그 사표 가운데 민노당 권영길 후보가 받은 표는, 비록 유효표의 4%에도 미치지 못했으나, 선거공학의 압력에 휘둘리지 않고 자신의 사회민주주의 신념을 드러내고자 하는 유권자들이 바로 그만큼은 있음을 보여주었다.

이번 대선에서도 민노당에 던지는 표는 사표일 가능성이 100%다. 다시 말해 권영길 후보가 당선할 가능성은 0%다. 그러나 권영길 씨에게 던져질 사표는 다른 사표들과 그 정치적 의미가 다르다. 지금 빅쓰리라 불리는 정동영, 이명박, 이회창 씨 가운데 두 사람에게 던져질 사표는 어떤 인물이나 패거리에 대한 호오를 드러낼 뿐, 가치나 이념의 차이를 드러내지는 못한다. 이것은 빅쓰리가 일종의 연예인이라는 뜻이기도 하고, 그들 가운데 누가 대통령이 되더라도 대한민국의 앞날이 크게 다른 경로를 걷게 되지는 않으리라는 뜻이기도 하다.

네거티브 캠페인 탓에 정책선거가 이뤄지지 못하고 있다는 한탄이 곧잘 나오고 있지만, 과연 이들 빅쓰리의 정책이 그렇게 서로 다른가? 아니, 설령 지금 공약으로 내세우고 있는 정책이 조금씩 다르더라도, 그 다름이 집권 이후의 실천으로까지 이어질까? 그럴 것 같지 않다. 그런 양두구육은 때깔 좋은 언어를 내세워 집권한 노 대통령이 지난 5년간 충분히 보여준 바 있다.

선량한 범여권 지지자들은 이명박 씨나 이회창 씨가 집권하는 걸 조금도 두려워할 필요가 없다. 그들의 대북정책이 지금의 화해협력 노선을 벗어날 가능성은 거의 없으니 말이다. 이회창 씨의 가장 격렬한 언어조차 극보수 유권자들을 유혹하기 위한 사탕발림일 뿐이다. 막상 집권했을 때, 그에겐 지금까지의 화해협력 정책을 뒤집을 힘도 의사도 없을 게다. 현 단계에서, 대북 화해협력 정책은 미국 정부와 한국 자본가 계급의 이해관계에 부합하니 말이다. 선량한 범한나라당 지지자들 역시 정동영 씨가 집권하는 걸 조금도 두려워할 필요가 없다. 노무현 정부가 정신분열적 태도로 증명했듯, 가상의 정동영 정부 역시 말은 어떨지 몰라도 그 몸뚱이는 재벌-관료 동맹 위에 얹혀 부익부 빈익빈 신자유주의 세계화로 매진할 테니 말이다.

물론 누가 집권하느냐에 따라 권력잔치의 초대장에 박힌 이름은 달라질 것이다. 이명박 씨나 이회창 씨가 집권하면, 그 잔치에 그들의 친구가 초대될 것이다. 이 잔치에, 선량한 한나라당 지지자들이 낄 자리는 없다. 정동영 씨가 집권할 경우엔, 그 잔치에 정동영 씨의 친구들이 초대될 것이다. 이 잔치에도, 선량한 범여권 지지자들이 낄 자리는 없다. 지지자와 친구는 다르다. 대통령선거의 격렬함은 이 잔치에 끼고자 하는 예비 파워엘리트들의 욕망의 격렬함이다.

민노당은 그 잔치를 모두의 잔치로, 특히 서민과 소수자의 잔치로 만들겠다는 의지를 보이고 있다. 섣불리 믿을 일은 아니겠으나, 그간 이 정당이 복지와 분배와 평화와 인권 감수성에서 다른 정당들과 질적 차이를 보여온 것은 사실이다. 그것이 민노당에 던지는 사표가 여느 사표와 다른 이유다. 그 사표는 이념의 사표이자 가치의 사표다. 미래를 위한 사표다. (07/12/06)

민주노동당과 17대 대선

역대 대선에서 보수 세력을 대표한 이들 가운데 한나라당의 이명박 씨가 가장 흠 많은 후보라면, 통합신당의 정동영 씨는 중도우파 세력을 대표했던 이들 가운데 가장 무기력한 후보다. 정동영 씨의 무기력은 정 후보 자신의 정치행로에서 온 것이기도 하고, 소위 범여권의 지난 5년 행로에서 온 것이기도 하다. 힘없는 사람들의 신임 위에 세워져 바로 그 지지자들의 신임을 저버려온 정권에서 누릴 만큼 누렸으니, 옛 지지자들이 그를 다시 신임하지 않는 것은 당연하다.

통합신당 경선에서 정동영 씨의 경쟁자들이 비난했듯 그가 '배신자'라면, 그 배신의 본질은 옛 민주당에 대한 배신도, 손수 만든 열린우리당에 대한 배신도, 노무현 대통령에 대한 배신도 아니었다. 본질은 지지자들에 대한 배신이었다. 정동영 씨는 둘레의 정치 세력이나 개인들과 때로는 다투고 때로는 한통속이 돼, 제게 권력을 위임한 지지자들을 배신했다. 그리고 그런 배신행위가, 우리 사회의 힘없는 사람들로 하여금 부패한 부자 정당 후보를 지지하도록 만들었다.

　그때그때의 상황논리에 따라 말과 행동을 자유자재로 바꿨던 그 날렵한 정치행로가 아니더라도, 정동영 씨에게는 정치적 자질과 자산이 앞서 그의 자리에 섰던 선배 정치인들보다 크게 부족하다. 그에게는 김대중 씨가 지녔던 카리스마나 넓은 시야도 없고, 노무현 씨가 지녔던 단심(丹心)의 이미지도 없다. 노무현 씨의 '단심'은 그의 집권 이후 연기로 드러났지만, 그것은 노무현 씨가 그만큼 뛰어난 대중정치인이라는 뜻이기도 하다. 누구도 그의 진심을 의심할 수 없었을 만큼, 노무현 씨의 표정은 진지했고 말투는 곡진했다. 이 연기력에서 정동영 씨는 족탈불급(足脫不及)이다. 깔끔한 외모와 매끄러운 언변에도 불구하고, 그의 말을 듣고 있자면 왠지 그 자신도 제 말을 믿지 않을 것 같다는 생각이 든다. 그 말들이 꼭 허황해서만은 아니다.

　소위 범여권과 정동영 씨 개인의 이런 취약점은, 1987년 이후 비판적 지지의 망령에 시달렸던 진보 유권자들에게 이번 대선이 해방공간이라는 것을 뜻한다. 정동영 씨 개인이든 그가 대표하는 정치 세력이든, 복지와 사회연대라는 진보적 가치에 무관심하다는 사실은 이제 분명하다. 또 정동영 씨와 그의 친구들이 한나라당에 견주어서는 덜 부패했고 총자본에 덜 친화적이라 하더라도, 이 중도우파 세력의 재집권 가능성은 역대 어느 대선 때보다 낮다. 설령 BBK 스캔들로 이명박 씨가 낙마한다 하더라도 그렇다. 그러니, 소위 민주 세력 분열이니 사표니 하는 것에 대한 거리낌 없이 진보 세력에 표를 줄 수 있게 된 상황이다.

　안타깝게도, 진보정치 세력을 대표한다는 민주노동당의 행태를 보면 그런 결정도 쉽지만은 않다. 2004년 총선에서 10석을 얻으며 일

귀낸 희망은 이제 아스라하다. 의원 개개인의 성실한 의정활동에도 불구하고, 당내의 고질적 정파 싸움과 민주주의 문화의 부재는 이 정당에 우호적이었던 사람들의 마음을 차갑게 만들었다. 게다가, 당내 경선에서 자주파의 지지를 받은 것으로 알려진 권영길 후보는 소위 '코리아연방공화국' 론을 계속 치켜듦으로써 북한 체제에 비판적인 상식적 진보 유권자들을 실망시키고 있다.

그러나 선거가 한 개인에게만이 아니라 한 세력에게 권력을 위임하는 것이라는 점을 진보 유권자들이 충분히 이해한다면, 권영길 후보와 민노당에도 희망은 있다. 권영길 씨와 민노당은 민족지상주의만을 대표하는 게 아니라 한국 사민주의를 대표하기도 하기 때문이다. 무엇보다도, 민노당은 한국 사회에서 유일하게 삼성재벌의 손아귀에서 벗어나 있는 제도권 정치 세력이다. 재벌-관료 동맹의 악취가 견디기 힘든 유권자라면, 이번 대선과 내년 총선에서 미흡하나마 민노당이라는 대안을 고려해볼 수도 있겠다. 그것은 염불보다 잿밥에만 마음을 쏟았던 중도우파 '개혁' 세력에게 교훈을 주는 일이기도 하다.
(07/11/22)

김정환 생각

오늘은 좀 사사로운 이야기를 하고 싶다. 쉰네 살 먹은 사내 얘기다. 그 사내 이름은 김정환이다. 드문 성도 아니고 드문 이름도 아니니 남 북 조선 땅엔 수많은 김정환이 살고 있겠지만, 내가 아는 김정환은 딱 한 사람이다. 『지울 수 없는 노래』의 시인 김정환. 이런 공적 공간에서 사적 교분을 이야깃거리로 삼는 것이 마땅한 짓은 아니겠으나, 김정 환 씨의 반생이 사사롭지만은 않았으니 너그러이 보아 넘겨주셨으면 좋겠다.

김정환 씨는 1980년 군사정권이 『창작과 비평』을 폐간하기 바로 전, 그 계간지를 통해 문단에 나왔다. 스물일곱 살 때였다. 가장 가까 운 시점에 낸 시집이 올해 나온 『드러남과 드러냄』인데, 이것이 시인 의 몇 번째 시집인지 나는 모른다. 어쩌면 시인 자신도 확실히는 모를 지 모른다. 시를 폭포처럼 쏟아냈으니.

넉넉하면 풀어지기 십상이지만, 그것이 철칙은 아님을 김정환 씨의 언어는 보여주었다. 한 세상을 적바림하고 또 다른 세상을 풀무질하는 그의 언어들은 30년 가까운 세월의 과로 속에서 두툼히 감기면서도 단단함을 잃지 않았다. 어떤 종류의 기율이나 품격이라 할 만한 그 단단함은 평론과 미셀러니와 소설과 공연대본을 가로지르는 그의 산문에서도 한결같았다. 그 단단함의 적잖은 부분은 미적 단단함일 뿐만 아니라 정치적 단단함이기도 했다. 그도 그럴 것이, 청년 김정환은 글쟁이였을 뿐만 아니라 운동가이기도 했기 때문이다. 1970년대 운동가들의 전형적 행로대로 그는 첫 옥살이 뒤 강제징집됐고, 제대한 뒤에도 구치소와 교도소 언저리에서 살았다.

내가 그를 사적으로 알게 된 것은 한국 민주주의가 기지개를 켜기 시작한 1980년대 말이다. 그러니까 김정환 씨가 자신의 원기를 글쓰기 못지않게 운동에 쏟아부었던 청년시절을 나는 모른다. 글쟁이로서, 그리고 운동가로서 그가 내비친 사회정치 전망은 나로선 감당하기 힘든 것이었다. 내가 그를 알게 되고 난 뒤로도 꽤 오랫동안 그가 간직했던 사회적 전망 속에선, 태고 이래의 계급구조가 편평하게 허물어져 있었다. 나는 그런 세상을 그려볼 수 없었다. 내가 사는 동안 그런 세상이 오지 않으리라 여긴 정도가 아니라, 호모 사피엔스의 종적 한계 때문에 그런 세상은 영원히 오지 않으리라 여겼다.

그래도 나는 김정환 씨와의 자리가 편안했다. 그가 자신의 생각을 주위 사람들에게 강요하지 않았기 때문이다. 그것은 그가 이념적으로 진지하지 않았다는 뜻일까? 차라리, 세상에는 앙상한 이념의 언어로 채울 수 없는 틈들이 많다는 것을 그가 알았다는 뜻이리라.

술자리 바깥에서 그를 본 일이 거의 없는 터라, 내가 아는 김정환 씨는 술자리의 김정환 씨가 전부다. 술자리에서, 김정환 씨는 슬겁고 호탕하다. 그 슬거움과 호탕함 때문에, 나는 한때 그에겐 친구만 있고 적은 없다 여겼다. 그 사실이 고까워서 그에게 더러 투정을 하기도 했다. 그를 좀더 알게 되면서, 나는 그 판단이 잘못이었음을 깨달았다. 그도 싫은 사람이 있지만, 그 싫음을 널리 드러내는 걸 아름답지 않다 여길 뿐이다.

　　김정환 씨가 올해 백석문학상을 받는다. 등단한 지 27년이 지나, 무슨 상의 수상자로 이름을 내밀기엔 좀 쑥스러운 나이가 돼, 처음으로 받게 된 상이다. 상이라는 게 으레 그렇듯 문학상에도 이런저런 정치와 미적 편견이 개입하겠으나, 나는 김정환 씨가 그동안 아무런 상도 받지 못했다는 게 좀 기이했다. 한국에 문학상은 너무 흔하고, 그의 재능은 저주받은 재능이 아니었고, 그의 존재는 주변적 존재가 아니었으니 말이다. 초기의 김수영문학상이 그에게 돌아가지 않은 건 그 상의 공정성을 크게 해칠 만했다. 백석의 시 세계와 김정환의 시 세계가 닮았는지는 잘 모르겠다. 그러나 김정환 씨가 상을 받게 됐다는 소식을 한 친구에게서 전해 듣고, 마음 한구석이 파드득 설렜다.

(07/11/08)

'손호철의 정치논평'에 잇대어

12월 19일은 한나라당 이명박 대선 후보의 생일 겸 결혼기념일이라 한다. 17대 대선이 치러질 올해 12월 19일이 그의 개인사에 또 다른 축일로 기록될지 판단하기는 아직 이르다. 다른 후보들의 지지율을 모두 합친 것보다 더 높은 지지율을 그가 누리고 있긴 하지만, 한국 정치의 탄력이 워낙 크기 때문이다. 그 탄력의 원천은 정당정치를 압도하는 유권자들의 변덕이다. 탄력적이든 변덕스럽든, 이번 대선에서 최소한의 상식은 관철됐으면 좋겠다는 희망으로 이 글을 쓴다. 그 점에서 이 글은 지난 22일자 손호철 칼럼 「손학규 실험과 비상식의 패배」 연장선 위에 있다.

　우선 범여권 후보 단일화 문제. 대통합민주신당의 정동영 후보만이 아니라 민주당의 이인제 후보나 가칭 창조한국당의 문국현 후보 역시 만만찮은 권력의지를 보여준 터라, 이들 사이에 후보 단일화가 이뤄질지는 알 수 없다. 내년 총선 출마를 저울질하는 정치인들의 이해관계는 후보단일화와 중도우파 세력의 궁극적 통합에 원심력으로 작용할 것이다. 선거공학 수준을 넘어서 정당정치의 착근이라는 관점에서 보면, 단일화가 반드시 옳다고 말할 수도 없다. 그러나 만일 단일화가 이뤄진다면, 신당의 정동영 후보로 이뤄지는 것이 상식이다.

이 발언에서 정동영 씨에 대한 내 지지를 읽어내는 독자가 없기 바란다. 나는 대통합민주신당의 지지자가 아니고, 따라서 이번 대선에서 정동영 씨를 지지하지 않는다. 그러나 원내 제1당의 대선후보에게 출사를 거두라 강요하는 것은 몰상식하다. 상식을 따르자면, 제가끔 독자출마를 하거나 정동영 후보로 단일화할 수밖에 없다. 그러기 위해선 신당 안에서 정동영 씨의 후보 지위를 뒤흔들지 말아야 한다. 사실 신당 당원들이 정동영 씨를 보호해야 하는 것도 상식이다. 추저분하기 짝이 없는 경선이었지만, 정동영 씨는 이제 그 당의 후보이기 때문이다. 2007년의 문국현을 2002년의 노무현으로 여기는 여론이 범여권 지지층 일각에 있는 듯하나, 상식이 가리키는 바는 그가 2002년의 정몽준이라는 사실이다.

여권 한 귀퉁이에서 '신의'라는 칼날로 정동영 씨를 집요하게 쑤시는 것도 보기 흉하다. 정동영 씨가 신의 있는 정치인이라는 뜻이 아니다. 스스로 인정했듯, 그는 2003년 민주당을 깸으로써 전통적 지지층의 신의를 저버렸고, 2007년 열린우리당을 공중분해시킴으로써 집권 세력의 신의를 저버렸다. 그보다 더 큰 배신은 2004년 총선에서 자신이 이끄는 열린우리당이 원내 과반의석을 차지하자마자, '실용주의' 운운하며 개혁의 김을 빼버린 일일 것이다.

그러나 신당 경선 때 정동영 씨에게 '신의' 타령을 했던 이들은 정동영 씨 못지않은 배신을 태연히 저질러왔다. 따지고 보면 참여정부 5년 자체가 이 정권을 분만한 지지자들에겐 배반의 세월이었다. 노 대통령은 지난주에도 벤처기업가들 앞에서 한국 보수주의를 질타하며 어지러운 진보 수사를 농했지만, "삼성의 이해관계를 위해 수단방법을 가리지 않은"(경제학자 전성인 씨) 정권의 수장이 아직도 진보의 허영놀이에 빠져 있는 것은 보기 민망하다. 자이툰부대 철군 연기는 또 뭔가? 정동영 씨와 신당이, 기왕 평화 세력을 자임한 김에, 말을 넘어서는 결기로 민주노동당과 연대해 이 또 한 번의 배신을 국회에서 반드시 막아냈으면 한다. 침략전쟁의 뒤치다꺼리를 어영부영 용인하는 평화 세력이란 좀 이상하지 않은가.

다음, 단일화 논의에 민주노동당 권영길 후보까지 끼우려는 움직임이 소위 개혁적 지식인사회 한켠에서 일고 있다. 이들의 '실존적' 위기의식을 이해는 하겠으나, 이것은 몰상식의 극치다. 2002년 대선 앞뒤로 일부 노무현 지지자들이 민주노동당과 그 지지자들에게 저지른 '변소간' 행태를 기억하고 있는 진보 유권자들에겐 또 한 번의 모욕이다. 그들이 그들의 길을 가도록 내버려두라. (07/10/25)

가을날의 잡담

눈 감고 귀 막고 살자 마음먹어도, 전자우편이라도 왔나 확인하려 컴퓨터를 켜면 그놈의 망한 당 대선 후보 경선 뉴스를 피할 수가 없다. 대통합민주신당 말이다. 소위 '개혁 세력'인지 '중도통합 세력'인지 '평화 세력'인지에 손톱만큼의 미련이라도 남아서 그런 게 아니다. 한나라당이 집권한들 그게 무슨 문제람, 마음 접은 지 이미 오래다. 그래도 신당의 경선놀음은 짜증스럽다. 무엇보다도, 그것이 내 알량한 심미안을 거스르기 때문이다. 지금 정동영, 손학규, 이해찬 예비 후보의 이전투구는 무슨 윤리나 합리성의 잣대로 젤 수준이 아니다. 그건 악하다거나 틀렸다기보다 추하다.

　이런 판국에 남북 정상회담 효과로 노무현 대통령의 지지율이 부쩍 올라갔다 한다. 며칠 전 술자리에서 친구 하나가 이리 말했다. "노 대통령은 집안 말아먹은 뒤 혼자 살아남았군." 그는 노무현 정부와 소위 범여권에 애정이 남아 있는 친구다. 다른 친구 하나가 뜬금없이 말했다. "난 이인제가 유일한 대항마라고 생각해. 손학규는 되는데 이인제는 안 되는 이유를 설명해봐." 표정을 보니 농담이 아니었다. 딴은 그렇다. 이인제 씨에 대한 유권자들의 부정적 인식은 그의 '모자란 윤리성'에, 정확히는 '경조부박'에 있는 것이지 그의 모자란 정치·행정 역량에 있는 것은 아니다. 국회의원으로서, 국무위원으로서, 도지사로서 그는 정-손-이에 조금도 뒤지지 않는 능력을 보였다. 그리고 '경조부박'에서, 정-손-이가 이인제 씨에게 뒤지는 것 같지도 않다.

압도적 지지율에도 불구하고, 나는 한나라당 이명박 후보를 약체라 판단한다. 지난 두 차례 그 당 후보로 나온 이회창 씨에게 견주어서도 그렇고, 투표에서 이기고 여론조사에서 진 박근혜 씨에게 견주어서도 그렇다. 한나라당 경선에서도 드러났듯, 그의 지난 삶에는 한국인들의 평균적 법감정과 윤리 감수성에 어긋나는 대목이 너무 많다. 유권자들이 그에게서 기대하는 것은 능력이지 윤리가 아니어서 이회창 씨와는 다르다는 관측이 많지만, 글쎄? 상대편에 버젓한 후보가 나타나 막상 본선이 본격화하면, 사람들은 그의 '윤리'를 에워싸고 있는 괄호를 이내 풀어버릴 것이다. 그리고 그의 능력에 대한 기대도, 몇 차례 토론회를 거치면, 흔들릴 것이다. '수첩공주'라 불렸던 박근혜 씨와의 토론조차 부담스러워했던 그다.

이명박 씨는 역대 대선에서 한국 보수 세력이 내놓은 최약체 후보다. 여권이 실없는 개혁 수사와 근친증오적 분파주의로 제 자산을 탕진하지만 않았다면, 이번 대선은 충분히 해볼 만했을 것이다. 하기야 그래봐야 무슨 소용인가. 그렇게 해서 들어설 정권이 또 다른 '참여정부'라면 차라리 한나라당 정권이 나을지 모른다. 정책방향은 거기서 거기겠지만, 적어도 소란스러움과 나르시시즘은 덜할 테니 말이다.

문득 시인 K가 생각난다. K는 문단에서 내가 따르는 선배다. 정-손-이와 다 친분이 있다. 정동영, 이해찬 씨와는 학교 동기고, 손학규 씨와는 70년대 운동권으로 얽혀 있는 모양이다. 이번 경선이 시작되기 전부터, 나는 그와의 술자리에서 더러 정-손-이의 험담을 하곤 했다. 그는 덤덤히 내 말을 듣는다. 그러다가 내가 너무 나간다 싶으면 그들을 감싼다. 사적으로는 좋은 사람이라는 것이다. 그러면 나는 공사 좀 구분하시라고 건방지게도 선배를 핀잔한다.

　지금 정부는 반대파 일각으로부터 운동권 정권이라는 비아냥거림을 들어왔다. 큰 감투를 쓴 몇몇 사람의 면면을 보면 그렇게 말하는 것이 터무니없다고는 할 수 없다. 그러나 관료에게 질질 끌려 다니고 재벌 앞에서 벌벌 떠는 정권을 운동권 정권이라 부르는 건 좀 이상하다. 그저, 제 밥그릇 빼앗긴 게 분해 '욕설'이랍시고 내지르는 소리겠지. 아무렇거나, 이 운동권 정권은 운동에 대한 헌신에서 모범적이었던 K 같은 이로 하여금 정권에 어떤 태도를 취해야 할지 곤혹스럽게 만드는 것 같다. 그렇다면, 올 12월에 한나라당이 집권하는 건 K를 위해서도 좋은 일인가? (07/10/11)

제2차 남북 정상회담에 부쳐

우선, 화사한 수사보다 질박한 실무적 관심에 이끌리는 회담이 됐으면 좋겠다. 정상끼리의 만남인 만큼 수사를 배제하기야 어렵겠지만, 두 사람의 합의가 꼭 총론에 갇힐 필요는 없을 것이다. 총론적 수사는 1972년의 7·4공동성명과 2000년의 6·15공동선언으로 족하다. 그래도 수사가 있어야 한다면, 그것이 '우리 민족끼리' 류의 동화 욕망에 올라탄 통일 수사가 아니라, 화이부동 정신을 밑절미 삼은 평화와 협력의 수사였으면 좋겠다. 한쪽 당사자가 임기를 얼마 안 남겨놓은 시점이어서 스스럼이 없진 않겠으나, 이번 회담이 한반도를 굳건한 평화체제로 옮겨놓는 반송대 노릇을 했으면 한다.

한반도에 평화체제가 들어선다는 것은, 제한된 시평(時平)에선, 대한민국과 조선민주주의인민공화국이 상대방을 외국으로 인정한다는 뜻이다. 실상 1991년 9월 18일 남북이 제가끔 유엔에 가입했을 때, 서울 정부와 평양 정부는 이미 상대방을 외국 정부로 인정한 셈이다.

이번 정상회담이, 남북이 서로를 국가로 인정하는 데 거리낌을 없애는 자리가 됐으면 좋겠다. 통일에 큰 값어치를 매겨온 사람들에게 이것은 선뜻 받아들이기 힘든 일일 것이다. 그러나 '코리아는 하나!' 라는 낭만적 구호 아래 남과 북이 적대하는 것보다는, '코리아는 둘' 이라는 현실적 판단 아래 사이좋은 외국으로 지내는 게 남북 모두에 훨씬 이롭다.

정상회담은 의제와 잠정적 결론을 미리 조율한 뒤 이뤄지는 일종의 추인 형식이기 십상이지만, 그래도 노무현 대통령의 북행을 앞두고 몇 가지 몽상을 해본다. 어떤 두 나라의 관계가 정상적이라는 첫번째 표지는 대사급 수교다. 그것이야 뒷날 이야기이겠으나, 이번 정상회담에서 서울과 평양에 양측의 상주대표부라도 두기로 합의했으면 좋겠다는 몽상을 해본다. 서울과 평양의 상주대표부는, 판문점의 남북연락사무소에 견줘, 두 나라 관계를 좀더 정상적으로 만드는 데 이바지할 것이다.

그것이 어렵다면 남북의 언론사들이라도 상대편 수도에 지사를 설치할 수 있도록 했으면 좋겠다는 몽상을 해본다. 물론 관영 일색의 북측 언론이나 뼛속까지 상업주의적인 남측 언론이 상대 지역을 공정하게 취재하고 보도하는 데는 한계가 있을 것이다. 또 지금처럼 두 나라가 '휴전' 상태에 있는 한, 상대방 지역에서 이뤄지는 언론활동의 한계는 언론의 성격과 상관없이 불가피하기도 하다. 그러나 그 한계를 안고라도 언론사들이 상대 지역에서 상시적으로 활동하는 것은 남북 주민집단의 상호이해를 넓히는 데 도움이 될 것이다.

남과 북이 상대방을 버젓한 주권국가로 인정한다면, 상대방을 지칭할 때 국호로 부르는 것이 마땅하다. 남북 주민들이 일상적으로 '북한'이나 '남조선'이라는 말을 쓰는 거야 어쩔 수 없다 하더라도, 신문을 포함한 넓은 의미의 공적 텍스트에선 상대측을 조선(민주주의인민공화국)이나 (대)한(민)국으로 부르는 것도 논의에 부쳐볼 만하다.

사실 남과 북의 관계를 이렇게 정상적이고 우호적인 국가관계로 만드는 것은 북쪽 지배층에게 훨씬 부담스러운 일일 것이다. 자본주의 세계질서 속에서 온갖 수준의 교류가 상시적이 되면, 체제의 균열을 예감하는 것은 북쪽일 테니 말이다. 북쪽이 지금의 경직된 체제를 고스란히 유지하는 것은 불가능하다는 점을 남측은 북측에게 납득시켜야 한다. 그와 동시에 남측은, 동맹국들과 함께, 북쪽의 변화가 그 사회의 피륙을 찢어내지 않을 만큼 매끄럽게 이뤄지도록 협력과 개입에서 절제를 보여야 한다.

확실한 것은, 조선민주주의인민공화국을 대한민국의 '가장 가까운 외국'으로 만드는 것이 한반도 평화의 지름길이라는 점이다. 그러다가 역사의 어떤 매듭이 자연스레 풀려 평화통일이 이뤄지면 좋은 일이다. 끝내 통일이 안 돼도, 우리와 언어를 공유하고 우리와 핏줄이 통하는 이웃 나라와 사이좋게 지내는 것은 그것대로 좋은 일이다.

(07/09/27)

'싸가지 있는' 정치를 위하여

유시민 의원의 이미지 하나는 '싸가지 없이 옳은 얘기 하는 사람'이다. 두 해 전 같은 당의 김영춘 의원이 "유시민은 저토록 옳은 소리를 왜 저토록 싸가지 없이 할까" 하는 원망을 기자들 앞에서 흘린 뒤 이 이미지가 굳어졌다. 유시민 씨 본인도 자신의 말에 날이 서 있다는 걸 인정하는 눈치다. 그로서는 크게 손해날 일도 아니다. 김영춘 씨의 평가를 곧이곧대로 따르자면, 그는 적어도 '옳은 소리'를 하는 셈이니까.

적잖은 유권자들이 소위 이 '김영춘 어록'에 고개를 끄덕이는 모양이다. 나 역시 그럴듯하다고 생각한다. 다만 전제가 하나 있다. 김영춘 씨의 말이, '옳은 얘기를 할 때조차 유시민의 말버릇은 싸가지가 없다'는 것을 뜻한다는 전제다. 다시 말해, '유시민은 늘 옳은 소리를 하는데 단지 싸가지 없는 게 문제다'라는 판단엔 동의하지 않는다는 얘기다. 내 생각에, 유시민 씨는 흔히 옳지 않은 소리를, 또는 옳고 그

름과는 상관없이 자신의 이익에 봉사하는 말을 싸가지 없이 한다.

최근 대통합민주신당의 대선 후보 경선에서 그가 '신의'를 내세우며 경쟁자들을 배신자로 몰아가는 것도 그렇다. 그는 정말 자신을 신의 있는 사람으로 여기는 것일까? 지난 5년간 공적으로 쏟아놓은 말들을 수없이 뒤집으면서, 유시민 씨는 자신이 신의 따위는 대수롭지 않게 여기는 기능주의자라는 걸 충분히 증명했다. 오죽했으면, "유시민이 안 한다 하면 그건 반드시 한다는 뜻이고, 한다 하면 그건 반드시 안 한다는 뜻이다"라는 얘기까지 나왔을까? 그 점에서 유시민 씨는 한국에서 가장 '예측 가능한' 정치인에 속할지도 모른다. 다섯 해 전 그가 이인제 의원을 그렇게 평가한 바로 그 맥락에서 말이다. 유시민 씨가 손학규 씨나 정동영 씨에 견줘 유능한 정치인이라는 건 인정할 수도 있다. 그러나 그가 그들보다 더 신의 있는 정치인인지는 정말 모르겠다.

옳은 소리든 그른 소리든, 공인의 말투는 싸가지가 있는 게 좋을 것 같다. 사실 '싸가지 없다'는 말도 싸가지 없는 말이다. 뜻이 고스란히 포개지지는 않겠지만, 지금부터 '기품 없다'나 '예의 없다'로 바꾸겠다. 유시민 씨는 옳은 말을 할 때조차 더러 기품이 없고 예의가 없다. 그의 능변과 논리와 재치와 지성이 그 기품 없음을 눅여주긴 하지만, 말끔히 씻어내지는 못한다.

시장판의 싸움에서야 기품 없는 게 무기일 수 있다. 기품 찾고 예의 찾다 보면 약하게 보이고 사기도 꺾인다. 그러나 문명사회의 정치판에서까지 기품 없음이 무기가 된다면 그건 슬픈 일이다. 정치도 그 본질이 싸움인데 기품 찾다 지느니 기품 없이 이기는 게 낫지 않느냐고 따지면 대답이 좀 궁색해지긴 하지만, 그래도 그것이 슬픈 일임에는 변함이 없다.

　기품 없음이 무기가 되면, 싸움이 진행될수록 당사자들은 점점 더 기품이 없어진다. 그래서 점점 더 깊은 상처를 주고받게 된다. 그러다 보면 아픔을 느끼는 능력이 가장 모자란 사람이 최후의 승자가 된다. 내 기억에, 유시민 씨도 언젠가 텔레비전 토론회에서 고양이 앞 쥐 신세가 된 적이 있다. 그가 상대방에게 논리로 밀려서 그랬던 게 아니다. 아픔을 느끼는 능력이, 한없이 비천해지는 데 대한 거리낌이, 유시민 씨에게보다 토론 상대자에게 더 부족했기 때문이다.

　'김영춘 어록'으로 얘기를 시작하다 보니 유시민 씨 험담만 늘어 놓은 셈이 됐다. 그러나 기품 없음에서 유시민 씨가 소위 중도정파 내 라이벌들과 차원이 다른 악성이라고 보기는 어렵다. 그리고 한나라당 대선 후보 경선에서, 이명박-박근혜 양쪽 캠프는 유시민 씨도 울고 가게 할 만큼 기품이 없었다. 안 그럴 것 같던 민주노동당마저, 대선 후보 경선을 하면서 캠프끼리 더러 독이 묻은 말들을 주고받았다. 그게 위선일지라도, 우리 정치 기품 있게 좀 해보자. 우리가 수만 년 전 혈거인들도 아니고. (07/09/13)

『시사IN』 생각

편집국장 몰래 발행인이 재벌 기업 관련 기사를 걷어낸 일로 경영진과 갈등을 빚은 끝에 집단 퇴사한 『시사저널』 기자들이 『시사IN』이라는 새 시사주간지의 창간을 준비하고 있다. 한 매체의 기자들이 그 제호만 포기한 채 새 매체로 고스란히 이동한 셈인데, 한국 언론사상 초유의 일이다. 나라 바깥에서도 이런 일은 없었을 게다.

『시사저널』 사태의 발단이 자본의 편집권 제어 욕망이었던 만큼, 『시사IN』은 최대 주주의 지분이 반을 넘지 못하도록 하고, 발행인이 편집인을 겸하지 못하도록 하며, 기자 대표가 이사회에 참여하게 하는 등 편집권 독립을 위한 제도적 장치를 여럿 마련하고 있다 한다. 이 새로운 매체가 어느 개인의 사유물이 되는 것을 막겠다는 뜻이다.

이 시점에서, 『시사IN』의 앞날을 장밋빛으로만 상상하는 것은 신중치 못한 일일 게다. 물론 소유와 경영과 편집을 분리하고 자본구성을 다수의 소액주주가 감당하게 하는 것이 편집권 독립에 유리한 일임은 분명하다. 그러나 그것이 만병통치약이 될 수 없음은, 앞서서 그런 방식으로 태어난 매체들이 자본으로부터 완전히 독립하지 못했다는 것만 보아도 또렷하다. 지금 매체편집권 일반을 위태롭게 하고 있는 것은 특정 매체자본가의 악의라기보다, 모든 것을 집어삼킬 듯 세차고 촘촘한 자본운동 자체다. 자본구성을 잘게 나누고 사규나 정관으로 편집권을 강화한다 해도, 경영자가 늘 광고주의 압력을 거뜬히 이겨낼 수 있는 것은 아니다.

탐사보도를 전문으로 하는 프랑스의 풍자 주간신문 『카나르 앙셰네(Le Canard enchâiné)』는 그래서 광고를 아예 싣지 않는다. 수익을 오로지 신문 판매에만 의존하는 것이다. 많든 적든 광고를 싣게 되면 편집권이 광고주의 칼끝에서 자유로울 수 없으리라는 판단에 따른 것이다. 그러나 광고를 싣지 않으려면, 매체의 판매 수익이 회사를 꾸려 나갈 수 있을 만큼 많아야 한다. 『카나르 앙셰네』의 판매부수는 45만 부 안팎이고, 8면의 얄팍한 신문인데도 한 부 가격이 1.2유로(1500원 남짓)나 된다. 고작 두 장짜리 신문이 그 가격에 그리 많이 팔려 나가는 것은, 독자들이 『카나르 앙셰네』의 정보를 그만큼 심층적이라 판단하고 있기 때문일 게다. 너무 이상주의적이긴 하지만, 『카나르 앙셰네』의 예가 '독립'을 내세우는 언론의 한 지향점이 돼야 함은 분명하다.

편집권의 위기가 꼭 광고주한테서만 오는 것은 아니다. 『시사저널』사태 때 기자들이 일치단결해 경영진과 맞설 수 있었던 것은, 경영진의 행태가 상식을 크게 벗어났다는 판단을 공유했기 때문일 게다. 그러나 경영진과의 다툼이 아니더라도, 편집국 안에서 갈등과 반목은 언제든 생길 수 있다. 편집권이 편집국에 오롯이 속한다 쳐도,

편집국은 다양한 세계관의 구성원들로 이뤄진 집단주체다. 기사가치에 대한 편집국 구성원들의 서로 다른 판단이 민주적 방식으로 조율되고 수렴되지 않으면, 이내 파열음이 들릴 것이다. 구성원들의 이해관계도 서로 어긋날 수 있다. 사람 사는 곳 어디나 마찬가지다. 세계관과 이해관계가 늘 또렷이 분별되는 것도 아니다. 대의와 욕망은 흔히 뒤얽힌다.

새로운 출발을 다짐하고 있는 『시사IN』 기자들에게 우울한 얘기를 늘어놓은 셈이 돼 죄송스럽다. 그러나 이들이 만들려는 것은 동창생이나 동호인들끼리의 동아리가 아니라 자본주의 사회에서 살아남아야 할 매체기업이고, 이 기업을 만들고 꾸려 나갈 사람들은 산사의 수도승이 아니라 자본주의 사회의 욕망과 규율에 얽매여 있는 속인이다. 그 사회경제적–생물적 테두리가 헐겁게나마 『시사IN』의 최대치를 결정할 것이다. 너무 큰 기대는 실망으로 이어지게 마련이다. 용두사미보다는 일취월장이 좋다. 자본운동과 사람의 본성이 저널리즘에 그어놓은 경계를 『시사IN』이 본때 있게 뒤로 밀쳐냈으면 좋겠다. 먼발치에서나마, 『시사IN』의 용기 있는 동료들에게 박수를 보낸다.

(07/08/30)

끔찍한 동심 童心

'동심(童心)의 세계'라는 말이 나쁜 뜻으로 쓰이는 경우는 별로 없다. 동심은 대개 무구함, 순수함, 깨끗함 따위와 이어진다. 이런 관념의 틀 안에선, 어른이 된다는 것은 마음에 때를 묻히는 것이다. '우리는 깨끗하게 태어났지만, 세상 속으로 깊숙이 들어가면서 더럽혀진다; 선한 사람이란 어릴 때 마음을 그대로 간직한 사람이다; 어른들은 아이들의 그 깨끗한 마음을 더럽히지 않도록 애써야 한다.'

그러나 조금만 돌이켜보면, 이런 어린이 찬가의 근거가 허술하다는 게 드러난다. 개개인의 차이는 있지만, 우리들이 알고 있는 아이들은 선함과 거리가 있다. 아이들은 대체로 지극히 자기중심적이고, 드물지 않게 공격적이다. 놀이방이나 유치원 교사 노릇하기가 힘든 것은 동심이라는 게 일반적 관념과 달리 그리 아름답지 않기 때문이다. 초등학교 교실도 마찬가지다. 그곳에선 아이들끼리의 폭력과 따돌림이 난무하고, 경쟁자를 거꾸러뜨리기 위한 음모가 횡행한다. 그런 현상이 큰 사회문제로 잘 떠오르지 않는 것은, 아이들은 육체적 힘이나 지능이 충분치 않아 그런 폭력과 음모가 어마어마하지 않기 때문이다. 아이들을 보호해야 하는 것은 그들이 선하기 때문이 아니라 약하기 때문이다. 그들이 어른들보다 더 선해 보이지는 않는다.

외려 그 반대가 진실에 가까워 보인다. 그러니까 대부분의 아이들은 교육을 통해서야 윤리적 자극을 얻게 되는 것 같다. 사람들이 염치, 너그러움, 수치심, 배려, 협동심, 겸손, 예의 따위에 가치를 부여하게 되는 것은 대개 교육을 통해서다. 물론 이런 미덕들은 사람의 마음속에 잠재해 있던 것일 테다. '교육'에 해당하는 서양 말의 어원은 '밖으로 끌어낸다'는 뜻이다. 본디부터 없었던 것을 끄집어낼 수는 없다. 그러니까 잠재적으로는 사람이 윤리를 지향한다고 볼 수도 있겠다. 그러나 그런 윤리성을 발현시키는 것은 교육이다. 대개의 아이들은, 윤리적으로 자라날 가능성은 있지만 아직 윤리적이지 못한 존재다. 동심은 흔히 비윤리적이다. 아이들은 선한 게 아니라 유치하다.

공동체가 교육을 통해 새 세대의 마음속에서 윤리를 끄집어내는 것은 공동체 자체의 존속을 위해서다. 만인에 대한 만인의 투쟁이 세상살이의 한 본질적 측면이고, 그래서 모든 사람은 모든 사람에 대해서 궁극적으론 늑대 노릇을 할 수밖에 없다 할지라도, 그것을 대놓고 선양할 경우 사회는 무뢰한들의 놀이터로 변해 궁극적으로 무너져 내릴 것이다. 유전자가 본디 이기적이라 할지라도, 공동체가 개체들로 하여금 그 유전자들의 이기적 목적을 이타적 외양으로 이루도록 독려하는 것은 종(種)의 안녕에 크게 이롭다. 그것은 윤리교육의 한 측면이 위선교육이라는 뜻이기도 하다. 위선(僞善) 자체는 선이 아니지만, 그것은 위선(爲善)을 통해서, 곧 선의 형식적 실천을 통해서 이뤄진다. 그럼으로써 그것은 일정하게 악을 제어한다. 동심이란 아직 그 위선에 이르지 못한, 날것으로 이기적인 마음이다.

선한 사람으로 그득한 세상이 가장 좋은 세상이겠지만, 그것은 영원히 이루지 못할 꿈이다. 우리가 바랄 수 있는 최선은, 그만저만한 윤리적 굴레로 이기심을 조이며 선을 겉치레로라도 실천하는 사람들 (곧 위선자들)이 세상에 넘쳐나는 것 정도일 테다. 넘쳐나지는 않더라도, 그렇게 윤리를 의식하는 위선자들이 득세하는 세상은 지옥은 아니다. 실제로 인류문명의 역사는 상당 부분 위선의 역사였다. 위선자들이 우리를 다스렸다.

새 천년 들어 상황은 한결 나빠져 가고 있는 것 같다. 약한 사람들을 표적으로 삼은 미국 행정부의 이지메에는 위선조차 없다. 그저 날것 그대로의 동심만이 펄럭일 뿐이다. 대한민국의 다음 대통령이 되겠다고 나선 이들도 대개 그렇다. 그들은 부끄러움의 능력마저 완전히 잃은 듯, 유치하고 사악한 동심만을 내보이고 있다. 위선자들이 다스리는 세상도 그리 좋은 세상은 아닐 게다. 그러나 정말 끔찍한 세상은 아이들이 다스리는 세상이다. (07/08/16)

누가 누가 더 나쁠까?

프랑스 제3공화국 총리를 지낸 조르주 클레망소는 다른 정치인들을 그리 탐탁지 않게 여겼던 모양이다. 한 기자가 "당신이 아는 가장 나쁜 정치인은 누구인가?"라고 묻자, 그는 이리 답했다. "대답하기 정말 어려운 물음이다. 이 자야말로 가장 나쁜 정치인이라고 생각하는 순간, 꼭 더 나쁜 자가 나타나니 말이다."

클레망소 자신은 좋은 정치인이었을까? 그의 사생활이 어땠는지는 모르지만, 공인 클레망소에게 나는 그럭저럭 호의적이다. 로비 사건에 휘말려 10년간 정계를 떠난 일이 있긴 했으나, 클레망소는 대체로 시대정신의 편에 섰다. 정치인으로서만이 아니라 언론인으로서도 그랬다. 그가 발행한 신문 『로로르(L'Aurore)』는 드레퓌스 사건 당시 직업적 애국자들에게 맞서 드레퓌스를 옹호하는 지식인들의 거점이었다. 의회와 내각의 중책을 맡으며, 드레퓌스는 8시간노동제 도입을 비롯해 프랑스 노동자들의 생활조건 개선에 적잖이 이바지했다.

좋은 정치인이라는 게 꼭 윤리적인 정치인이라는 뜻은 아닐 게
다. 정치는 권력을 배분히고 공동체의 안녕을 보장하는 기술이지 도
덕심을 고양하는 장치는 아니니 말이다. 그래도 주도적 정치인들의
윤리가 시정의 장삼이사에도 못 미친다면, 그 사회의 앞날은 어둡다.
정치인들의 윤리적 빈곤은 궁극적으로 정치 혐오를 불러일으켜, 권력
의 합리적 배분과 공동체의 안녕 보장이라는 정치 본연의 기능마저
위협할 것이다. 정치학은 윤리학이 아니지만, 정치는 윤리에서 완전
히 자유로울 수 없다.

다가오는 대통령선거에 나가겠다며 이름을 들이밀고 있는 정치
인들 가운데 최소한의 윤리에라도 자신을 구속하는 이가 있을까? 집
권 가능성이 제로인 민주노동당 사람들을 제외하면, 그렇다는 대답이
선뜻 나오지 않는다. 이명박 씨는 신비로움 그 자체다. 저런 과거를
지닌 이가 어떻게 저 자리까지 가 저 정도의 지지를 받고 있을까 신비
롭다는 말이다. 친족들끼리의 괴상한 거래나 규모를 알 수 없는 부동
산 따위와 관련해 그에게 쏠리고 있는 온갖 의혹들은, 그가 설령 평균
적 한국인 이상의 '전과자'가 아니라 할지라도, 그의 대통령후보 자
격을 위태롭게 하기에 충분하다.

박근혜 씨가 극단적 보수 세력의 지지를 받고 있다는 것은 그가
대한민국의 과거를 상징한다는 것을 뜻한다. 그것 자체가 비윤리적인
것은 아니다. 그러나 박근혜 씨가 그 과거의 가장 참혹한 상처를 뭉개
고 있는 것은 비윤리적이다. 독재자의 딸이라고 그를 비판하는 것은
부당하지만, 독재자의 살인행위를 그가 두둔하고 있다고 비판하는 것
은 정당하다.

사법부가 재심 끝에 인혁당 사건에 무죄판결을 내렸을 때, 박근

혜 씨는 그것을 자신에 대한 정치공세라 일축했다. 그의 태도엔 사람에 대한 예의라는 것이 손톱만큼도 없었다. 오죽했으면, 김영삼 정부 시절 청와대 교문수석을 지냈던 이가 그의 반응을 두고 '인간에 대한 절망'을 느낀다고까지 극언했을까? 그 자신이 소위 '퍼스트레이디' 노릇을 하던 시절 공권력에 무고하게 살해된 이들에 대한 박근혜 씨의 이 고집스러운 냉혹함은, 그가 다스릴 대한민국을 전율로 상상하게 한다.

소위 범여권의 한탕주의자들에게서도 최소한의 윤리적 기품을 찾기 어렵다. 기회주의자라는 비판은 제 당을 걷어차고 나온 뒤 난데없이 햇볕정책의 전도사로 변신한 손학규 씨에게 주로 쏠리고 있지만, 그쪽의 소위 예비 주자들 가운데 손학규 씨의 기회주의를 떳떳이 비판할 수 있는 이가 도대체 누구인지 모르겠다. 사람은 누구나 얼마쯤 기회주의적이겠지만, 민심을 내걸고 이합집산을 거듭하는 이들의 기회주의는 급이 다르다.

그들 가운데 하나를 가장 나쁜 자로 꼽는 순간, 더 나쁜 자가 떠오른다. '차라리 노무현이 나아' 소리가 절로 나온다. 그 순간, '노무현의 눈물'과 비정규직 노동자들의 피눈물이 포개지며 속이 메스껍다. 남의 윤리에 대해 이러쿵저러쿵하다 보면 늘 내 발밑이 불안하다. 지금도 그렇다. 덥다. (07/08/02)

《선샤인뉴스》 창간에 부쳐

전북대학교 신문방송학과 학생들이 지난 7일 《선샤인뉴스 (sunshinenews.co.kr)》라는 온라인신문을 창간했다. 사이트에 들어가 이 신문을 소개하는 방을 들여다보니 '포지티브 뉴스' '로컬 뉴스' '퍼블릭 저널리즘'의 순환과 역순환을 나타내는 다이어그램이 독자를 맞는다. 이 세 개념이 《선샤인뉴스》의 이념적 · 실천적 지향점이라는 뜻이겠다.

'포지티브 뉴스'의 '포지티브'는 '긍정적'이라는 뜻일 테다. 신문 제호에도 이미 그런 뜻이 담겼다. '선샤인뉴스'란 햇살처럼 밝고 따뜻한 뉴스라는 뜻일 게다. 창간사도 "기존 언론매체와의 역할 분담 차원에서 주로 밝은 뉴스와 이야기를 다루"겠다고 밝히고 있다. 세상이 어두운 것은 뉴스가 어둡기 때문이라는 관점이 창간사의 이 대목에 담겼다면, 논란거리가 될 수도 있겠다. 미디어가 세상을 비추는 거울일 뿐만 아니라 세상을 (재)구성하는 능동적 행위자라는 점을 인정하더라도, 미디어의 세계(재)구성 능력에 대한 확신과 거기 바탕을 둔 실천이 지나칠 때, 그 종착점은 선전 저널리즘이 되기 십상이니 말이다. 군사독재 시절의 언론이 쏟아낸 밝고 따뜻한 뉴스가 세상을 밝고 따뜻하게 만들진 못했다.

그러나 이것은 한가한 걱정이거나 괜스런 트집이다. 창간사에 이미 "기존 언론매체와의 역할 분담 차원"이라는 점이 분명히 밝혀져 있기도 하거니와, 정치 민주화 이후 우리 주류언론이 갈등 지향적 뉴스에 지나치게 몰두해온 건 엄연하니 말이다. 주류언론이 갈등 지향적 뉴스에 치우쳐온 것은 지난 두 정부와 주류 신문이 생래적으로 사이가 나빴다는 사실과도 관련 있을 게다.

더구나 《선샤인뉴스》는 '포지티브 뉴스'라는 슬로건 뒤에 숨어 비판을 삼가겠다는 것이 아니다. 이들은 비판을 하되 "상대편을 설득할 수 있는 따뜻하고 실천가능한 제안과 호소의 형식으로" 하겠다고 말한다. 그러니까 이 신문이 생각하는 '포지티브'는 기사 내용만이 아니라 그 형식까지 아우른다. 흔히 언어의 내용보다 언어의 형식이 갈등의 연료로서 인화점이 낮다는 점을 생각하면, 《선샤인뉴스》가 새롭게 더듬어 찾는 기사형식에 기대를 걸어볼 만하다. 기존 언론이 드러낸 갈등은 서로 다른 언어내용의 과격성이 맞부딪치는 장면이었다기보다, 서로 비슷한 언어형식의 과격성이 맞부딪치며 격렬함을 다시 더하는 모방적 경쟁의 장면이기 일쑤였다.

《선샤인뉴스》의 지향점으로서 '포지티브 뉴스' 못지않게 눈에 띄는 것은 '로컬 뉴스'다. 이것은 "지방이 한국의 미래"라는 믿음 아래 한국 문화 전반의 소용돌이 성격을 끊임없이 비판해온 언론학자 강준만 씨의 이론적 실천과도 관련 있을 테다. 전북대학교 학생들에게 이 신문의 창간을 제안하고 그들의 활동을 뒷받침하고 있는 이가 강준만 씨라 한다.

출범한 지 아직 두 주가 채 안 됐지만,《선샤인뉴스》기자들의 눈길과 발길이 거의 온전히 전북 지역으로 쏠리리라는 것은 지금까지의 기사만으로도 넉넉히 짐작된다. 스트레이트뉴스만이 아니라, 피플 난이나 칼럼 난도 전북 시민의, 전북 시민에 의한, 전북 시민을 위한 뉴스를 지향하고 있다.《선샤인뉴스》의 이 지방주의는, 모든 형태의 자본이 서울로 쏠리고 지방 거주자조차 제 지역 정보보다 서울 정보에 훨씬 더 노출돼 있는 서울 일극주의의 중화제로서 뜻이 작지 않다.

《선샤인뉴스》의 또 다른 지향점인 '퍼블릭 저널리즘'은 대다수 미디어가 내세우는 가치다. 그러나 미디어자본가의 입 노릇을 하는 '프라이빗 저널리즘'이나 특정 정파와 한몸이 된 '섹트 저널리즘'이 다수인 이 시대에, 실현하기 힘든 가치이기도 하다.《선샤인뉴스》가 공중(公衆)과의 양 방향 커뮤니케이션을 본때 있게 실천하는 공론장이 되기 바란다. 그리고 서울 일극주의를 지양하려는 분권주의 운동의 든든한 문화적 거점이 되기 바란다. 무엇보다도, 막 돛을 올린 지금의 생기가 끊임없이, 다함없이 이어지기 바란다. 창간을 축하한다.

(07/07/19)

〈미녀들의 수다〉를 위하여

KBS 2 텔레비전의 월요일 밤 프로 〈미녀들의 수다〉는 한국에 사는 외국인 미혼여성 열여섯 명이 한자리에 모여 다섯 명의 남자 패널과 얘기를 주고받는 토크쇼다. 프로그램 제목이 가리키듯, 출연 여성이 죄다 아리땁다. 그리고 그들 가운데 몇은 과연 수다스럽다. 예컨대 핀란드에서 온 따루 살미녠 씨나 캐나다에서 온 루베이다 던포드 씨가 그렇다. 그들의 한국어가 그만큼 익어 있다는 뜻일 테다.

중년의 한국 사내인 내가 이 프로를 놓치지 않고 보는 것은 새뜻한 외국 여성들을 한꺼번에 보여주기 때문일 게다. 말해놓고 보니 정치적으로 그다지 올바른 발언 같진 않지만, 그 정도는 순순히 자인하겠다. 그러나 이 외국인 미녀들이 제 모국어로, 또는 영어로 수다를 떤다면, 그걸 굳이 보게 될 것 같진 않다. 그 외국어를 못 알아들을 것 같아서만은 아니다.(그럴 경우엔 자막이라도 띄워주겠지.) 그 여성들이 외국어로 얘기한다면, 그들이 지금 한국에 머무르고 있든 그렇지 않든, 외국 방송의 토크쇼를 보는 것과 다를 바 없을 게다. 그러니까 나도, 이 프로의 여느 시청자처럼, 이 외국인 여성들이 한국어로 수다를 떨기 때문에 〈미녀들의 수다〉를 본다. 한국어로 말하는 외국인은 대다수 한국인에게 익숙지 않은 경험이다. 그 점에 비기면 출연자들이 미녀라는 것은 부차적 흡인 요인일 따름이다.

한국인 시청자들이 전혀 몰랐던 걸 이 외국인 여성들이 가르쳐주는 것 같진 않다. 그들이 한국 풍속에 대해 의견을 내놓든 제 나라 문화에 대해 설명을 하든, 그것들이 아주 새로운 정보인 경우는 드물다. 대개는 한국인이 잘 알면서도 평소에 의식하지 않고 있는 것을 새삼 일깨워주거나, 외국에 대해 올바르게 짐작하고 있었던 것을 확인해주는 정도다. 그런데도 이 프로에 이끌리는 것은, 그런 '낡은' 정보가 외국인들의 서툰(더러는 그래서 외려 매력적인) 한국어에 실린다는 점, 그리고 그 서툰 한국어를 하는 외국인들이 하나같이 어여쁜 여성이라는 점 때문일 게다. 이들의 매력이 그 미모나 휘어진 한국어에서만 오는 것은 아니다. 그들 가운데 몇몇은 지적이라는 점에서도 매력적이다. 예컨대 얼마 전 고국으로 돌아간 미국인 레슬리 벤필드 씨나 인도인 모니카 사멀 씨가 그렇다.

한국에 사는 외국인은 50만 정도라 한다. 그들은 대개 형편 어려운 한국인의 배우자이거나 이주노동자다. 그러니까 미혼 여학생들이 다수인 이 프로 출연자들은 한국에 사는 외국인의 표준에서 꽤 멀다. 그걸 두고 이 프로의 '정치 감각'을 탓할 수는 없겠다. 〈미녀들의 수다〉는 오락 프로이지 시사다큐멘터리가 아니니 말이다. 출연자들이 죄다 미인이라는 것 역시 끄집어내 지적할 악덕이랄 순 없다. 텔레비전의 이런저런 오락 프로그램에 비치는 한국인 여성들 역시 거의 다

미인이다.

　그래도 나는, 이 프로의 시청자로서, 몇 가지 제안을 하고 싶다. 우선, 한 회의 출연자가 너무 많다. 그러다 보니 얼굴만 비치고 한마디도 하지 않는 출연자도 생긴다. '미녀들의 수다'가 아니라 '인형들의 전시장'이 돼버리는 것이다. 이야기 흐름도 산만해진다. 토크 멤버 풀을 헐겁게 고정시키되, 다섯 명 정도가 돌아가며 출연하게 하면 어떨까? 둘째, 프로그램 들머리의 집단춤이나 얘기 중간의 소위 '진실토크' 같은 것은 보기 민망하다. 같은 맥락에서, 출연자들의 사생활 얘기가 좀 줄었으면 한다. 〈미녀들의 수다〉는 출연자 구성부터 이미 충분히 선정적이다. 거기에 진부한 선정성을 더할 필요는 없을 것 같다. 셋째, 남성 출연자들이 좀더 의젓해졌으면 좋겠다. 방송 초기에 한 남성 패널이 몰상식한 짓을 저질러 논란을 빚기도 했지만, 일부 남성 출연자의 언행은 지금도 아슬아슬하다. 그것이 패널들 자신의 문제인지, 아니면 작가나 연출자의 의도인지는 모르겠으나, 〈미녀들의 수다〉를 굳이 십대들의 놀이터로 만들 필요는 없을 것이다. 내가 구닥다리 세대의 편견을 드러낸 건가? (07/07/05)

민주노동당과 성 소수자

지난주 민주노동당 노회찬 의원이 서울 이태원의 한 레스토랑에서 흔히 LGBT(레즈비언, 게이, 바이섹슈얼, 트랜스젠더)라 묶어 부르는 성적 소수자 30여 명과 정책간담회를 가졌다. 이 자리에서 노 의원은 자신을 '삼반'이라 지칭했다. '이반(동성애자)'은 아니지만 '일반(이성애자)'의 배타적 주류문화에 비판적인, 그래서 '이반'을 존중하며 따라가려 애쓰는 이성애자라는 뜻이었다. 이 '삼반'이라는 말이 본디 있었는지, 아니면 익히 알려진 노 의원의 기발한 작명술에서 나왔는지는 모르겠으나, 성 소수자와 연대하는 성 다수자를 앞으로 '삼반'이라 불러도 좋겠다.

진보정당이 성 소수자와 연대하는 것은, 외국의 예에서도 보듯, 자연스럽다. 사실 민주노동당은 대한민국 기존 정당들 가운데 이들에게 연대의 손길을 건넨 유일한 정당이기도 하다. 민주노동당 안에도 '붉은 이반'이라는 이름의 성 소수자 모임이 있다고 한다. 그래도 이 정당의 상징적 인물 가운데 한 사람이 성 소수자들과 한자리에 앉아 정책간담회까지 연 것은 눈길을 끌 만했다.

2002년 서울시장 선거에 민주노동당 후보로 나선 이문옥 씨는 그 즈음 한 인터뷰에서 동성애에 대해 설핏 불편한 심사를 드러낸 바 있다. 이문옥 씨가 별난 당원이어서 그랬던 것은 아닐 게다. 사실 기층 민중을 주요 지지 세력으로 삼는 정당이 성 소수자와의 연대를 공공연히 표방하는 것이 전술적으로 이득이 되는지도 확실치 않다. 노동계급 문화나 농민 문화가 전통적 가치에, 곧 보수적 가치에 친화적이기 때문이다. 다시 말해 성 소수자에 대한 이들의 편견이 완강할 가능성이 크기 때문이다.

성 소수자가 문화적 소수자(주류사회로부터 소극적 이미지를 주입받는 집단)와 사회적 소수자(양적 소수집단)를 겸한 이중 소수자라는 점도 이들과의 연대를 여느 정치인들에게 덜 매력적으로 보이게 만든다. 모든 문화적 소수자가 사회적 소수자인 것은 아니다. 노동계급이나 여성은 문화적 소수자집단이긴 하지만 사회적 소수자집단은 아니다. 다시 말해 이 계급적 성적 범주는 중간계급 이상의 남성으로 이뤄진 주류사회로부터 소극적 이미지를 주입받고 있긴 있지만, 수적으로 열세는 아니다. 그래서 어떤 정치 세력이 노동계급이나 여성의 벗으로 여겨지는 것은 선거에 도움이 된다.

반면에 성 소수자라는 범주는, 양심에 따른 병역거부자나 혼혈인이나 귀화인이나 장애인과 마찬가지로, 문화적으로만이 아니라 사회적으로도 소수자집단이다. 그들은 주류사회로부터 소극적 이미지를 주입받고 있으면서 그 수(數)도 선거에 영향을 끼칠 만큼은 많지 않다. 그래서 어떤 정치 세력이 이런 이중 소수자집단의 친구로 여겨지는 것은, 이 연대와 우애에 윤리적으로 공감하는 박애주의자들의 지지를 간접적으로 이끌어낼 수는 있겠으나, 적어도 단기적으로는 선거에 큰 도움이 되기 어렵다. 이 이중 소수자집단을 백안시하는 보수적 문화에 노동계급과 농민이 계속 휘둘리는 한, 진보정당의 두드러진 소수자 연대는 오히려 지지층의 부분적 이반을 초래할 수도 있다.

물론 다른 분석과 전망도 있을 수 있겠다. 외국의 좌파 정당이 흔히 그렇듯, 민주노동당 지지층도 사회경제적 약자들만이 아니라 문화적 감수성이나 지향하는 가치가 진보적인 중산층 이상의 사람들을 포함하고 있다. 제가 속한 계급과 무관하게 옳다고 생각하는 이념에 따라 민주노동당을 지지하는 이런 사람들에겐, 성 소수자 등의 이중 소수자집단에 대한 민주노동당의 연대가 호소력을 발휘할 것이다.

나는 위에서 이중 소수자와의 연대를 두고 표에 도움이 되느니 안 되느니를 따졌다. 이것은 얼마나 역겨운 산수인가. 진보정당 지지자를 자임하는 이라면, 진보정치인이라면, 표를 헤아리기에 앞서 소수자들과 무조건 연대해야 할 테다. 차별 철폐야말로 진보의 핵심 가치이니 말이다. 노회찬 의원의 이번 이니셔티브에 박수를 보낸다.

(07/06/21)

6월항쟁 이후 20년

『내일신문』은 엊그제 6월항쟁 주역이었던 4054세대(항쟁 당시 이십대
~삼십대 전반기였던 세대)가 항쟁 이후 들어선 정부들 가운데 노무현
정부를 가장 낮게 평가하고 있다고 보도했다. 여론조사기관 '디오피
니언'의 조사 결과에 바탕을 둔 이 기사에 따르면, 수도권의 40~54
세 유권자들은 김대중 정부(100점 만점에 55.1점), 김영삼 정부(46.4),
노태우 정부(43.1), 노무현 정부(41.8) 차례로 순위를 매겼다.

　　여론조사라는 것은 설문 형식이나 접촉 형태 등 기술적 조정에
따라 사뭇 다른 결과를 내놓을 수 있으니 여기 큰 의미를 둘 것은 없
겠다. 다만, 1980년대 민족민주운동의 흐름에 자리잡은 6월항쟁 정신
의 핵심이 민주주의와 민족화해라면, 두 '김씨 정부'가 비교적 후한
점수를 받은 것은 그럴듯하다. 김영삼 정부는 정치군부 숙청을 통해
문민정치의 주춧돌을 놓았다. 김대중 정부는 북한과의 화해와 협력을
본격화하고 알량하나마 빈곤층의 사회안전망을 구축함으로써 평화와

민주주의라는 가치에 이바지했다.

그러나 상대적으로 박한 점수를 받은 두 '노씨 정부' 역시 '87년 체제'의 진화에 긍정적으로 기여했다는 사실이 잊혀서는 안 된다. 항쟁 직후 두 김씨의 분열로 노태우 씨가 집권했을 때, 항쟁주체들은 크게 낙망했다. 그 낙망이 지나친 것이었음이 지금은 또렷하다. 군사반란과 부패로 얼룩진 노태우 씨의 개인 이력과 상관없이, 그가 이끈 정부는 민주화의 흐름을 크게 거스르지 않았다. 오래도록 입에 재갈이 물려 있던 한국 사회는 말의 자유를 얻었고, 노동운동과 통일운동 역시 저강도 탄압 속에서 큰 운동량을 얻었다.

물론 수사기관의 고문은 그 강도와 빈도를 줄인 채 계속됐고, '군사문화'를 비판한 현직 기자가 백주에 현역 군인에게 칼 테러를 당하기도 했으며, 단속적으로 공안정국이 조성되기도 했다. 그러나 그 인적 연속성에도 불구하고 제6공화국 1기는 제5공화국이나 그 이전 유신체제(제4공화국)와는 질적으로 다른 체제였다. 강준만이 '권력변환'이라 부른 과정을 통해 파시즘은 한결 부드러워졌고, 그에 따라 시민적 자유의 공간은 눈에 띄게 넓어졌다. 비록 민간부문 통일운동에 대한 맞불의 성격이 있긴 했으나, 7·7선언(1988)과 남북교류협력에 관한 법률, 남북협력기금법, 남북기본합의서 등을 통해 남북협력의 큰 틀이 마련된 것도 노태우 정부 때였다.

오늘 노무현 정부를 두둔하는 일은 누구에게도 쉽지 않지만, 적어도 지금의 논평가들보다 뒷날의 논평가들이 이 정부에 후한 점수를 주리라는 정권 쪽 주장은 옳을 가능성이 크다. 노무현 정부는 한국 정치사상 처음 들어선, 진정 반권위주의적인 정부다. 그것의 부작용이 그것의 의의를 지우지는 못한다. 게다가 이 정부는, 단언하긴 이르지만, 대통령이나 그 주변 인물이 커다란 부패 추문에 휘말리지 않은 유일한 정부다. 갈등을 조정해야 할 국가수반이 한 정파의 우두머리가 돼 갈등을 끊임없이 생산하는 직업적 전선(戰線) 형성자 노릇을 하고 있다는 언론의 비판은 옳지만, 민주화 이후 기꺼이 한 정파의 일원이 돼 갈등 생산과 전선 형성을 선도해온 것이 바로 언론 자신이었다는 사실도 아울러 지적돼야 한다.

민주화 20년을 되돌아보는 일이 편치만은 않다. 김영삼 정부는 섣부른 세계화 시동으로 외환위기를 불러일으켰고, 김대중 정부는 그 위기를 서둘러 벗어나는 과정에서 사회양극화의 방아쇠를 당겼으며, 노무현 정부는 아예 시장의 문을 활짝 엶으로써 약육강식을 한국 사회의 지배원리로 선언했다. 본지의 '강준만 칼럼'이 자주 일깨우듯, 문화민주주의도 갈 길이 아득하다. 그러나 6월항쟁은 승리했다. 이리 말하는 것은 그 해 6월 29일의 '노태우 선언' 때문만이 아니다. 오늘날 6월항쟁 이전 집권 세력의 후신들도 한국 사회를 항쟁 이전으로 되돌리자고 선동하지는 않는다. 6월항쟁이 승리했다는 움직일 수 없는 증거다. (07/06/07)

정동영 생각

정동영 전 열린우리당 의장은 지난주 광주에서 열린 5·18기념 마라
톤대회에 참가한 뒤 "이명박 전 서울시장이 다른 지역도 아닌 광주에
와서 활보하기 전에 그의 빈곤한 역사의식을 광주 시민들이 분명히
짚어야 한다"고 말했다. '대선 주자' 이명박 씨와 한나라당에 대한 광
주 유권자들의 지지(가 아니라면 적어도 무덤덤함)에 편찮은 속내를 드
러낸 것이다. '빈곤한 역사의식'이란, "(군사독재 시절) 민주화운동 세
력이 빈둥빈둥 놀았다"고 이명박 씨가 어느 자리에서 비아냥거린 것
을 두고 한 말이다. 이명박 씨 역시 그날 마라톤대회에 참가했다.

정동영 씨는 3월에도 광주의 한 강연에서 한나라당 대선 주자를
호남 유권자들이 지지하는 것이 "통탄스럽다"며, "광주가 수구 세력
과 손잡으면 안 된다"고 역설했다. 그는 이 자리에서 이명박 씨를 "장
관도 하지 못할 사람"이라고 깎아내리기도 했다. 자신에겐 장관 경력
이 있다는 걸 넌지시 내세우는 것 같아 쓴웃음이 나오긴 하지만, 누구

든 이명박 씨에 대해 제 나름의 평가를 내릴 수는 있겠고, 개인사나 역사의 공과에 무덤덤해지는 민심을 '통탄' 할 수도 있겠다. '통탄' 까지 할 열정은 없으나, 나도 정동영 씨와 생각이 비슷하다. 보여준 것이라곤 개발지상주의적 뚝심과 미숙한 말버릇밖에 없는 이에게 쏠리는 민심이, 그게 어느 지역 민심이든, 흐뭇하진 않다.

그런데 '다른 지역도 아닌 광주와 호남' 민심이 '다른 당도 아닌 한나라당' 후보에게 부드러워져 가는 것을 정동영 씨가 고까워하는 것만큼이나, 나는 '다른 사람도 아닌 정동영 씨'에게서 그런 얘기를 듣는 게 거북하다. 정동영 씨는 네 해 전 우리당 창당을 주도했다. 그는 두 차례에 걸쳐 이 당의 법적 우두머리 노릇을 했고, 당내 최대 계파를 이끌었다. '지역주의 정당' 민주당을 쪼개 우리당을 만든 이들의 핵심적 정치 프로그램은, "영남표 반을 얻기 위해 호남표 반을 버리는 것"이었다. 정치적 이해가 엇갈려 이젠 소원해진 옛 창당 동지들에게 이 비윤리적 프로그램의 책임을 떠넘기고 제 손은 깨끗하다고 발뺌할 만큼 정동영 씨의 사람됨이 추레하지는 않을 것이다. 그러니까 우리당 프로그램에 따르면, 한나라당이 호남 유권자 반을 얻고 우리당이 영남 유권자 반을 얻으면 지역주의가 사라지는 셈이었다.

한나라당에 대한 호남의 지지가, 우리당을 만들며 정동영 씨와 그 동지들이 세웠던 목표에 아직 다다른 것 같지는 않다. 또 그 지지가 얼마나 견고한지도 모르겠다. 확실한 것은, 우리당 창당 세력이 그리도 바라던 지역주의 해소가 바로 그들이 바라던 방식으로 (기괴한 방식이긴 하나) 이뤄질 기미가 보이고 있다는 사실이다. 이것은 정동영 씨가 마땅히 기뻐해야 할 일이다. 이걸 두고 '통탄스럽다' 니. 다른 사람도 아닌 정동영 씨가!

정동영 씨 처지가 지금 그리 좋지 않다는 것은 안다. 그러나 호남 민심이 자신보다 이명박 씨에게 더 호의적이라 해서 그가 이를 '통탄'하는 것은 야릇하다. 일을 이리 만든 첫 단추가 그가 주도한 분당이었고, 그가 기꺼이 버린 호남 민심 일부가 한나라당으로 가고 있는 셈이니 말이다. 이제 와서, 그가 분당의 책임을 대통령이나 소위 친노 세력에게 돌릴 수는 없을 게다. 대통령과 친노 세력에게 이용당하고 버림받았다고 투덜댈 일도 아니다. 사실 그는 참여정부에서 누릴 만큼 누렸다. 그가 이명박 씨를 두고 장관감도 못 된다고 말할 수 있는 것도 따지고 보면 대통령의 우정에 찬 배려 덕분이다.

정동영 씨는 며칠 전 자신의 홈페이지에다 "대통령은 영남에서 지지율이 오르면 지역감정이 해소된다고 생각하지만, 이는 영남패권주의에 대한 굴복"이라고 썼다. 옳든 그르든, 이것은 네 해 전에 했어야 할 말이다. 정동영 씨가 우리당 창당정신을 계속 지켜가는 길은, 창당 초기에 그랬듯, '대구사랑 모임'을 성실히 이끄는 것이다. 통탄을 하든 징징거리든, 광주 말고 대구에 가서 하는 게 좋겠다.

(07/05/24)

브레히트에 기대어

민주주의는 그 말을 이루는 한자들의 뜻에서도 드러나듯 적어도 형식적으로는 국민이 주인 노릇을 하는 정치 체제다.(여기서 '국민'은 영어 단어 nation이 아니라 people에 상응한다. 국가주의 뉘앙스를 띤 '국민'이라는 말보다 '인민'이나 '민중'이라는 말이 더 적절하겠으나, 분단 이후 한국 사회의 관행에 따라 '국민'이라는 말을 쓰기로 하자.) 그러니까 현대 민주주의 사회의 주권자는 국민 일반이다.

그 국민의 판단이 꼭 옳다는 법은 없다. 그것을 여론이라 부르든, 아니면 민의라 부르든, 시평(時平, time horizon)의 크기에 따라 여론과 민의를 구별하든, 아니면 '민심'이라는 말로 그 둘을 뭉뚱그리든, 주권자들의 이 집단의사는 때로 공동체의 거룩한 가치와 어긋날 수도 있고, 궁극적으로 주권자 개개인의 이익을 해칠 수도 있다. 세상사를 꿰뚫는 현자의 눈에, '국민의 뜻'은 어리석게 보이기 십상일 것이다. 흔히 파시즘이라 부르는 반동적 체제는 부분적으로 국민의 자발적 동원에서 에너지를 얻는다. 이것 하나만으로도 민심이라는 것에 의혹과 경계의 눈길을 보내야 할 이유는 충분하다. 민심은 자주 변덕스럽고 성마르고 이기적이고 난폭하고 비합리적이다. 그것이 '최고의 사려 깊음'에 이르는 경우는 거의 없다. 민주주의가 중우정치로 타락할 위험을 늘 지닐 수밖에 없는 것은 민심의 이런 반복무상 때문이다.

그러나 이것은 논평가나 사회과학자가 할 수 있는 말이다. 민주주의 사회의 정치계급에게는, 특히 집권 세력이나 최고권력자에게는 이 '진실'을 공적으로 입 밖에 낼 권리가 없다. 그들에게 권력을 부여한 주체가 바로 민심이고 국민이기 때문이다. 권력을 선출한 국민과 권력을 비판하는 국민은 다른 실체가 아니다. 더구나 국민의 판단은 그나마 옳을 가능성이 가장 큰 견해다. 민주주의가 좋은 체제는 아니지만 그래도 가장 덜 나쁜 체제라는 말이 뜻하는 것 하나가 바로 이 언저리에 있다. 한 사회가 민주주의 체제를 채택하기로 결정한 이상, 공적(公的) 옳음의 근거를 여론이나 민의 바깥에서 찾기는 어렵다.

참여정부 들어 국민의 판단, 곧 민심을 질타하는 목소리가 집권 세력 내부에서 간간히 들려왔다. 최근에도 노무현 대통령은 "한나라당의 막강한 뱃심을 뒷받침하는" '여론'과 '민심'을 타박했다. 이것은 해괴한 일이다. 지금 집권 세력에게 시큰둥한 '여론' '민심'의 거처는 참여정부를 분만하고 노 대통령을 탄핵의 위기에서 구해낸 '여론' '민심'의 거처와 다르지 않기 때문이다. 세 해 전, 네 해 전의 저 국민이 바로 지금의 이 국민이다. 지금처럼 그때도, 여론과 민심은 여러 수준의 이기주의와 편향된 관심으로 흉한 모습을 드러내고 있었고, 무책임한 선동가들과 정치화한 언론의 손에 부박하게 놀아나고 있었다. 그러나 그때 노 대통령은 국민을 질타하지 않았다. 그때처럼 지금도, 민주공화국의 제1 공복(公僕)에게 국민을 질타할 권리는 없다. 설령 어리석을지라도 국민은 주권자고, 그래서 공복의 존재근거이기 때문이다.

베르톨트 브레히트는 1953년 6월 17일 동베를린의 노동자 시위가 정부와 외세에 진압된 뒤 이런 시를 썼다.

> 6월 17일 봉기 뒤에
> 작가동맹 서기는
> 스탈린가에 전단을 배포케 했다
> 거기 씌어 있기를
> "인민이 어리석게도 정부의 신뢰를 잃어버렸으니
> 이것은 오직 두 배의 노동을 통해서만
> 되찾을 수 있다"나
> 차라리 정부가 인민을 해체하고
> 다른 인민을 선출하는 것이
> 더 간단하지 않을까?

대한민국 국민은 현자(賢者) 대통령의 신뢰를 잃었다. 노 대통령에게 가장 간단한 해결책은, 반세기 전 브레히트가 동독 정부에 조언했듯, 이 어리석은 국민을 해체하고 지혜로운 국민을 새로 선출하는 것일 게다. 종(공복)의 깊은 뜻을 잘 헤아려 늘 거기 순종할 주인(주권자)을. (07/05/10)

'게르니카' 이후 70년

게르니카 폭격이 있은 지 오늘로 꼭 70년이다. 1937년 4월 26일 스페인 북부 도시 게르니카는 폐허로 변했다. 볼프람 프라이헤르 폰 리히트호펜 중령이 이끄는 독일 공군의 '콘도르 군단'이 이 도시를 소이탄으로 도배한 지 몇 시간 만이었다. 스페인은 프란시스코 프랑코 장군이 그 전해 일으킨 반란으로 내전이 한창이었고, 히틀러의 독일과 무솔리니의 이탈리아는 파시스트 동료 프랑코의 뒷배를 보아주고 있었다.

그 해 3월 말, 공화주의 정부를 지지하던 게르니카 둘레 바스크 지역에 대해 프랑코의 측근 에밀리오 몰라 장군이 대대적 공세를 취하기 시작했다. 콘도르 군단의 게르니카 폭격은 반란군의 이 바스크 점령을 거드는 한편, "독일 공군력을 기술적 차원에서 시험해보기 위한 것"(당시 독일 공군 사령관이었던 헤르만 괴링의 뉘른베르크 재판 진술)이었다. 이 폭격으로 6000여 게르니카 주민 가운데 1000명 이상이 죽

었다. 대부분 민간인이었다. 제2차 세계대전이 터지기 두세 해 전, 유
럽은 이미 피 냄새로 비렸다.

　게르니카 폭격은 스페인 내전이 목격한 무수한 학살극의 한 장면
에 불과했다. 그러니, 게으른 역사가의 기록에서라면 그것은 누락될
수도 있었다. 게르니카의 명예와 거기서 죽은 이들의 진혼을 위해 다
행스럽게도, 오늘날 게르니카 폭격은 스페인 내전 시기 파시스트 측
의 야만성을 상징하는 사건으로 기억되고 있다. 거기 가장 큰 공헌을
한 이는 『더 타임스』 기자 조지 스티어와 화가 파블로 피카소일 테다.
스페인 내전을 취재하던 스티어 기자는 게르니카를 다룬 첫 기사에서
부터 이 폭격에 독일이 연루돼 있다는 사실을 또렷이 했다. 그의 기사
들은 게르니카 참사가 "붉은 군대의 방화에 의한 것"이라는 반란군
쪽의 선전을 무력화하는 데 결정적으로 기여했다. 이미 국제적 명성
을 얻고 있던 피카소는 그 해 파리엑스포의 스페인관을 장식한 자신
의 벽화에 〈게르니카〉라는 제목을 붙임으로써, 그 뒤 어떤 역사가도
게르니카 폭격을 잊지 못하도록 만들었다.

　스페인 내전에 대한 교과서적 이해는 그것을 민주주의와 파시즘
사이의 싸움이라는 틀로 바라보고 그 싸움에서 민주주의가 패했다고
여기는 것이다. 일리가 있다. 그러나 그 전쟁에서 민주주의가 무너진
것이 파시스트들의 무력 때문만은 아니었다. '민주주의' 진영도 애초
부터 넉넉히 민주적이지 못했다. 그 '민주주의' 진영 안의 공화주의
자, 사회주의자, 공산주의자, 무정부주의자 들은 파시스트들에게 크
게 뒤지지 않을 만큼 비민주적이고 잔혹했다. 그 잔혹함은 때로 진영
안의 '동지' 들을 겨누기도 했다. 아무리 아리따운 이름을 지닌 이념
도 인간의 잔혹함을 제어하지 못했다. 절제를 잃는 순간, 이념의 손에

는 피가 묻었다.

게르니카 이전에도 그랬듯, 게르니카 이후 70년 동안 이 행성에는 무수한 게르니카가, 동류살해(同類殺害)가 있었다. 지표 대부분을 피로 적신 세계대전이 끝난 뒤에도 한국에서, 인도차이나에서, 르완다에서, 보스니아에서, 소말리아에서, 이라크에서 게르니카는 쉼 없이 되풀이됐다. 그리고 이 동류살해는 흔히 정의의 이름으로, 자유의 이름으로, 사랑의 이름으로 저질러졌다. 게르니카를 낳은 것이 이성의 냉혹함만이 아니라 광기의 사악함이기도 하다면, 콜럼바인이나 버지니아테크 역시 또 다른 게르니카다. 70년 전 게르니카에서든 8년 전 리틀턴에서든 지난주 블랙스버그에서든, 그 유혈의 발원은 진화의 현 단계에 얽매인 인류의 생물적 불구성(不具性)이었거나 그 생물적 불구의 거푸집에서 주조된 사회정치적 불구성이었을 게다.

인류가 집단적 돌연변이를 겪지 않는 한 이 불구는 치유되지 않을 테고, 그 불구가 치유되지 않는 한 게르니카는 계속될 것이다. 그러나 삼가는 마음으로 그 불구를 늘 곱씹으며 절제를 실천하는 것은 적어도 게르니카를 줄이는 데 보탬이 될지 모른다. 인류가 서로 사랑으로 밀착하는 대신 존중으로 거리를 두는 것은 그런 절제의 소박한 실천방식 가운데 하나일 테다. (07/04/26)

사르코지와 '프렌치 드림'

프랑스 대통령선거 1차 투표가 열흘 앞으로 닥쳤다. 당초 사회당의 세골렌 루아얄 후보와 집권 대중운동연합의 니콜라 사르코지 후보에게 이끌리며 좌우 양강 구도로 흐르던 선거판에 중도정당 연합체인 프랑스민주동맹의 프랑수아 바이루 후보가 무섭게 치고 올라오면서, 2차 투표에서 맞설 두 후보가 불확실하게 됐다고 외신은 전한다. 그간 프랑스 대선에 대한 관심은 과연 이 나라 역사상 처음으로 여성 대통령이 나올지에 쏠렸다. 세골렌 루아얄이 집권한다면, 그것은 여성의 정치적 진출이 사뭇 뒤처진 프랑스의 역사에서 획기적인 일이 될 테다.

그러나 지금 가장 높은 지지율을 누리고 있는 사르코지가 엘리제궁의 새 입주자가 된다 하더라도 그것 역시 프랑스 역사에 굵은 획을 그을 것이다. 그는 프랑스인들이 흔히 '그루터기 프랑스인'이라 표현하는 토박이가 아니라 이민자의 아들이기 때문이다. 사르코지의 아버지는 제2차 세계대전 뒤 혁명을 피해 헝가리에서 프랑스로 이주한 사업가였다. 사르코지가 집권한다면, 프랑스는 역사상 처음 이민자 2세 대통령을 맞게 될 테다.

물론 사르코지 정치학에는 누추한 구석이 많다. 그 자신 그루터기 프랑스인이 아니면서도 사르코지는 극우파에 가까운 인종주의를 드러내며 이민자들에게 적대적인 정책을 지지하고 실천해왔다. 12년 전 대선 때는 제 정치적 아버지였던 시라크에게 등을 돌리고 지지율이 가장 앞서던 에두아르 발라뒤르 편에 서는 정치적 리얼리즘을 보여주었다.(예상을 뒤엎고 시라크가 집권하는 바람에 그의 리얼리즘은 잠깐 실패한 듯 보였지만, 그는 시라크와 결별함으로써 우파 내에서 시라크의 맞수가 되는 데 성공했다.) 네 살 때 부모가 이혼한 뒤 편모 밑에서 자라며 가난한 자의 처지를 겪어보았으면서도, 사르코지는 자본가들의 대변인 노릇을 제 정치노선으로 삼았다. 그는 제 주변부 정체성을 거칠게 부정함으로써 주류사회의 리더가 된 것이다.

또 사르코지가 저 자리에 다다른 것을 프랑스 사회가 내세우는 '톨레랑스'의 온전한 증거로 삼기도 어렵다. 헝가리인 아버지와 유대인 어머니 사이에 태어난 사르코지는 적어도 백인 가톨릭이고, 그 점에서 프랑스 주류사회가 그를 크게 꺼려할 이유는 없었다. 그가 만일 무슬림이라면, 또는 가톨릭 신자라 할지라도 흑인이나 아시아계라면, 오늘날 그의 처지는 저리 탐스러울 수 없을 테다.

그렇다 해도 프랑스 대통령 자리를 넘보고 있는 이 이민자 2세의 라이프 스토리는 우리에게 적잖은 생각거리를 남긴다. 12년 전 에두아르 발라뒤르의 정적들과 마찬가지로, 오늘날 사르코지의 정적들도 그의 '불순한 피'를 거론하지는 않는다.(발라뒤르 역시, 비록 가톨릭 신자이긴 하지만, 터키계 프랑스인이다.) 사르코지가 엘리제궁을 차지한다면, 그것은 적어도 유럽의 백인 기독교 사회에서는 '프렌치 드림'의 모델로 찬양될 것이다. 얄궂게도, 사르코지가 이상적으로 여기는 나라는 프랑스가 아니라 미국이긴 하지만.

한국에서라면 어떨까? 나날이 늘고 있는 귀화 이민자의 자식들에게 이런 식의 '코리언 드림'이 가능할까? 대통령 자리를 넘보는 것은 그만두고, 고위 공무원이 되겠다는 꿈 정도라도 이들이 지닐 수 있을까? 1970년대에 프랑스 여성부 장관과 문화부 장관을 지낸 스위스 로잔 출신의 터키계 프랑스인 프랑수아즈 지루처럼 말이다. 3세, 4세에 이르러서라도 그것이 가능할까? 먼 나라 출신은 그만두고 문화적 동질성이 비교적 큰 중국계 한국인, 일본계 한국인, 베트남계 한국인들에게라도 말이다. 인종주의가 세계 최악의 수준일 나라에서, 공직 후보자의 '출생의 비밀'이 선거 캠페인의 연료가 되고 출신지역이 사활적인 정치 자산이나 부채가 되는 사회에서 이 질문에 대한 대답은 부정적일 수밖에 없다. 그 대답을 긍정적으로 만들려는 노력은 이젠 너무 때묻은 단어가 돼버린 '진보'를 거드는 일일 테다. (07/04/12)

3不정책을 없애려면

    서울대학교와 몇몇 사립대가 정부의 삼불정책(본고사, 고교등급제, 기여입학제 금지)에 다시 불평을 늘어놓으면서 이 문제가 정치쟁점으로까지 비화하고 있다. 폐지론자들은 이 정책이 학교의 자율권을 제약해 고등교육의 경쟁력을 높이는 데 걸림돌이 되고 있다 주장하고, 존치론자들은 이 정책을 없앨 경우 그렇지 않아도 심각한 계층간 교육불평등이 더욱 커지리라 주장한다. 둘 다 그럴싸하다. 개인적으론 삼불정책을 다소 완화해도(이를테면 본고사의 허용) 괜찮겠다는 쪽이다. '경쟁력' 문제를 떠나, 사립대학들의 학생선발 방식에까지 국가가 미주알고주알 참견하는 것은 지나쳐 보인다.

    그러나 삼불정책을 둘러싼 논쟁은 논점을 잘못 잡은 가짜 논쟁이다. 이 논쟁은, 흔히 '계급전쟁'(강준만) 또는 '재생산'(부르디외)이라 부르는 교육의 부정적 효과가 대학입학 전형방식이라는 기술적 차원에서 비롯된다는 그릇된 가정에 바탕을 두고 있다. 대한민국 사람이면 누구나 알고 있듯, 공교육이 사교육에 치일 정도로 중등교육이 일그러져 있는 것은 대입 전형방식과는 (거의) 아무런 관련이 없다. 내신이나 수능의 비중을 높이든 낮추든, 내신평가가 절대적이든 상대적이든, 본고사나 논술시험을 보든 안 보든, 그것이 한국 중등학교 교실 안팎의 살벌한 풍경을 바꾸지는 못한다. 이 살벌함의 근원은 전형방식이라는 기술적 문제에 있는 것이 아니라, 십대 말 어느 시기에 특정한 방식으로 측정된 지적 성취도가 한 사람의 그 이후 삶을 결정해버리는 사회구조에 있기 때문이다. 요컨대 문제는 서울대(와 몇몇 사립대) 출신자들로 하여금 한국 사회의 물질적 · 상징적 재화를 독(과)점하도록 허용하는 구조에, 더 나아가 그 독(과)점을 강화하는 데 유리하게 짜인 구조에 있는 것이다.

서울대 출신자들이 한국 사회의 '좋은 것'을 독차지할 수 있는 이유는 뭘까? 우선, 그들 개개인이 다른 대학 출신자들에 견줘 뛰어날 가능성이 크기 때문이다. 둘째, 대학 서열이라는 제도적 위계에서 서울대가 차지하고 있는 자리의 화사함이 이 대학 졸업자들 개개인의 능력에 대한 사회의 판단을 그들에게 유리한 방향으로 오염시키기 십상이기 때문이다. 그러나 이 두 가지 이유만으로는 서울대 출신자들의 압도적 독과점을 넉넉히 설명하지 못한다. 더 큰 이유는, 뛰어날 가능성이 큰 이 개인들이 거대한 규모의 '벌(閥)'을 형성해 배타적 상호부조를 실천하고 있다는 데서 찾아야 할 게다. 뛰어남이 공인된 집단과 연을 맺어야 한다는 강박이 계급전쟁의 강도를 높이며 한국 중등학교 교실을 황폐하게 만든다.

이 계급전쟁의 강도를 낮추는 방법은 무엇인가? 그것은 입시제도를 바꾸는 게 아니라, '벌'의 힘을 줄이는 것이다. 구체적으로 서울대 정원을 큰 폭으로 줄이는 것이다. 서울대가 본고사나 고교등급제에 미련을 못 버리는 것은 가장 뛰어난 학생들을 다른 대학에 빼앗기기 싫기 때문일 게다. 이것을 이기주의라 비난하는 것은 문제 해결방식이 아니다. 해결방식은, 학생 선발방식을 대학에 완전히 맡겨 학교 측이 판단한 가장 뛰어난 학생들을 뽑도록 하고, 그 대신 입학정원을 크게 줄여 장기적으로 서울대의 독점력을 약화하는 것이다.

3불정책 비판의 전위에 선 듯한 정운찬 씨도 서울대 총장 시절 지적했듯, 인구 3억인 미국의 상위권 10개 사립대학이 한 해에 배출하는 학생은 1만 명 남짓인 데 비해, 인구 4900만인 한국의 상위권 세 대학 신입생 수는 해마다 1만5000명에 육박한다. 이런 '대중교육'으로는 이 대학들이 되뇌는 '고등교육의 경쟁력'을 확보하기 어렵다. 3불정책 폐지를 요구하는 대학엔 학생 선발방식의 자율권을 완전히 주는 한편, 입학정원을 지금의 10분의 1 이하로 줄여 엘리트적 성격을 강화하게 하는 것이 좋겠다. 그것이 대학의 '경쟁력'에도 이롭고, 계급전쟁의 토양이 되고 있는 '벌'의 약화에도 이롭다. 3불정책과 입학정원을 맞바꾸는 빅딜을 제안한다. (07/03/29)

『시사저널』 사태와 한국 언론

파업 70일째, 직장폐쇄 52일째, 사태의 발단이 된 발행인의 기사 무단 삭제로부터는 10개월째다. 기자 없이 석 달째 잡지가 나오고 있는 『시사저널』 사태 말이다. 직장폐쇄로 길바닥에 내몰린 기자들이 '시사저널 거리 편집국(http://blog.daum.net/streetsisajournal)'이라는 블로그를 운영하며 거리의 기자 노릇을 한 지도 한 달이 넘었다. 한국 저널리즘 초유의 이 사태가, 그러나 평균적 한국인들에겐 잘 알려져 있지 않다. 다른 언론매체가, 특히 종이신문 대부분이 이 문제에 대해 입을 다물고 있기 때문이다.

물론 세상사 모두가 뉴스가 될 수 있는 건 아니다. 세밀의 언론이 상투적으로 늘어놓는 언설이 아니더라도, 세상은 늘 '다사다난' 하기 때문이다. 『시사저널』 사태가 이를테면 북핵 문제 해결을 위한 북미 협상보다 더 뉴스 가치가 높을 수는 없다. 한미 FTA 협상 추이나 올해 대통령선거 전망에 견주어도 그렇다. 그러나 그것이 연예인의 음주운

전이나 오늘의 운세보다도 뉴스가치가 더 낮은가? 설령 상대적 뉴스가치가 그렇다고 하더라도, 매일 수십 면씩 쏟아져 나오는 신문 한 귀퉁이에도 오를 수 없을 만큼 절대적 뉴스가치가 낮은가?

편집권 행사자들이 그렇게 판단했을 수도 있겠다. 그러니까,『시사저널』사태가 뉴스로 다뤄지지 않는 이유로 상정할 수 있는 가능성은 둘이다. 첫째는 편집권 행사자가 사사로운 고려 없이 오직 뉴스가치의 관점에서 이 사태가 중요하지 않다고 판단했을 가능성이다. 이 경우에, 이런 판단을 내린 편집권 행사자의 세계관이 별나기는 하나, 이 결정을 윤리적으로 심문할 수는 없겠다. 둘째는, 편집권 행사자가 이 사태의 뉴스가치는 내심 인정하고 있지만, 넓은 의미의 정치적 고려에 따라 뉴스로 다루지 않았을 가능성이다.

편집권 행사자의 그 정치적 고려는 여러 겹일 테다.『시사저널』을 경쟁지로 여기는 매체라면 이 잡지가 망가지기 바라는 마음에서 모른 체할 수도 있겠고,『시사저널』의 그간 논조가 마땅찮아 모른 체할 수도 있겠고, 결과적으로 노조에 유리할 이 사태의 공론화를 거드는 것이 자기 신문사 노조의 편집권 공유 요구를 촉발할까 염려돼 모른 체할 수도 있겠고, 마지막으로 그러나 가장 그럼직하게, 사태의 발단이 된 삭제 기사가 비판적으로 다룬 재벌기업과의 관계가 불편해질까봐(다시 말해 한국 최대의 기업집단으로부터 광고를 얻는 데 어려움을 겪을까봐) 모른 체할 수도 있겠다. 이 가운데 어느 것이든, 어떤 정치적 고려에 의해『시사저널』사태를 모른 체하고 있는 편집권 행사자가 있다면, 그는 저널리스트라는 직업이 요구하는 윤리적 심문에서 자유롭지 못할 것이다.

그런데『시사저널』사태를 신문 지면에서 찾아보기 힘든 현금의 사태에서 유추한 이 두 가능성은, 『시사저널』 사태의 발단이 된 기사 삭제 배경에도 그대로 적용할 수 있다. 『시사저널』 발행인은 편집국 장 몰래 재벌회사 관련 기사를 인쇄 직전 삭제해 오늘의 사태를 초래 했다. 그 과정의 적부에 대한 판단은 유보하자. 발행인이 그 기사를 삭제한 이유로 상정할 수 있는 가능성은 둘이다. 첫째는, 그 자신이 주장하듯, 그 기사가 뉴스로서 가치가 없었을 가능성이다. 둘째는, 노조에 소속된 기자들이 주장하듯, 그가 뉴스가치 바깥의 정치적 고려를 했을 가능성이다.

첫번째 경우라면, 『시사저널』 사태는 편집권의 귀속과 그 행사방식 문제(즉, 발행인이 편집국장의 동의 없이 기사를 삭제한 과정이 적절했느냐는 기술적 문제)로 좁혀질 수 있다. 그러나 두번째 경우라면, 그것은 직업윤리와 기업의 생존논리, 노동과 자본의 기형적 비대칭, 시장 지배와 경제력 행사의 사회적 한계 등 독립변수가 여럿인 다변수함수가 된다. 그 여럿의 독립변수 가운데 맨 먼저 써넣어야 할 것은 자본의 자기확장 욕망일 테다. 『시사저널』 기자들이 동업자들의 무관심 속에서 외롭게 수행하는 싸움이 이토록 길어지고 있다는 것은 이 사태의 본질이 두번째일 가능성을 높여준다. (07/03/15)

한–미 FTA보다 더 나쁜 것

영국인 역사학자 로버트 서비스의 스탈린 평전 『스탈린, 강철 권력』
에 따르면, 이 공산당 우두머리가 죽은 뒤 그의 별장에서 비밀 편지
세 통이 발견됐다 한다. 그 가운데 하나는 스탈린과 사이가 나빴던 유
고슬라비아 지도자 티토에게서 온 것으로, 그 내용은 이렇다. "이제
더 이상 내게 킬러를 보내지 마시오. 벌써 다섯 명을 체포했소. 만일
또다시 킬러를 보내면, 그때는 나도 모스크바로 한 사람 보낼 거요.
그리고 나는 두번째 킬러를 보낼 필요가 없을 거요." 스탈린이 아무리
강심장이었다 해도 움찔했을 테다. 1930년대의 소위 모스크바 재판
이라는 것을 통해 제 동료들을 비정하게 제거한 그의 정치적 리얼리
즘으로 보아, 또 멀리 멕시코에까지 자객을 보내 정적 트로츠키를 암
살한 그의 '완전주의'로 보아, 스탈린이 제 말을 시답지 않게 여기는
티토를 어떤 식으로든 손봐주고 싶어했으리라는 건 그럴듯하다.

　노무현 대통령이 처음 미국을 방문하면서 "미국 아니었으면 나

는 지금 정치범 수용소에 있을지도 모른다"고 말해 지지자들을 기겁하게 만들었을 즈음, 친구 하나가 내게 이리 말한 적 있다. "고분고분굴지 않으면 죽이겠다고 저놈들이 협박한 것 아냐?" 물론 농담이었다. 상상할 수도 없는 일이지만 만에 하나 그런 일이 있었다 해도, 우리가 익히 알고 있는 노 대통령의 결기로 보아, 그는 티토가 스탈린에게 맞선 것 이상으로 부시와 단호히 맞섰을 테다.

그런 한편, 노 대통령이 미국에 끌려 다니지 않겠다는 후보 시절의 공언을 뒤집으며 이라크에 한국군을 보낸 것이 미국의 압력에 무릎 꿇은 것임도 분명하다. 미국에 아무런 연줄이 없는 국제정치 신인으로서, 노 대통령이 미국 정부의 압력에 무작정 대범할 수만도 없었을 것이다. 다시 말해 이라크 파병에 관해서는 노 대통령에게도 이해해줄 만한 점이 조금은 있다. 그런데 지난해 느닷없이 튀어나온 한-미 FTA는? 누구나 알다시피, 이걸 하자고 미국이 주먹을 들이댄 것도 아니다. 협상이 마무리돼 가는 모양새를 보면 이 협정이 다수 한국인들에게 재앙이 되리라는 반대론자들의 주장이 점점 그럴듯해 보이거니와, 설령 정부 주장대로 한-미 FTA가 미래 한국 경제의 복음이라할지라도 이것을 추진해온 방식은 비판받아 마땅하다. 정부는 여론을 호의적으로 만들기 위해 통계자료까지 마구 조작했지만, 이에 대한 정부의 공식 사과는 들어본 적이 없다.

그러나 한-미 FTA보다 더 나쁜 것이 있다. 그야말로 난데없이 노 대통령이 꺼내든 대통령 4년 연임제 개헌 카드다. 미국은 물론이고 국내 여론도(한-미 FTA에 호의적일 자본가들까지 포함해) 개헌을 하자고 노 대통령에게 압력을 넣은 바 없다. 다수 여론은 연임제 개헌이 필요하되 다음 정권으로 미루자는 쪽이다. 그러나 더 근본적으로, 연임제 개헌은 아무짝에도 쓸모없는, 더 나아가 매우 위험한 시도다. 한국 정치 상황에서, 대통령 연임제 개헌은 그저 8년짜리 대통령을 만드는 일일 뿐이다. 첫 임기 동안 대통령은 자신의 모든 정치적 자산을 오직 재선에 유리하도록 투입할 것이다. 그것은 행정을 크게 왜곡할 것이다. 두번째 임기 동안에는, 지금 개헌론의 한 근거가 되고 있는 조기 레임덕에서 자유롭지 않을 것이다. 개헌론의 또 다른 논거인 선거 비용 문제도 그렇다. 그 선거비용은 민주주의 비용이다.

87년 체제의 지양을 운위하며 개헌을 옹호하는 일각의 소리도 실없다. 지난 20년간 한국 정치가 무력했다 해도, 그것은 헌법 탓이 아니었다. 헌정사를 돌이켜볼 때, 4월혁명이나 6월항쟁 같은 민중의 정치적 진출기를 빼면 개헌은 늘 '헌법 개악' 이었지 '헌법 개정' 인 적이 없었다. 헌법은 정략에 기초해서 만지작거릴 물건이 아니다. 개헌 논의는 판도라의 상자다. 대한민국의 기틀을 마련한 3·1운동의 날, 공화국의 최고규범을 만지작거리며 정치적 계산을 하는 공화국 수반을 보는 일은 슬프다. 거둬들여야 옳다. (07/03/01)

'중도 中道' 라는 농담

1970년대 후반 제1야당 신민당을 이끌던 이철승 씨의 중도통합론이 당 안팎의 자유주의자들로부터 드센 비판을 받은 것은 그의 '중도' 가 유신 파시즘의 안보 논리에 맥없이 포섭됐기 때문이다. 박정희 정권의 안보 캠페인이 시민적 자유와 빚어내는 긴장을 모른 체함으로써, '참여 하의 개혁' 을 내세운 이철승 씨의 '중도' 는 그 제창자의 파시즘 협력을 그럴싸하게 치장하는 흰소리가 되고 말았다. 한 세대가 지난 지금, '중도' 라는 말이 화사하게 복권되고 있다. 문단 명망가들 입에서, 대학과 언론사 둘레의 논평가들 입에서, 그리고 무엇보다도 여야 정치인들 입에서 '중도' 는 시대정신의 열쇠어로 추앙되고 있다. 이 중도는 이철승 씨의 중도보다 더 좋은 중도일까?

중도는 그것을 실천함으로써 지양하고자 하는 대립물의 차이가 벌어져 있을수록 뜻이 크다. 명도(明度)를 잣대로 삼은 '검정과 하양 사이의 중도' 라든가, 색상환(色相環)의 자리를 기준으로 삼은 '초록과 빨강 사이의 중도' 같은 것 말이다. 실상 이런 맥락의 중도는 인류 사회의 윤리적·정치적 이상을 함축한다. 평등지상주의와 자유지상주의 사이의 중도, 민족허무주의와 민족지상주의 사이의 중도, 무정부주의와 경찰국가 사이의 중도, 성장제일주의와 분배제일주의 사이의 중도 따위가 그 예다. 이런 중도는, 극단주의자들의 '선명노선' 보다 덜 매력적으로 보이게 마련이지만, 한 공동체의 쏠림을 막아 균형을 잡아주는 '덕(德)의 길' 이라 할 만하다.

요즘 한국 정치의 복음으로 선양되는 중도는 이런 중도가 아니다. 그것은 흔히 '친북좌파' 라고 (터무니없이) 비판받는 집권 세력과 '수구반동' 이라고 (대체로 정당하게) 비판받는 주류야당 사이의 중도를 가리킨다. 이런 중도도 선양할 만한가? 전혀 그렇지 않다. 이런 중도가 제창된 배경은 이해할 수 있다. 집권 세력과 주류야당의 싸움이 워낙 격렬하다는 점 말이다. 주고받는 말들의 데시벨과 비속함만 놓고 보면, 이들은 이념적 대척에 서 있는 불구대천 원수로 보인다.

그러나 이들은 다른 점보다 같은 점이 훨씬 많은 이념적 동료들이다. 집권 세력과 주류야당은 이 나라를 이끄는 원리를 공유하고 있다. 2002년에 한나라당이 집권했다 해도, 노 정권 이상으로 미국과 총자본에 고분고분할 수는 없었을 게다. 과거사 문제를 비롯해 몇몇 지점에서 집권 세력과 주류야당이 태도를 달리하고 있긴 하지만, 그것은 이 두 세력의 동질성을 해칠 만한 본질적 차이가 아니다. 노 대통령 자신이 대연정 제안을 비롯한 수많은 계기에서 주류야당과의 동질성을 시인했다. 그렇다면 이들은 왜 이리 격렬하게 싸우는가? 그 싸움에 밥그릇이, 권력을 포함한 여러 형태의 자본이 걸려 있기 때문이다. 싸움은 격렬하지만 차이는 잗다랗다. 이런 잗다란 차이를 지닌 노선 사이의 중도란 도대체 뭘까?

　　나는 청와대 사람들과 과점언론 사이의 중도가 어디인지 짚을 수 없다. 그들은 같은 길을 걷는, 다른 패거리(가 아니라면 '패밀리?')이기 때문이다. 나는 또 조기숙 씨와 전여옥 씨 사이의 중도가 어디인지도 짚을 수 없다. 그들은 저잣거리언어의 격렬함으로 각자의 '패밀리'에 대한 충성심을 뿜내며, 앞서거니 뒤서거니 한길을 걷고 있기 때문이다. 이 두 이름을 나란히 놓은 것이 어느 쪽에 더 결례인지는 모르겠으나, 행태만이 아니라 이념에서도 이들은 쌍둥이 자매다. 노 정권과 주류야당(과 과점언론)은 같은 길을 경쟁적으로 내닫는, 사이 나쁜 쌍둥이일 뿐이다. 이들 사이의 중도란, 다시 색상환을 끌어오자면, 고작 파랑과 남색 사이의 중도일 테다. 이런 중도에도 뜻이 있을까? 지금 근육을 움찔거리는 중도는 민낯(요즘 말로 '쌩얼') 우익 노선과 화장한 우익 노선 사이의 중도다. 이들의 싸움이 소란스럽다 해서 이런 동질적 분파 사이의 중도에 '균형 한국'의 미래를 걸 수는 없다. 이름값을 하는 중도는 이 치우친 중도보다 훨씬 왼쪽으로 뻗어 있을 게다.
(07/02/15)

기자로 산다는 것

지난해 6월 발행인의 독단적 기사 삭제에서 비롯된 시사주간지 『시사저널』 사태가 기자들의 무더기 징계와 노조의 파업, 회사 측의 직장폐쇄로 치닫고 있는 가운데, 이 잡지의 전·현직 기자들이 자신들의 직업 정체성을 더듬어보는 책을 만들고 있다. '기자로 산다는 것'이라는 표제로 다음주 출간될 이 책의 텍스트를 미리 들여다보노라니, 언론계 한 귀퉁이에 인연을 걸쳐놓은 자로서 알량한 책임감이 새삼 느껍다.

일간신문과 방송과 인터넷 포털사이트가 지배하는 미디어 시장에서 인력이 넉넉지 않은 한 시사주간지가 『시사저널』만 한(곧이곧대로 말하자면 한 달 전까지의 『시사저널』만 한) '신뢰의 힘'을 키우자면 몇 가지 조건이 필요하다. 첫째는 기자 한 사람 한 사람이 전문가 못지않은 안목을 키우는 것이다. 그러지 못할 때, 시사주간지는 주류 저널리즘의 '뒤늦은 요약'이 될 수밖에 없다. '뒤늦은 요약'이 되지 않으려면 시사주간지 기사는 주류 저널리즘이 다다르지 못한 심층성을 움켜쥐어야 하고, 기사의 심층성을 떠받치는 것은 기자의 전문성이다. 『시사저널』은 그간 적잖은 기자들의 전문성에 힘입어 심층기사의 전형을 도톰히 보여주었다. 『기자로 산다는 것』의 글 몇 개에는 초년기자가 세월과 나란히 전문기자로 자라나는 과정이 담겼다.

신뢰의 두번째 조건은 공정성이다. 기사의 공정성은 기자가 특정 정파로부터는 물론이고 자본이나 노동을 우람하게 대표하는 주류 사회 세력들로부터, 더 나아가 사사로운 인연으로부터도 독립될 때만 확보된다. 그런 독립적 시각들이 획일적일 수는 없다. 그것들은 때로 맞버티기 십상이다. 그렇게 맞버티는 독립적 시각들을 합리적으로 조정하는 권한이 편집권이다. 그러니 편집권은, 바람직하기론, 기자공동체 전체가 공유할 수밖에 없다. 『시사저널』은 그간 그런 독립적 시각의 견지와 그 시각들의 합리적 조율에 충실해왔다. 『기자로 산다는 것』에선 『시사저널』 기자들이 정파와 사회 세력과 사적 인연으로부터 독립적이 되기 위해 쏟아온 노력의 자취가 엿보인다. 이 문제를 정면으로 다루고 있지 않은 장영희 기자의 글에서도 이 점이 또렷하다. 그는 경제전문기자로서 자신이 문제삼아 왔던 것은 기업이 아니라 기업인이라는 점을 강조하고 있는데, 그것은 이번 사태의 발단이 된 삭제기사의 핵심이기도 했다.

시사주간지가 주류언론과 경쟁할 수 있는 또 다른 힘은 소위 '근성'에서 나올 것이다. 시사주간지의 장처(長處)라 할 탐사기사는 심층성만이 아니라 지속성으로도 뒷받침돼야 한다. 『시사저널』은 이 점에서도 나무랄 데 없었다. 한국전쟁 전후 민간인 학살 사건이나 군대의문사 사건 그리고 최근의 제이유 그룹 사기사건을 비롯해, 『시사저널』은 짧게는 수개월, 길게는 10년도 훨씬 넘게 한 사안을 추적하며 이 문제들에 대한 한국 사회의 관심을 촉구해왔다. 그리고 『시사저널』의 장기 탐사기사들은, 드물지 않게, 주류언론에서도 메아리를 얻었다. 『기자로 산다는 것』은 『시사저널』 기자들의 그 '근성'에 대한 보고서이기도 하다.

　『기자로 산다는 것』의 텍스트에는 드문드문 격정과 집단적 자기애가 배어 있다. 격정과 자기애는 결코 저널리스트의 미덕이 아니지만, 『시사저널』 기자들로 하여금 이 힘겨운 싸움을 버텨내게 하는 미량원소일 것이다. 고제규 기자는 수습 시절을 되돌아보며 선배 기자가 툭 내던진, "기자가 곧 매체다"라는 말을 떠올린다. 고 기자는 그 말을 "기자 개개인이 시사저널 안의 또 다른 매체"라는 뜻으로 해석하며, 기자 자신이 납득하지 못하는 기사는 결코 쓰지 않는 '시사저널 문화'가 그 말에 담겨 있다고 덧붙인다. 그것이 옳은 해석이겠으나 나는, 바깥사람으로서, 그 말을 '기자의 됨됨이와 태도가 매체의 성격을 규정한다'라는 뜻으로 평범하게 해석하고 싶다. 한 달째 나오고 있는 '대체 시사저널'은 내 식으로 이해한 '기자가 곧 매체다'라는 말의 엄중함을 새삼 일깨운다. (07/02/01)

『시사저널』 사태가 무서운 까닭

지난해 6월 한 재벌회사 관련 기사가 발행인의 지시로 인쇄 직전에 삭제된 데서 비롯된 시사주간지 『시사저널』 사태가 황당한 지경으로까지 치닫고 있다. 자신도 모르는 새에 기사가 빠진 데 항의해 편집국장이 낸 사표는 즉시 수리됐고, 기사 삭제와 편집국장 사표 수리의 부당성을 지적하는 기자들이 직무정지나 대기발령 같은 중징계를 줄줄이 받은 데 이어, 경영진은 노동쟁의의 와중에 대체인력을 투입해 기자들의 손을 전혀 거치지 않은 잡지를 지난주에 이어 두 호째 내놓았다.

반년 이상을 끌어오다 한국 언론사상 초유의 '완전한 대체인력에 의한 제작' 이라는 살풍경을(차라리 '진풍경' 을) 빚은 『시사저널』 사태는 한국 사회에서 노동에 대한 자본의 우위가 더할 나위 없이 확고해졌음을 새삼 확인시켰다. 그러나 자본의 욱일승천 자체가 옳다거나 그르다거나 하는 판단을 이 자리에서 내리고 싶진 않다. 한 사회의 모든 가치와 동력이 자본의 블랙홀에 빨려들어 가고 있는 것은 특정한 개개인의 욕망이나 윤리를 떠나서 한국사의(어쩌면 세계사의) 현 단계가 짜낸 구조나 '대세' 의 문제일 테다. 또 이 사태의 핵심이라 할 편집권의 귀속 문제나 대체인력 투입의 위법성(노동조합및노동관계조정법 제43조는 쟁의행위 기간중 그 쟁위행위로 중단된 업무의 수행과 관련해 채용, 대체, 도급, 하도급을 금지하고 있다)에 대해서도 시비하고 싶지 않다. 어쩌면 자본주의 사회 언론의 편집권은,『시사저널』경영진이 주장하듯, 최종적으로 발행인에게 속할지도 모른다. 또 지금『시사저널』제작에 투입된 외부인력을 이 회사의 '비정규직 노동자' 라 우겨 말한다면, 이 잡지사 경영진은 법을 어기고 있는 것이 아닌지도 모른다.

이렇게『시사저널』경영진의 입장을 최대한 우호적으로 이해해 준다 할지라도, 이번 사태와 관련해 그들은 비판을 피할 수 없다. 지난 반년 이상 경영진이 보여준 행태가, 위법 여부를 떠나, 몰상식해서다. 편집국장 몰래 인쇄소에서 기사를 들어냈다는 사실 자체가 몰상식했고, 이의 부당성을 지적하는 기자들을 줄줄이 중징계 처분한 것이 몰상식했고, 급기야 노조가 파업을 하자 다른 언론사와 직간접적으로 관련돼 있는 필자들을 동원해 완전히 다른 성격의 잡지를 내놓은 것이 몰상식했다. 말하자면, 이 사태 내내『시사저널』경영진이 기자들과 맞선 방식에는 기품이 없었다.

지난주와 이번 주『시사저널』은 그간 정파적 치우침 없이 시시비비에 공정했던 이 잡지에 강한 정파성의 너울을 씌웠다. 그러나『시사저널』기자들이 '짝퉁' 이라고 부르는 이 두 호 기사들의 본질적 문제는 그 논조에 있는 것이 아니라 '기품 없음' 에 있다. 기실 한국의 소위 주류 저널리즘이 민주화 이후 드러내고 있는 구접스러움도 그 논조에 앞서서 그 언어의 기품 없음에 있다고 보는 게 옳을 게다. 노무현 대통령이나 정권 홍보 담당자들의 기품 없는 언어는 주류 저널리즘의 기품 없는 언어가 거울 저편에 만들어놓은 짝패인지도 모른다. 지난주와 이번 주의 『시사저널』은 그간 논조의 공정함에 더해 언어의 기품까지 보여주었던 이 잡지의 역사에서 큰 흉터로 남을 것이다. 그리고 그 기사들의 기품 없음은 경영진이 이번 사태에 대처해온 방식의 기품 없음과 무관치 않을 것이다.

　　『시사저널』 기자들이 지난주와 이번 주 잡지를 '짝퉁 시사저널'이라 부를 때, 거기선 얼마간의 경멸감이 묻어난다. 그러나 나는 이 '대체 시사저널'이 경멸스럽다기보다 무섭다. 이 두 호는 미국 작가 잭 피니의 SF스릴러 소설 『바디 스내처』(1955)에 나오는, 인류의 신체를 취해 지구에 번식하는 외계생물을 섬뜩하게 연상시킨다. 껍데기는 영락없는 『시사저널』이지만 속은 '스내처(강탈자)'의 것인, 이 '가짜 시사저널'이 힘겹게 저널리즘의 기품을 견지하고 있는 몇몇 매체들마저 감염시키지 않을까 두렵다. (07/01/18)

통일보다 중요한 것

1945년 미소 양국군의 한반도 진주부터 치면 60년이 넘었고, 1948년 서울과 평양의 단독정부 수립부터 쳐도 60년이 돼간다. 분단 말이다. 그 세월, 통일의 열정은 남북 양쪽에서 드세게 요동쳤다. 그 열정은 분단 초기에 참혹한 전쟁으로 폭발했고, 휴전 이후에도 운동량을 길게 유지했다. 그것은 남북 주민집단 내부의 자발성에 바탕을 두기도 했고, 남북 양쪽 정부의 계산된 동원에 기대기도 했다. 외세가 강요한 분단이었던 만큼, 그 부자연스러운 질곡을 바로잡겠다는 열정이 그리도 오래간 것은 자연스러웠다.

오늘날, 통일의 열정은 남북 모두 많이 잦아든 듯하다. 환호와 감동 속에서 새 천년을 열어제친 6·15공동선언도, '평화'의 지평에서라면 몰라도 '통일'의 지평에서는, '선언적' 의미를 넘어서는 동력을 얻고 있지 못하다. 분단의 세월이 쌓이면서 그것을 '배냇조건'으로 자연스레 받아들이는 세대가 한반도 주민집단의 큰 부분을 차지하게 된데다, 남북 양쪽의 내부 상황과 국제정치의 역학이 한반도 통일에 친화적이지 않은 탓일 테다. 남쪽의 경우, 지금도 새된 목소리로 통일을 되뇌는 세력은 한 무리의 국가주의 논객들과 민주노동당 안의 소위 '자주파' 정도다. 앞쪽은 명백히 수구우파고 뒤쪽은 그 수구우파에 의해 '친북좌파'로 불리지만, 국민국가의 자기확장 욕망에 마구 휘둘리고 있다는 점에서 그들은 둘 다 어기찬 우익이다.

이런 어기찬 우익 분파에 속하지 않으면서도 통일을 어기차게 이야기하는 이로 계간지 『창작과 비평』의 편집인 백낙청 씨가 있다. '분단체제'라는 개념을 벼려내고 이 체제의 극복 방안을 궁리해온 이 원로학자 덕분에, 우리 사회의 통일 담론에는 정파적 슬로건 바깥의 우아함이 더해졌다. 백낙청 씨는 1월 1일자로 창비 홈페이지에 올린 「2007년, 색동담론 아롱진 한 해가 될까」라는 글에서도, 6·15공동선언 제2항의 '남북연합'(또는 '낮은 단계의 연방') 개념 속에 '평화 대 통일'의 양분법을 녹여내자고 제안하고 있다. 그의 생각으로는, "국가연합의 성립은 평화론의 견지에서는 하나의 주권국가로 통합되기 전에도 아름다운 공존이 이뤄지는 셈이고 통일론의 입장에서는 '1단계 통일'로써 비로소 가능해진 평화공존"이다.

그러나 그의 견해는 아리따운 만큼은 실속 있지 못하다. "시민참여에 의한 실질적 통합작업이 축적되었을 때 비로소 남북의 당국자가 합의하고 선포하는 국가연합 구상이야말로 수많은 소모적 갈등을 해소할 길을 열어준다"고 말할 때, 백낙청 씨는 언어(의 변증법)로 현실을 대체하는 관념론자로 보인다. 그 관념론이 그에게서 건강한 비관주의를 앗아간다. 그래서 그의 전망 속에선, 국가연합(연합 이후 단계는 말할 것도 없고!)에 합의하고 선포하는 것을 상황에 따라 목숨 걸고 막을 남북 지배계급(외세는 그만두고라도!)의 사악한 이성과 변덕도, '시민참여'의 자리를 남기지 않는 북 체제의 전일성도 대수롭지 않아 보인다. 연합 뒤의 한반도에 들어서야 할 민주주의가 어떤 것이든, 그 민주주의는 양쪽의(지금 형세로는 주로 북쪽의) 정치유산과 역사를 부정할 수밖에 없다. 그리고 그런 자기부정의 위기는 적어도 한쪽 지배계급을 전쟁의 유혹에 취약하게 만들 것이 분명하다. 다시 말해 '평화 대 통일'의 양분법은, 상황에 따라, 백낙청 씨 생각과 달리 '쓸모없는 담론'이 아닌 것이다.

이렇게 평화와 통일이 맞바꿈의 관계를 조금이라도 지녔다면, 우리가 선택해야 할 것은 통일이 아니라 평화다. 한반도의 남북 주민이 자유롭게 오가고 사이좋게 지내는 길이 꼭 남북이 한 나라를 이루는 데 있는 것은 아니다. 중요한 것은 한반도에 평화체제를 확고히 구축하는 것이고, 그 평화체제 속에서 복지를 축적하는 것이다. 통일은 당위가 아니다. 통일부도 '남북교류부' 정도로 이름을 바꾸는 게 어떨까? 아니면 통일부를 없애고 그 업무를 외교통상부로 넘길 수도 있을 게다. (06/12/28)

세밑 단상 斷想

새 천년의 일곱번째 해가 저물고 있다. 나토군의 베오그라드 공습이 지난 천년을 마무리했듯, 새 천년의 첫 일곱 해도 포연으로 맵싸했다. 아프가니스탄과 이라크에서, 팔레스타인과 레바논에서, 핏물이 땅을 덮고 신음이 하늘을 내리눌렀다. 한반도 둘레에도 전운이 오락가락한다. 하기야, 인류 역사에서 전쟁 없었던 세월이 얼마나 되랴. 다만, 언제부턴지 모든 전쟁의 전면이나 배후에 꼭 한 나라가 으스스하게 버티고 있더라는 것이다. 전쟁을 포함한 국제정치의 전개가 늘 차가운 국가이성의 함수만은 아니다. 힘센 개인의 변덕스러운 욕망은 합리적으로 계산된 국가전략이나 집단전략을 사소한 계기로 교란시키며 역사의 진행을 더욱 불안정하게 만든다. 『부시의 정신분석』이라는 책이 쓰인 것도 이해할 만하다.

50년 냉전에서 살아남은 이 세기의 인류가 지난 세기의 인류보다 더 살 만한 세상을 보게 될지는 미지수다. 신자유주의 물살이 인류를 양극화의 낭떠러지로 밀어붙인다고 좌파는 투덜대지만, 거기 맞선 방수차(防水車)는 평등주의 인터내셔널의 연대의식에서보다 민족(국가/국민)주의자들의 집단적 자기애에서 더 효율적인 연료를 얻고 있다. 그런데 이 민족주의자들의 자기애는, 그 자체가 흔히 전쟁의 유혹이기도 하다는 점에서, 신자유주의 못지않게 성마른 인화물질이다. 부시 주니어 시대의 미국 지배계급은 편리하게도 그 둘 다를 만지작거린다. 소위 신보수주의라는 것은 신자유주의 시장원리가 미국(이나 이스라엘)에 불리하다 싶으면 언제라도 내팽개치고 주먹을 휘두를 준비가 돼 있는 극우 내셔널리즘이다.

무릇, 세밑은 내성(內省)의 철이다. 며칠 새에 읽은 책 두 권의 독후감으로 그 반성을 갈음하고 싶다. 요네하라 마리의 『프라하의 소녀시대』와 사이먼 윈체스터의 『영어의 탄생』. 요네하라 마리는 러시아어 통역사로 일하다 지난봄 56세로 작고한 일본인이다. 일본공산당 간부를 아버지로 둔 그녀는 1960년대 전반부를 체코 프라하의 옛 소련학교에서 십대 소녀로 보냈다. 『프라하의 소녀시대』는 중년의 요네하라가 서로 다른 국적의 옛 급우 셋을 찾아 헤매는 여정에다 학창시절 회고를 포개놓은 수기다. 『영어의 탄생』의 원제는 '만물의 의미'다. 그 부제 '옥스퍼드 영어사전 이야기'에서 드러나듯, 저널리스트 출신의 저자 사이먼 윈체스터는 19세기 후반부에서 1920년대까지 세계 최대의 언어사전이 만들어지는 71년 세월을 그렸다.

『프라하의 소녀시대』는 패배의 이야기다. 그 주인공들이 소녀시절 신봉했던 마르크스-레닌주의의 퇴각이 이 책의 배음(背音)을 이루고 있기 때문이다. 그러나 그 패배의 이야기는 자잘한 승리의 삽화들로 짜여 있다. 그 승리는 기품, 우정, 엽관(獵官), 치정, 치부(致富) 같은 이름을 지녔다. 『영어의 탄생』은 승리의 이야기다. 1928년 4월 19일, wise와 wyzen 사이의 표제어들을 수록한 64쪽짜리 최종 분책이 나오면서 『옥스퍼드 영어사전』 초판이 마침내 마무리됐기 때문이다. (XYZ 부분은 작업이 비교적 수월해, 그보다 7년 전인 1921년에 발간됐다.) 이 승리의 이야기는 수많은 패배의 삽화들로 아로새겨져 있다. 이 사전의 완간 가능성과 상업적 전망을 의심하던 주변의 힘있는 참견꾼들과 훼방꾼들에게, 사전편찬자들은 날마다, 자잘하게, 패배하지 않을 수 없었다.

언론인 홍세화 씨는 어느 자리에선가 사람은 합리적 존재가 아니라 합리화하는 존재라고 한숨지은 바 있다. 이런 비관적 인간관을 지닌 사람이라면 정치적 보수주의의 수면(水面)에서 자맥질하는 것이 자연스러울 텐데, 홍세화 씨는 어기찬 진보주의자다. 그것은 사람의 마음(욕망)이 복합적이라는 뜻일 테고, 그 마음이 만들어내는 세상 풍경 역시 겹겹이라는 뜻일 테다. 그 물렁물렁한 중층성 속에서 승리와 패배가, 아름다움과 추함이 서로 깍지끼며 인간의 역사를, 프라하의 소녀시대와 『옥스퍼드 영어사전』을 근근이 만들어낼 것이다.

(06/12/14)

어떤 이산 離散

동아시아에서든 유럽에서든 '예술' (그리스어 '테크네', 라틴어 '아르스')은 본디 자연에 반하는 인위적 기술을 가리켰다. 근대 이후 주로 조형예술을 가리켜온 '미적 기술' (미술: 영어 '파인아츠', 프랑스어 '보자르')이라는 말이나 오늘날 한자어권에서 예술가의 은유로 쓰이는 '장인(匠人)'이라는 말에도 이런 '기능'이나 '기법'의 의미가 담겼다. 기술은 예술의 고갱이이자 정신이다. 예술작품이 사람의 마음을 움직이는 것은, 소재가 유별나서가 아니라 그 소재를 주무르는 예술가의 솜씨가 뛰어나서다.

그러나 어떤 예술작품은 예술가의 솜씨에 기대지 않고도 오로지 소재의 힘만으로 사람을 감동시킨다. 재일교포 양영희 감독의 다큐멘터리 영화 〈디어 평양〉이 그렇다. 자신이 내레이터로 등장하는 이 작품에 양영희 씨는 별다른 예술적(인위적) 배려를 하지 않았다. 그런데도 이 투박한 작품은 관객의 마음을 뒤흔든다. 그것은 〈디어 평양〉의 소재 자체가 공동체적 기억의 현(絃)을 극적으로 켜는 서정과 서사의 활이기 때문이다. 〈디어 평양〉은 무력하지만 순수한 삶을 살아온 어떤 아버지의 이야기다. 그 아버지 개인의 이야기는 그가 책임지고자 했으나 책임지지 못한 가족의 이야기고, 그 가족이 얽혀 들어간 민족의 이야기다. 그것은 소위 '자이니치(在日)'의 이야기지만, 더 보편적인 '디아스포라(이산)' 이야기이기도 하고, 역사와 개인의 불화 또는 화해의 이야기이기도 하다.

〈디어 평양〉이 엿보는 공간은 오사카(大阪)와 니가타(新潟)와 원산과 평양을 잇는 길이다. 그 여로는 양영희 씨의 유년기에 홍안의 세 오빠가 아버지의 권유로 택했던 '귀국(歸國)'의 길이고, 남은 가족이 긴 세월 뒤 오빠를, 자식을 보기 위해 답습하는 '방문'의 길이다. 만경봉호의 편도표를 끊어 동해를 건넌 오빠들에게, 그 길은 되돌아올 수 없는 길이었다. 제주도 출신의 조총련 활동가였던 아버지는 세 아들이 일본인들의 차별 속에서 사느니 '조국의 품'에서 당당히 살아가길 바랐다. 그에게 조국은 해방 뒤 일본에 남겨진 동포들을 살갑게 보살핀 조선민주주의인민공화국 하나뿐이었고, 북의 지도자에 대한 충성은 첫째가는 의무이며 도리였다. 그는 평양에 들러 왠지 어두운 아들들의 얼굴을 보고도, 자신의 신념을 거두지 않는다. 그러나 그는 자신의 이념을 한사코 거부해온 딸이 한국 국적을 얻는 걸 마침내 허락하게 되고, 그 딸의 집요한 질문에 못 이겨, 세 아들을 '귀국'시키기로 한 수십 년 전 결정에 대한 후회를 슬쩍 내비친다.

〈디어 평양〉이 초점을 맞추는 이는 아버지이지만, 이 영화에서 가장 가슴 저릿한 캐릭터는 어머니다. 그 어머니는 총련 활동에 전념하느라 돈벌이를 작파한 아버지를 대신해 살림을 꾸린 어머니고, 안

쓰러운 마음으로 아들들을 '귀국' 시킨 뒤엔 남편과 함께 총련 활동의 일선에 나선 어머니이며, 자식들의 살림살이 실상을 안 뒤로는 평양에 일용품을 보내기 위해 발이 닳도록 우체국을 오가는 어머니다.

〈디어 평양〉의 '디어'는 '디어 리더(경애하는 지도자)'의 '디어'가 아니다. 평양 초행길에 그 도시를 "세계 사회주의 혁명의 수도"라고 소개하는 안내원의 말을 듣고, 양영희 씨는 속으로 도리질한다. 그에게 평양은 혁명의 수도가 아니라 그저 그리운 가족이 사는 곳이었기 때문이다. 그리운 가족이 사는 곳이기에, 그 가족을 보자면 그리 가야 하기에, 양영희 씨에게 평양은 '디어 평양'이 된다. 그러니까 이 영화에서 은근히 드러나는, 북 체제에 대한 타박에도 불구하고, 〈디어 평양〉의 '디어'에는 조금의 비아냥거림도 없다. '북 체제에 대한 타박'이라고? 이 말은 거두는 것이 좋겠다. 양영희 감독의 잔잔한 논고가 향하는 곳은 어떤 이념이나 체제라기보다 역사이기 때문이다. 김동원 감독의 〈송환〉(2004) 이후 오랜만에 좋은 다큐멘터리를 봤다.

(06/11/30)

김밥천국 이야기

언제부턴지 김밥천국의 불빛이 한국의 밤을 밝히고 있다. '김밥천국'이라는 놀라운 이름을 처음 생각해낸 이가 상호(商號) 등기에 무심한 카피레프티스트였던지, 이 이름을 앞세운 체인이 인터넷 포털사이트에도 여럿 올라 있다. 이러다가 언젠가는 김밥천국이 보통명사가 될지도 모르겠다. 24시간 문을 열어놓는 간이음식점이라는 뜻의. 아무튼, 하루 24시간 음식을 파는 식당 체인이라니. 한국 말고 다른 곳에도 이런 게 있을까 싶다. 24시간 편의점의 본적지가 미국인지 일본인지는 모르겠으나, 그 나라들에도 24시간 음식점 체인은 없을 것 같다.

나처럼 자고 깨는 게 제멋대로인 '자유노동자'에겐 김밥천국만큼 고마운 게 없다. 남들 다 잘 시간에 부스스 일어나 정신을 차리면, 이내 속이 출출하다. 내 나이 또래의 평균 한국 남자들처럼, 나 역시 뭘 차려 먹는 데 치명적으로 무능하다. 그렇다고 밤마다 새벽마다 아내를 깨울 수도 없는 노릇이다. 뭐가 걱정이랴, 김밥천국이 있는데.

나는 옷을 주섬주섬 걸치고 김밥천국으로 간다. 낯익은 아주머니들이 반긴다. 텔레비전 채널은, 늘 그렇듯, YTN에 맞춰져 있다. 나는 정수기에 컵을 대고 물을 따른 뒤(김밥천국에서 물은 셀프서비스다), 순두부백반을 주문한다. 김밥천국 아주머니의 말을 흉내내, 나는 "수니 하나요!"라고 외친다. 5분도 안 돼, 순두부찌개가 식탁 위에서 보글거린다.

김밥천국의 가장 큰 매력은 24시간 연중무휴라는 점이다. 추석과 설 당일만 빼고 말이다. 심지어 추석과 설에도 반나절은 열려 있을 때가 있다. 아주머니들이 차례만 지내고 나오는 것 같다. 몇 교대로 일을 나누는지는 모르겠으나, 그분들에게선 삶의 엄중함이 느껴진다. 때로, 내가 그이들의 노동력을 착취하는 것 아닌가 송구스럽다.

그런 거북한 마음이 이분들의 연중무휴에만 기인하는 것은 아니다. 김밥천국의 또 다른 매력 두 가지가 이런 송구스러움을 강요한다. 하나는 메뉴가 너무 다채롭다는 것이다. 김밥류만이 아니라 분식류, 찌개류, 덮밥류, 국밥류, 죽류 등 온갖 음식이 김밥천국의 차림표를 빼곡히 채우고 있다. 우리 동네의 내 단골 김밥천국 차림표에서 음식 가짓수를 헤아려보았더니, 물경 99종이다. 이 많은 종류의 음식을 김밥천국 아주머니들은 그럭저럭 먹을 만하게 만들어낸다.(그래도 고객에겐 섬세한 실천이 요구된다. 김밥천국 음식들의 조리법이 표준화돼 있다 하더라도, 가게에 따라 맛이 조금씩 다르다. 몇 번의 시행착오를 거쳐야, 단골 김밥천국의 '개인기'와 '취약메뉴'를 파악할 수 있다.) 또 하나는 김밥천국의 음식값이 비교적 헐하다는 것이다. 흔히 원조김밥이라 부르는 기본형 김밥은 1000원이다. 찌개류도 3000원대다. 이 다양한 메뉴의 음식을 싼값에 팔아 이익을 내야 하는 김밥천국 경영자도, 나처럼, 김밥천국 아주머니들의 노동력을 착취하고 있을지 모른다, 고 나는 잠시 상상한다.

그래도, 김밥천국의 다양하고 저렴한 음식은 그 자체로 미덕이다. 다만, 밥값이 싸다는 것과 무관치 않겠으나, 김치가 너무 맛없다는 점이 흠이다. 김밥천국의 김치는 김치라기보다 그저 푸성귀 절임에 가깝다. 그러나 김밥천국 애용자라 해서 삼시 세 끼 김밥천국 김치만 먹지는 않을 테니, 더러 그런 엉성한 김치를 맛보는 것도 나쁘지 않다. 김치 귀한 걸 깨닫게 될 기회다.

여느 음식점에 견주어 김밥천국엔 젊은이들이 많다. 앞서 말한 김밥천국의 매력, 다시 말해 메뉴의 다채로움과 밥값의 상대적 저렴함 때문일 테다. 허름한 옷차림의 비정규직 타입이나 짙은 피부색의 이주노동자들을 김밥천국에서 자주 보게 되는 것도 같은 이유에서일 것이다. 이들이 삶에서 겪는 애환은 김밥천국 아주머니들의 애환과 겹칠 것이다. 노동다운 노동을 해본 바 없이 허릅숭이로 살아온 나는 문득 그들 사이에서 어색하다. 그러나 그것도 잠시. 목구멍으로 넘어가는 순두부는 행복의 보증이다. (06/11/16)

허영의 용도

"삼성증권의 고객이신 OOO 씨는 이태원 길모퉁이에서 코지코너 Cozy Corner라는 레스토랑을 하십니다. 직원 사이에서는 미인 사장님 이지만 친구들 사이에서는 책 많이 읽는 사장님으로 통하지요."

한 시사주간지에서 맞닥뜨린, 삼성증권 광고 카피의 첫머리다. 보기에도 숨막힐 정도로 빼곡한 책들 사이에 서서 여성 모델이 환하 게 웃고 있다. 사진 가운데쯤, 그녀의 오른쪽 팔꿈치를 살짝 가린 채 쌓여 있는 책 다섯 권의 제목이 유난히 또렷하다. 다른 책들의 제목이 거의 보이지 않는 것으로 보아, 광고 제작자가 이 다섯 권의 책에 포 인트를 주려 했음이 분명하다. 위에서부터 차례로 『스콧 니어링 자서 전』, 『바가바드기타』, 『괴테의 이탈리아 기행』, 『프란츠 파농』, 『닥터 노먼 베쑨』이다. 증권회사 고객의, 다시 말해 증권투자자의 독서목록 이 따로 있어야 한다는 법은 없겠으나, 이 광고가 보여주고 싶어하는 책들이 증권의 세계와 그리 어울려 보이지 않는 것도 사실이다.

힌두교 경전이나 괴테의 여행기야 시공을 뛰어넘은 '교양서'라 치자. 그러나 스콧 니어링, 프란츠 파농, 노먼 베순이라니. 외과 의사 베순과 정신과 의사 파농은 각각 중국혁명과 알제리혁명의 한복판에서 제 삶을 소진시켰다. 경제학자 니어링은 평화주의적 견해 때문에 주류사회에서 계속 내쳐진 끝에 만년을 '독립 농부'로 산 생태주의자다. 이들은 제가끔 서로 다른 세계관을 지니고 살았지만, 한 가지 점에서는 일치했다. 이들 모두는, 적어도 생애 후반부엔, 어기찬 반(反)-자본주의자였다. 그런데 이들의 이름이 자본주의의 가장 뜨거운 상징이라 할 증권회사 광고에 동원되고 있는 것이다.

이게 지난 세기 저물녘부터 손에 먹물 묻힌 자들이면 한마디씩 거들곤 했던 포스트모더니즘이란 걸까? 그런 것 같진 않다. 한때는 반-자본주의의 상징이었던 이름들을 자본주의 찬미에 써먹는 이 광고의 너그러운 우아함은 무엇이든 닥치는 대로 삼켜버리는 자본의 먹성을, 이념과 체제의 전선에서 자본주의가 거둔 '최종적' 승리를 보여주는 것일 테다. 이 반항자들의 이름은 이 이름들이 저주했던 세계자본주의의 평안에 이제 아무런 위협이 되지 않는다. 외려 그것은 상품이나 기업의 이미지에 기품과 순정함을 부여하는 소도구로 봉사한다. 폭약이 제거된 파농이라는 이름, 베순이라는 이름, 니어링이라는 이름은 이 난만한 자본주의 소비사회에서 그저 하나의 스타일로 소비되는 것이다.

소비되는 스타일로써 이 이름들보다 훨씬 많이 팔려나간 것이 체 게바라일 게다. 그의 얼굴이 박힌 티셔츠를 입고 그의 평전을 옆구리에 낀 채 거리를 활보하는 청년들은 세계 어디에나 있다. 좌파를 자임하는 지식분자는, 극우신문의 지면을 빌려, 게바라의 '진정성'을 본

받아야 한다며 이 청년들을 계도한다. 자본은 이 모든 것을 그냥 놓아 둔다. 게바라 티셔츠를 입은 거리의 청년들이든 극우신문에 얼굴을 들이미는 좌파 지식분자든, 그들에게 게바라가 스타일 이상은 아니라는 걸 자본은 잘 알고 있기 때문이다.

반-자본주의적 이름들을 마스코트나 장신구로 삼아 소비하는 자본주의의 허영이 꼭 눈살을 찌푸릴 일만은 아니다. 응용심리학 전문가들이라 할 광고제작자들까지 군침을 흘릴 만큼 이 '불온한' 이름들이 끊임없이 소비된다는 것은, 가장 탐욕스러운 자본주의형 인간도 내면 한구석에 공동체적 정의 감각이나 생태주의 감수성을 간직하고 있음을 뜻한다. 유럽의 한 모랄리스트는 위선을 "악이 선에게 바치는 경배"라 정의했거니와, 증권회사 광고에 등장하는 『스콧 니어링 자서전』이나 탈정치 세대가 걸친 티셔츠 위의 게바라 얼굴도 '자본주의적인 것'이 '자본주의 아닌 것'에게 건네는 경배라고 볼 여지가 있다. 그것이 인류의 가느다란 희망이다. '자본주의 이후'를 모의할 의지와 지혜는 바로 이 허영에서 나오리라. (06/11/02)

'원산 상륙'이라는 망상

전쟁의 세련된 정의(定義) 하나는 19세기 프로이센 군사이론가 카를 폰 클라우제비츠가 발설한 "다른 수단들에 의한 정치의 계속"일 것이다. 전쟁이 정치의 '계속'이라는 것은, 프랑스 철학자 앙드레 글뤽스만이 일깨웠듯, 군사부문(전쟁)과 민간부문(정치)이 언제라도 미끈미끈하게 호환될 수 있다는 뜻이다. 글뤽스만은 이 점을 걱정스러워하면서, 군국주의나 '전쟁 신앙'은 민간부문을 복종시키려는 군사부문의 의지에서만이 아니라, 너무도 쉽사리 군사부문으로 빨려 들어가는 민간부문의 자발성에서도 나온다고 부연했다.

최근 북한 미사일과 핵실험에 관련된 뉴스가 쏟아지면서, 군사부문으로 이끌리는 민간부문의 자발성이 우리 정치권 일각에서 운동량을 키우고 있다. 미국이나 일본 극우 정치인들의 전쟁 선동이야 그러려니 할 수도 있겠으나, 만일 전쟁이 일어난다면 바로 그 현장이 될 한국에서 민간부문의 군사적 자발성을 목격하는 일은 섬뜩하다. 이들은 전쟁을 정치의 계속으로 여기는 클라우제비츠의 제자이기는 하나, 21세기 전쟁이 19세기 전쟁과 근본적으로 다르다는 점을 잊고 있거나 모른 체하고 있다. 지난주 지미 카터 전 미국 대통령은 한반도에서 전쟁이 날 경우 남한과 미국은 쉽게 북한을 이길 수 있지만 대가가 따른다고 지적했다. 그 대가는 '한국전쟁 때를 능가하는 희생자 수'다. 희생자 수가 설령 그 1/10이라 할지라도, 그런 엄청난 희생을 감수하고도 우리가 지켜내야 할 이익이 무엇인지는 헤아리기 어렵다.

전쟁에서 폭탄이나 총탄은 사람을 가리지 않지만, 그렇다고 모든 사람을 평등하게 겨누는 것도 아니다. 카터 전 대통령의 발언이 있었던 19일 김대중 전 대통령은 서울대 강연에서 "전쟁터엔 40세가 넘은 사람들만 나가라"는 찰리 채플린의 말을 인용하며 최근의 군사적 대결 분위기를 경계했다. 전쟁의 가장 큰 불공평함은 그것을 결정하는 사람과 그것의 가장 큰 피해자가 분리된다는 점이다. 천연덕스럽게 '원산 상륙'을 운운한 50대의 공 아무개, 송 아무개 의원이 죽음을 무릅쓰고 원산상륙작전에 참가하리라고 믿는 사람은 없을 게다. 기성세대가 결정한 전쟁을 가장 직접적으로 감당해야 할 사람들은 젊은이다.

그런데 젊은이들 모두가 평등하게 전쟁의 일차적 희생자가 되는 것도 아니다. 유달리도 몸이 부실한 경우가 많아 징집 면제율이 높은 한국 사회 상류층 자제들이, 전쟁이 터진다 해서 뒤늦게 동원돼 일선 전투에 참가하리라고도 내다보기 어렵다. 전쟁의 일차적 희생자는 개전 결정에 아무런 영향을 끼칠 수 없는 힘없는 사람들의 자식들일 것이다. 그러니까 지금 주전론자들에게는 전쟁의 참혹함에 대한 상상력만이 아니라 최소한의 양식이나 명예심조차 없는 것이다.

미국의 이라크 침공 뒤치다꺼리를 한국군이 하도록 결정한 정부와 국회의 결정에 한국 여론이 거칠게 저항하지 않았던 것은 전쟁이라는 재앙에 대한 상상력 부족 때문이었을 것이다. 이라크와의 지리적 거리가 심리적 거리를 넓히며 그 상상력 부족을 거들었을 테다. 그것은 물론 부끄러운 일이다. 그런데 지금 북한을 상대로 한 주전론은 그런 부끄러움마저 사치로 만들 치명적 경솔함이다. 주전론자들이 거론하는 전쟁에서 폭탄이 떨어질 곳은 바그다드가 아니라 서울이기 때문이다. 미국의 이라크 침공에 반대했던 사람들도 후세인이 형편없는 망나니였다는 사실을 알고 있었듯, 지금 대북(對北) 군사행동에 반대하는 사람들도 김정일이 파렴치한 독재자라는 사실을 알고 있다. 부시는 후세인 하나를 권좌에서 끌어내리느라 군인, 민간인 가리지 않고 수십만의 사람을 이라크에서 죽였다. 이제 김정일이라는 독재자를 끌어내리기 위해 이라크에서보다 더 많은 사람을 한반도에서 죽여야 하나? 전쟁은, 더욱이 영향력 있는 공인이라면, 쉽사리 입에 담을 말이 아니다. 북핵 사태 책임의 적어도 절반이 부시 행정부에 있다는 점을 제쳐두더라도 말이다. (06/10/19)

언어의 해방, 언어의 중독

〈버자이너 모놀로그〉(이브 앤슬러 원작)라는 연극의 원작 제목에 보이는, 그리고 한국어 공연 제목에도 그대로 차용한 영어 단어 '버자이너'는, 한국어 공연에서 번역돼 배우 입에서 발설된 단어('ㅂ'라고 하자)와 같은 값을 지니고 있지 않다. 두 말이 가리키는 신체 부위도 포개지지 않지만, 무엇보다 정서적 울림이 크게 다르다. 미국인 의사라면 환자 앞이나 세미나에서 '버자이너'라는 말을 꺼낼 수도 있겠지만, 한국인 의사가 그런 자리에서 'ㅂ'라는 말을 입에 올릴 수는 없다. 'ㅂ'가 한국어 사용자에게 행사하는 정서적 환기력이, '버자이너'가 영어 사용자에게 행사하는 정서적 환기력보다 훨씬 격렬하기 때문이다. 본디 '칼집'을 가리켰던 라틴어 '바기나'에서 온 '버자이너'는, 그 뜻에서나 정서적 울림에서나, 한자어 '질(膣)'에 가깝다. 'ㅂ'가 한국어에서 전형적 금기어인 데 비해, '버자이너'는 영어에서 금기의 정도가 'ㅂ'보다 현저히 약하다. 가리키는 부위도 다르고 정서적 울림도 다른 '버자이너'를 'ㅂ'로 옮긴 것은, 그러므로 (아마 의도된) 오역이다.*

성기 이름은, 성행위나 배변 등과 관련된 말과 함께, 많은 자연언어에서 금기어에 속한다. 그것은 욕설에나 사용될 뿐 여느 자리에선 에둘러 표현되는 것이 예사다. 많은 문화권에서 이런 행위나 신체 부위를 은밀한 것으로 판단했기 때문일 테다. 20세기 영어권의 어떤 세대는 이런 금기를 해체하는 것이 인간해방에 기여한다고 판단했다. 그래서 이 젊은이들은 성행위나 배변과 관련된 소위 '4자 속어(four-letter words)'를 과감히 사용했다. 예컨대 fuck, shit, cock, cunt, piss, dick 같은 말들이다. 전형적인 욕설이 우연히 네 글자였던 스페인어권 (puta: '갈보')에도 '4자어'라는 표현이 퍼졌고, 영어의 shit('똥')에 해당하는 표현이 merde인 프랑스어권에서는 '5자어'라는 표현이 생겼다. 이런 '4자어'나 '5자어'를 공중 앞에서 당당히 사용하는 것이 이들에게는 인간해방투쟁이었다. 금기어라는 것은 일종의 억압이므로, 말을 해방시킴으로써 의식을 해방시키겠다는 이들의 생각에 일리가 없는 것은 아니다.

그런데 그런 금기어의 공민권 회복을 통한 욕설의 일상화는 '중독'의 징표일 수도 있다. 그런 욕설에 한번 맛을 들이면, 욕설 없이는 말을 못 하게 되고 욕설의 강도가 점점 세져야 직성이 풀린다. 욕설이든 포르노그래피든 도박이든 약물이든, 모든 중독은 해롭다. 그것이 인간의 자유의지를 위협하기 때문이다. 중독은 또 다른 억압인 것이다. 금기의 극단적 해체는 인간정신의 해방에 기여한다기보다 해리 (解離)에 기여한다.

나는 금기라는 것이, 부분적으로는, 다른 동물과 구분되는 인간의 기품과 관련돼 있다고 믿는다. 꼭 비윤리적인 일이 아니더라도, 혼자서나 단둘이 은밀히 해야 할 일이 있다. 배변도 그렇고, 섹스도 그렇고, 코 후비는 일도 그렇다. 그것이 인류 문화와 문명의 지금 단계가 인류에게 추천하는 방식이다. 물론 역사의 어떤 단계엔 그런 일을 공개적으로 하는 것이 자연스러운 시절도 있었고, 지금도 어떤 문화권에서는 그렇다. 또 문화와 문명의 한 측면이 억압인 것도 사실이다. 그런데 그런 억압을 해체한답시고 제 '사생활'을 꼭 만천하에 공개해야 할까?

한때는 사적인 자리에서나 할 수 있었을 금기어가 공석(公席)의 국회의원 입에서도 나오고, 심지어 신문에까지 활자화되는 시대가 되었다. 이 난만한 자유민주주의 시대에, 그런 입을 강제로 막자고 할 수는 없다. 그렇지만 일제 때의 독립투사라도 되는 표정으로 그런 '언어해방운동'을 벌이는 자들을 보면 눈살이 찌푸려진다. 사람들 모아놓고 제 코를 후비거나 배변을 하는 것 같아 불쾌하다. 그것은 해방된 자가 아니라 중독된 자의 모습, 정신이 풀려나간(解離) 자의 모습이다. 내가 점점 보수주의자가 돼가나 보다. (06/10/05)

---

* 나는 이 공연을 한국어로 보았다. 그런데 영어로 된 원작 대사에선, 표제에서와는 달리, 한국어 'ㅂ'가 그와 비슷한 의미값을 지닌 4자 속어로 표현된다고 한다. 그러니까 『버자이너 모놀로그』에서 대사의 4자 속어를 'ㅂ'로 옮긴 것은 오역이 아닌 셈이다. 그 사실이 이 글의 취지를 크게 비틀 것 같지는 않아, 그냥 놓아두었다.

인문학의 위기?

또다시 인문학의 위기가 왔다고 한다. 잊을 만하면 되풀이되는 이 '인문학 위기' 담론은 많은 논점을 생략한 채 자족적으로 선포되는 일이 예사다. 그 누락된 논점들 가운데 몇 개만 엿보자. 우선, 흔히 '문사철(문학, 역사학, 철학)'로 압축되는 인문학은 다른 분과학문들보다 내재적으로 더 가치 있는 학문인가? 6세기 한반도의 세 나라 국경을 획정하는 일이 DNA 분자구조를 해명하는 일보다 더 가치 있다고는 누구도 자신 있게 말할 수 없을 테다. 인문학이라는 것의 개념과 경계도 흐릿하다. 손쉽게, 인문학을 인간 자체를 탐색하는 학문이라 정의해보자. 그럴 경우 인간의 DNA 분자구조를 해명하는 일이야말로 인문학의 일감이다. 그렇다면 다시, 인문학은 인간의 '정신세계'를 탐색하는 학문이라 정의해보자. 그 경우에도, 철학이나 문학 연구보다는 뇌신경학이나 인공지능 연구 쪽이 인문학의 목표에 더 적합하다.

소위 자연과학의 인간 탐구 방식은 소위 인문학의 그것과 너무 달라 이를 나란히 견줄 수 없다는 반론이 나올 수 있겠다. 그렇다면 인문학자들이 더러 경멸의 눈길을 건네는 경영학은 어떤가? 경영학의 인사관리론이야말로 인간 정신세계에 대한 섬세한 탐색의 결실이다. 인문학은 경영학 같은 응용학문이 아니라 기초학문이라고? 그 경우에, 인문학자들은 제 영역을 사회과학과 명확히 구분해야 하는 난제에 부딪친다. 이를테면 심리학처럼 인간 존재에 밀착된 기초과학은 인문학인가, 사회과학인가? 하나마나한 대답이 있다. 심리학과가 문과대학(인문대학)에 속해 있으면 인문학이고, 사회과학대학에 속해 있으면 사회과학이라는.

이 모든 난점을 해결해도, '교배'와 '해체'의 문제가 남는다. 18세기 한국 경제 연구는 인문학(역사학)의 일감인가, 아니면 사회과학(경제학)의 일감인가? 역사학자가 연구하면 인문학이고 경제학자가 연구하면 사회과학인가? 대뜸, 접근 방법이 다르다는 대답이 나올 것이다. 이를테면, 월러스틴을 빌려와, 경제학자의 18세기 경제 연구는 '법칙정립적' 사회과학이고, 역사학자의 18세기 경제 연구는 '개성기술적' 역사학이라는 식으로 말이다. 그런데 그 둘은 실천 수준에서 늘 뚜렷이 구분되는가? 사학과 교수 김용섭의 『조선후기농업사연구』는 '개성기술적'이고, 경제학과 교수 이영훈의 『수량경제사로 본 조선후기』는 '법칙정립적'인가?

그렇게 또렷이 구분된다는 것 자체가 믿기 어렵지만, 그것이 설령 사실이라 하더라도 지금 거론되는 인문학 위기는 인문대학의 위기, 인문대학 교수의 위기를 에둘러 말하는 것 같다. 한국 인문학 수준이 날로 쇠퇴해간다는 증거가 없을 뿐만 아니라, 법과대학의 법철학자, 의과대학의 의사학자(醫史學者), 언론학과의 기호학자들은 '인문학 위기'를 거론하지 않고 있으니 말이다. 인문학 위기는 인문대학 지망생들의 감소에 따른 인문대학 교수들의 존재론적 위기인 것이다.

그런데 인문학을 살려야 한다는 주장은 서로 모순되는 논거를 동시에 취한다. 학문이 시장원리에 휘둘려서는 안 된다는(돈벌이와 관련된 학문만 해서는 안 된다는) 명제와, 인문학이야말로 시장 친화적이라는(인문학이 제대로 돼야 돈이 벌린다는) 명제다. 최근에도 이런 모순되는 말이 한 인문학 교수 입에서 나오는 걸 듣고는 쓴웃음을 짓지 않을 수 없었다. 아무래도 논리학은 인문학이 아닌 모양이다.

시장이 인문학에, 정확히는 문과대학에 그리 호의적이지는 않아 보인다. 그런데 한국의 문과대학은 시장보다 나은가? 제대로 작동하는 시장에서라면 마땅히 해체됐을 내부의 온갖 봉건적 권력관계와 연줄 문화에 포박돼 있지 않은가? 문과대학을 포함해 한국 대학은 대체로 시장 이전에 있다. 다시 말해 시장에 미달한다. 대학이 시장 너머로 나가려면 우선 시장을 통과해야 한다. 시장은 적어도 자신의 존립 근거인 '합리성'으로 대학을 지금보다는 민주화할 수 있다.

(06/09/21)

30000분 토론을 축하하며

시사교양 프로그램들만을 놓고 본다면, 나는 공중파 방송사 가운데 MBC에 끌리는 편이다. 세상을 바라보는 눈에서도 그렇고, 프로그램의 맵시에서도 그렇다. 물론 세계관이나 스타일에서 한 방송사가 한 신문사만큼 내적 동질성을 보이는 것 같진 않다. 그것은 방송사의 덩치가 신문사보다 사뭇 크다는 사실과 관련 있을 테다. 또 대개가 민영인 신문사들에 견주어, 공영 방송사나 준(準)공영 방송사에서는 구성원들의 통제가 더 느슨할 수밖에 없다는 사정과도 관련 있을 테다. 그렇지만 민영인 SBS의 경우에도, 시사교양 프로그램의 세계관과 스타일이 한 신문의 기사들만큼 획일적이진 않은 것 같다. 이를테면 이 방송사의 〈그것이 알고 싶다〉나 〈세상에서 가장 아름다운 여행〉 같은 프로그램은, 평소의 보수적 입장을 속죄라도 하려는 듯 소수자의 처지에 눈길을 건네며 설핏 진보적 감성을 내비친다.

그러나 전반적으로, 내 감수성은 MBC 프로그램들에 친화적이다. 그렇게 마음을 주고 나서 생긴 편견 탓이기 쉽겠지만, KBS에서 내보내는 비슷한 성격의 프로그램과 비교해도 MBC 쪽이 더 본때 있어 보인다. 이를테면 〈추적60분〉보다 〈PD수첩〉에, 〈취재파일 4321〉보다 〈시사매거진 2580〉에 더 마음이 끌린다. 〈심야토론〉과 〈100분 토론〉을 견주어도 그렇다.

〈100분 토론〉이 지난주에 300회를 맞았다. 그 가운데 200회를 지금 사회자인 손석희 씨가 진행했다고 한다. 역사는 KBS의 〈심야토론〉 쪽이 더 길지만, 내겐 토론 프로그램 하면 대뜸 〈100분 토론〉이 떠오른다. 내가 전문 모니터가 아니라 평범한 시청자이다 보니, 아무래도 진행자의 태(態)에 휩쓸렸는지도 모르겠다. 돌아간 경제학자 정운영 씨나 지금 복지행정을 이끌고 있는 유시민 씨도 제 나름의 개성을 지니고 이 프로그램을 무난히 이끌었다. 그러나 이 프로그램에 두드러진 매력을 부여한 이는 손석희 씨가 아닌가 싶다. 지난주 토론을 보니 그는 '얼음왕자'라는 별명을 지닌 모양인데, 그것을 그의 진지함과 공정성에 대한 찬사로 해석해도 좋을 것이다. 토론의 흐름이 곁길로 새지 않도록 적절히 제어하면서도 패널이나 시청자에게 깍듯한 예의를 갖춘다는 점에서, 그는 특급 사회자다.

지난주 〈100분 토론〉의 주제는 'TV토론을 토론한다'였다. 이 프로그램에 가장 많이 출연했다는 정치인을 포함해 패널 다섯 사람이 나와 토론을 토론했다. 새겨들을 말이 많았다. 소수자들에게 말할 자리를 마련해주는 것은 민주주의의 바탕이라는 것, 토론은 근본적으로 싸움이고 싸움에서 이기려 애쓰는 것은 당연하나 그 승패를 판정하는 것은 시청자 곧 대중 일반이라는 것, 그래서 토론자가 설득해야 할 대상은 반대 토론자가 아니라 시청자라는 것, 어떤 토론도 그 현장에서 결론이 나는 일은 없지만 그 토론을 지켜보는 사람들은 제가끔 자신의 결론을 얻게 된다는 것.

토론자들도 지적했듯, 〈100분 토론〉의 주제 가운데 정치 분야가 압도적으로 많게 된 것은 정치가 한 공동체 내부의 갈등을 가장 집중적으로 표현하고 있기 때문일 테다. 어떤 쟁점이 겉보기에 경제적인 것이든 문화적인 것이든, 그것은 근본적으로 정치로 수렴될 수밖에 없다. 무릇 갈등은 권력이나 사랑까지를 포함한 유·무형의 재산을 어떻게 분배할 것인가를 놓고 생겨나게 마련이고, 그 분배의 기술이 바로 정치이기 때문이다.

문명화의 한 측면은 칼싸움이나 총싸움으로 해결하던 갈등을 말로 해결하게 되었다는 점일 테다. 물론 우리는 21세기 들어서도 무시무시한 규모의 폭력을 통한 갈등 해소 시도를 목격하고 있지만, 그것이 말에 기대는 문명의 회로에서 일탈할 구실은 되지 않는다. 〈100분 토론〉은 말을 통한 갈등 해결이라는 문명의 길을 닦는 데 일정하게 이바지해왔다. 이 프로그램의 장수를 빈다. 그리고 지난주 토론에서도 여러 차례 지적됐듯, 방영 시간을 자정 이전으로 앞당겼으면 한다. (06/09/07)

추미애 생각

세 해 전 민주당이 쪼개졌을 때 추미애 전 의원이 분당파를 좇아 열린
우리당에 둥지를 틀었다면, 그의 정치적 운명은 크게 달라졌을 것이
다. 그는 무난히 3선 의원이 됐을 테고, 정치를 함께 시작한 몇몇 동료
들이 그랬듯 17대 총선 후보공천 과정에 개입해 제 사람들을 당에 심
을 수도 있었을 테고, 십상팔구 자신의 이력서에 국무위원 경력 한 줄
을 보탤 수 있었을 게다. 그러나 그는 민주당에 남았고, 대통령 탄핵
소추의 맞바람이 모든 쟁점을 삼켜버린 2004년 4 · 15총선에서 무명
의 정치 신인에게 졌고, 미국으로 건너가 국제관계에 대한 안목을 키
우며 두 해를 보냈다. 그리고 열흘 전 귀국했다.

  3선에 실패한 것은 정치에 발을 담근 이래 그가 겪은 첫 좌절이
었겠지만, 17대 국회에서 배제돼 있었다는 사실이 그의 정치 역정에
궁극적으로 마이너스가 될지는 알 수 없다. 총선 뒤 승승장구한 그의
옛 동료들의 지금 처지를 보면 더욱 그렇다. 지난 대통령선거 전날 추

전 의원과 함께 노무현 후보에 의해 차차기 대통령감으로 거론됨으로써 정몽준 의원의 노 후보 지지 철회 선언을 가져오게 한 정동영 전 의원은 우리당의 실세 당의장으로서, 국가안전보장회의 상임위원장 겸 통일부 장관으로서 달디단 한 시절을 보냈지만, 오늘날 그의 정치적 미래를 장밋빛으로 그리는 사람은 거의 없다. 복지부 장관을 지낸 김근태 우리당 의장이나 '실세 총리'로 군림했던 이해찬 의원의 경우도 마찬가지다.

이들의 정치적 미래에 드리워진 그늘은 노 대통령의 그늘이다. 대통령과의 친소에선 차이가 있지만, 이들은 모두 정치인 출신 국무위원으로서 노 대통령과 참여정부의 정치적 파산에 대해 책임을 면할 수 없다. 국무위원 해본 것으로 만족하고 이쯤에서 마음을 비우지 않는 한, 이 경력은 이들의 정치 역정에 가볍지 않은 짐으로 남을 것이다. 대통령과의 인연으로 중앙정치에 발을 들여놓은 뒤 '거물'로 자란 유시민 복지부 장관이나 김두관 전 행자부 장관에게도, '노무현 표'는 부채로 남을 것이다.

반면에 추 전 의원에게는 이런 부채가 없다. 세간에 알려진 대로 여권 핵심부와 추 전 의원 사이의 관계가 원만해졌다 해도 마찬가지다. 그는 기존 지지자들을 내침으로써 새 지지자를 얻겠다는 (결과적으로 실패한) 정치공학에 가담하지 않은 원칙주의자로 남았고, 그 결과 민주화 시동 이후 가장 뻔뻔한 정권으로부터 비껴 서 있게 됐다. 그것이 추 전 의원에게 적극적 자산이 되지는 않을지라도, 적어도 부채가 되지는 않을 것이다.

추미애라는 이름은 4·15총선이 제도권 정치 뒤꼍으로 내몬 숱한 이름들 가운데서 아직도 다수 유권자들의 뇌리에 깊이 박혀 있는 드문 이름이다. 그의 복귀를 바라는 여론이 제법 두터운 것은 정치에 발을 들여놓은 이후 그가 일관되게 보여준 원칙적이고도 합리적인 몸가짐 때문일 것이다.

권력 핵심부 바깥에 있던 시절 원칙과 합리성으로 누구보다도 큰 매력을 뿜어냈던 정치인 노무현이 지난 3년 반 세월 동안 생뚱맞은 행동거지와 거듭된 실정으로 '개혁'이라는 말을 웃음거리로 만들어버린 바로 그 사람이라는 것을 생각하면, 또 다른 정치인 아무개에게 어떤 기대를 건다는 것이 부질없게 여겨지기도 한다. 사실 한 사회를 합리성의 레일 위에서 조금씩 앞으로 떠미는 일이, 정치인이든 뭐든 어떤 개인들의 의지만으로 이뤄질 수 있는 것은 아닐 테다. 그 개인들 역시 구조 속의 개인들일 테니 말이다.

그러나 지금 우리가 구조라고 부르는 것의 견고함을 평생 강조한 19세기 논객이 어느 대목에서 정색을 하고 우리에게 상기시켰듯, 역사를 만들어가는 것은 결국 사람 개개인이다. 그 개개인은 구조의 제약 속에서 움직이면서 그 구조를 바꿔 나간다. 정치인 추미애가 구조에 적응하며 구조를 갱신하는 창조적 소수에 속했으면 한다. 그의 귀국을 환영한다. (06/08/24)

아내의 언어로

토요일 오후의 내 텔레재핑은 KBS 1 텔레비전의 〈러브 인 아시아〉 앞에서 처음 멈춘다. 〈러브 인 아시아〉는 국제결혼한 부부들의 삶을 조명하는 프로그램이다. 그 제목에서 드러나듯, 여기 출연하는 외국인 배우자는 아시아 지역에서 온 이들이다. 경제 형편이 우리보다 어려운 아시아 나라들 말이다. 더러 놓친 적도 있어서 잘라 말할 수는 없으나 대체로 아내 쪽이 외국인이고, 이들 외국인 아내는 남편보다 나이가 훨씬 적으며, 이들 가족이 사는 곳은 농촌이거나 소도시다. 최근 10여 년 사이에 급물살을 타고 있는 국제결혼의 표준적 양태를 반영한 것이겠다.

　〈러브 인 아시아〉에 등장하는 부부들은 금실 좋은 부부들이다. 적어도 브라운관에 비친 모습은 그렇다. 서로 다른 문화 배경을 지닌 여자와 남자가 만나 화목한 가정을 이루는 것이 쉽지는 않을 테니, 깊은 갈등을 겪고 있는 국제결혼 부부도 많을 것이다. 그런 부부들을 왜

조명하지 않느냐고 〈러브 인 아시아〉 제작진을 탓할 수는 없다. 〈러브 인 아시아〉는 〈추적 60분〉도 아니고, 〈취재파일 4321〉도 아니니 말이다.

그러나 이들 외국인 여성들은, 행복한 표정으로 방송국 스튜디오에 앉아 있기는 해도, 보기에 어쩔 수 없이 안쓰럽다. 대개 시댁 살림형편이 매우 어려운 터라, 이들은 육아와 가사 말고도 남편 못지않은 노동을 해내야 하는 경우가 많다. 몽골 출신 여성들을 제외하곤 외모에서 단박 외국인 티가 나니, 한국 사회의 무지막지한 인종주의에도 적잖게 시달릴 게다. 아이들이 꽤 자라면, 이 어머니들은 이제 그들을 돌볼 능력이 없다. 한국어가 아이들에게 달리기 때문이다. 아이들 학교 공부를 도와주는 일은 상상도 할 수 없다. 그러다 보면 이 여성들은 가족 가운데 유일한 '이방인'이 되기 십상이다. 그렇다고 고향의 가족을 보러 훌쩍 날아갈 수 있는 것도 아니다. 이 프로그램에 출연한 외국인 여성들은 한국에 온 이래 한 번도 고향엘 가보지 못한 경우가 대부분이다. 이들은 방송 출연을 계기로, 다시 말해 방송사의 지원으로, 처음 고향엘 다녀오게 된다.

〈러브 인 아시아〉를 보다 보면, 아내와 함께 출연한 한국인 남편에게 문득 화가 날 때가 있다. 딸뻘 되는 나이의 여성과 결혼했다 해서 화가 나는 것은 아니다. 살림이 아무리 어렵기로서니 아내에게 친정 나들이 한번 못 시켜주나 하는 생각에 한국 남자로서 낯이 뜨거워지기도 하지만, 그만한 사정이 있겠거니 하고 넘길 수도 있다. 아내에게 육아와 가사노동에다가 경제활동의 짐까지 지우는 것 역시, 적잖은 한국 여성들 처지도 그렇지 뭐 하는 내 남성이기주의로 못 본 체할 수도 있다. 사실, 이들 한국인 남편들이 적령기를 훨씬 넘겨서야 외국인 여성과 결혼하게 된 데나 그 뒤에도 애옥살이에서 벗어나지 못한 데는 당사자 개인의 책임만이 아니라 사회의 책임도 있다.

그렇지만 아내가 그렇게 힘겹게 한국어를 익히는 걸 옆에서 보면서도 아내의 모국어를 조금이라도 배워볼 생각을 하지 않는 것에는 화가 치민다. 이 남자들은 자기 아내가 줄곧 써왔고 아마도 죽을 때까지 잊지 않을 언어에, 자기 아이들의 엄마가 가장 편안해 하는 이방 언어에 손톱만큼의 호기심도 없는 것일까? 그런 호기심도 없는 '사랑'이란 도대체 뭘까? 이런 둔감함은 사회 책임도 아니고, 외국어 약간 익히는 데 대단한 시간과 노력이 필요한 것도 아니다. 바로 자기 아내가 '원어민 선생' 아닌가?

내 아내가 외국인이 아니고 내 일상이 그 한국인 남편들만큼 바쁘진 않을지도 모르니, 말하기가 조심스럽긴 하다. 그렇지만 서툴고 어색한 대로 베트남어 몇 마디를, 타갈로그어 몇 구절을, 몽골어 몇 문장을 자기 아내에게 매일 건네는 한국인 남편을 보고 싶다. 그리고 남편의 그 서툴지만 가장 사랑스러운 언어 속에서 행복해 하는 외국인 아내들을 보고 싶다. (06/08/20)

정치는 수사 修辭라지만

"국민의 대지 위에 따뜻한 봄 햇살을 비추고 입을 맞추어야 한다." 정동영 열린우리당 의장이 지난달 노무현 대통령을 만난 자리에서 이해찬 당시 총리의 경질을 건의하며 했다는 말이다. 좋은 말이다. 그러나 좀 부자연스러워 보이는 말인 것도 사실이다.

정 의장의 속생각을 캐자는 게 아니다. 진심을 담아 한 말이었으리라 믿는다. 내 주의를 끈 것은 정 의장의 수사학이다. 말로 하는 대화에까지 고개를 들이미는 그의 수사학 말이다. 글이나 대중연설에 저런 말이 나왔다면, 그러려니 여길 수도 있겠다. 그러나 정 의장이 이 말을 한 것은 대통령과 얘기를 나누면서다.

그가 대통령을 만난 자리엔 이병완 대통령 비서실장만 배석했다고 한다. 그러니까 거의 '독대'라고 할 수 있는 은밀한 자리다. 이런 자리에서 저런 장식적 화법을 쓰고 있는 정 의장을 상상해보라. "대통령님! 국민의 대지 위에 따뜻한 봄 햇살을 비추고 입을 맞추어야 합니다!" 부교감신경계에 탈이 난 사람이 아니라면, 웃음을 참을 수 없을 것이다.

정 의장은 대통령 한 사람이 관객인(이병완 실장까지 포함시켜도 관객이 두 사람뿐인) 무대에서 연극을 했거나 연설을 한 것이다. 여느 사람이라면 저런 자리에서 이렇게 말했을 것이다. "대통령님, 여론을 따라야 합니다." 이 말이 정 의장 말보다 한결 깔끔하고 또렷하지 않은가? 정 의장은 왜 깔끔하고 또렷한 표현 대신 장식적이고 아리송한 표현을 썼을까?

가능한 추론은 둘이다. 첫째는 정 의장 말투가 원래 그럴 가능성이다. 둘째는 그 말을 대통령에게 한 것이 아니라, 이 전 총리한테 화가 난 유권자들에게 했을 가능성이다. 대통령과 만난 뒤 우상호 당 대변인을 통해 이 말을 기자들에게 널리 알린 걸 보면, 두번째 추론이 더 그럴듯하다. 그러니까 정 의장은 대통령 집무실을 무대(연단)로 삼아 유권자들을 향해 공연(대중연설)을 한 것이다.

어쩌면 둘 다일지 모른다. 11년 전 서울 삼풍백화점 붕괴 현장에서 진지하고 공감 어린 진행으로 시청자들의 눈시울을 적신 일급 방송 앵커 출신 정치인답게, 다중을 염두에 둔 감성적·장식적 발언은 정 의장에게 제2의 천성인지도 모른다. 유권자들도 정 의장의 이런 수사 취향에 어느 정도는 익숙해져 있다. 그리고 이 천성은 정치가 쇼비즈니스로 변한 이 오디오-비주얼 시대에 북돋아야 할 정치적 재능인지도 모른다. 그러나 이렇게 알맹이가 빈약한 감성적 발언들이 우리 사회의 정치담론 수준을 초급 수사학 교실에 묶어두고 있는 것도 사실이다. 정치적 언설은 많은 부분을 수사학에 의지하게 마련이지만, 좀더 세련되고 성찰적인 수사학을 보고 싶다.

물론 알맹이 없는 구호에서 정 의장에게 결코 지지 않을 사람들이 한나라당에는 수두룩하다. 제게 정치적으로 불리하다 싶은 일만 생기면 난데없이 '국가정체성'을 되뇌는 이들을 보면, 내 어린 시절의 고장난 라디오가 떠오른다. 전류는 흐르는데 주파수 동조가 잘 안 돼 지지거리기만 하는 고물 라디오 말이다. 이들은 '국가정체성 수호'를 외칠 뿐 그 국가정체성의 실속이 무엇인지는 살갑게 알려주지 않는다. 입만 열면 '민생'을 외치면서도, 어려운 이들을 돕기 위해 부자에게 세금을 더 걷는 데는 결사반대다. 이들은 슬로건의 속살을 여권에 대한 독설로 채운다. 말이 독설이지 이들의 언동은 인격 살해에 가깝다. '치매'니 '등신'이니 하는 말이 예사다. 우리 사회가 이만큼이라도 민주화돼 '말의 자유'를 누릴 수 있게 됐구나 하는 자기위안이 무참할 정도다.

　　세계 정치사에서 장식적 말투나 독설은 주로 좌파 세력의 기호품이었다. 지금 한국에선 이런 수사학에 맛을 들인 사람들이 주류우파 정치권에 주로 포진해 있다. 유일한 원내 좌파 정당인 민주노동당 의원들의 발언이 외려 덜 장식적이고 더 기품 있는 것은 우리 정치지형의 앞날에 축복일까, 재앙일까? (06/04/13)

제2부
도린과 제라르를 위하여

삼성, 40년 전과 오늘

1966년 가을 『동아일보』 '횡설수설' 난에는 이런 논평들이 실렸다. 필자는 그 신문사· 논설위원 홍승면(1927~1983)이다.

삼성재벌계인 한국비료회사에서 건설자재를 가장하여 사카린 원료를 밀수입한 사건도 그렇다. 정부기관이 총동원되다시피해 기업체를 두둔하고 감싸는 온정은 곁에서 보기에도 눈물겨울 지경이다. 회사와 관계없는 개인의 소행(재무부), 자수해 왔기에 고발하지 않았다(세관), 일사부재리 때문에 처벌할 수 없다(검찰). 정부기관이 이렇게 일치단결해 특정 기업체를 감싸는 데 열의와 웅변을 다하는 가관은 아마 전무후무한 역사적 현상이겠다.(「대악(大惡)을 두둔 말라」, 1966. 9. 17)

우리나라에는 법의 사각지대가 있는 것인가. 그리고 그 이름은 '대재벌'인가. 국민을 이렇게 우롱할 수가 있는 것일까. 청와대의 한 당국자는 아무 것이나 뒤지면 보수체제 아래서 정부 여당은 물론 야당과 언론까지 다치게 된다고 제 딴에는 사뭇 의미심장하게 말했다지만 이것은 또 무슨 해괴망측한 잠꼬대인가. 보수체제란 무엇인가. 밀수사건을 철저하게 수사하지 못하는 체제가 보수체제인가. 우리가 말하는 보수체제는 민족정기를 보수하고 사회정의를 보수하고 법치주의를 보수하자는 체제지, 결코 부정과 부패와 밀수를 보수하자는 체제가 아니다.(「보수체제와 부패」, 1966. 10. 7)

사카린 밀수 사건을 김기두 (서울대) 법대 학장이 '대단한 것이 아니다' 라고 말한 것도 공인으로서는 말할 수 없는 개인적 견해일 것이라고 문 (홍주) 문교(부 장관)는 논평했다. 다만 서울대학교에서 학생들을 처벌하는 것은 밀수 규탄 때문이 아니라 학교 당국 권고를 무시했기 때문이라고 한다.(「덕육(德育)」, 1966. 10. 27)

당시 한국 사회를 떠들썩하게 한 삼성재벌의 사카린 밀수 사건에 관한 이 논평들은 그로부터 40년이 지난 오늘날 삼성이 한국 사회의 다른 부분과 맺고 있는 관계의 원형을 보여준다. 법을 집행해야 할 정부 기관이나 사회적 지성의 표본이라 할 대학이 그때 이미 삼성과 공모관계에 있었던 것이다. 어디서 본 듯한 상황 아닌가? 그렇다. 달팽이 걸음처럼 더디게 진행돼온 삼성에버랜드 전환사채 헐값 배정 사건에서 법집행 기관이 이건희 회장에게 보여주고 있는 한없는 너그러움이 그렇고, 지난해 이 회장이 고려대 명예철학박사 학위를 받는 자리에서 학생들에게 곤욕을 치르자 총장을 비롯한 그 대학 보직 교수들이 석고대죄라도 하듯 이 회장에게 머리를 조아린 것이 그렇다.

그러나 상황은 1966년보다 훨씬 나빠졌다. 그때만 해도 국가의 힘이 재벌을 압도하고 있었던데다가 박정희 정권이 워낙 폭력적이었던 터라, 정부와의 교감 아래 일을 저지른 이병철 삼성 회장은 사건 책임을 혼자 뒤집어쓴 채 한국비료를 국가에 헌납하고 경제계 은퇴를 선언하는 치욕을 겪어야 했다. 오늘날 이건희 회장에게 그 비슷한 일이 생겨나리라 믿는 사람은 없을 테다. 국민의 대표기관이라는 국회마저 이 회장의 대리인들로 바글거린다.(최근 법사위와 재경위의 행태를 보라!) 정보 회로인 언론기관 역시 이제 삼성의 그늘 아래 있다. 1966년에만 해도, 그 전해에 창간된 『중앙일보』 말고는 몸바쳐 삼성을 보위할 신문은 없었다. 1975년에 비판적 기자를 무더기로 쫓아낸 뒤에도, 『동아일보』는 적어도 80년대까지는 삼성의 불법 행태에 날카로운 펜촉을 겨눈 일이 많았다. 그러나 이 신문은 '주류 속의 비판적 저널리즘'이라는 한때의 영예를 기득권 네트워크의 안온함과 맞바꾼 지 오래다. 다른 자칭 '보수' 신문들은 더 말할 것도 없다.

홍승면이 '법의 사각지대'라 표현한 삼성의 특권은 한국 사회의 공동체 의식과 시민정신을 뿌리째 흔들 수 있다. 법이 사람에 따라 선택적으로 적용된다면, 누가 그 법을 존중하겠는가? 누가 우리 체제를 정의롭다 여기겠는가? 삼성과 그 공모자들은 고귀한 자본주의-자유주의 법치체제를, 정의로운 보수체제를 위협하고 있다. (06/10/30)

이명원이라는 사내

대산문화재단에서 내는 문학계간지 『대산문화』 가을호를 훑다 문학
평론가 이명원 씨의 「그럴 바에야 토굴에나 들어가라」라는 글에 눈이
멎었다. '단재 신채호와의 대화'라는 부제를 단 이 글은 단재가 이명
원 씨에게 보내는 가상의 편지 형식을 취하고 있다. 이 편지의 한 대
목은 이렇다.

나는 문학이란 문장에서 오는 것이 아니라, 그런 문장을 자연스럽게 뿜
어내게 하는 삶에서 오는 것이라고 생각했네. 자네를 포함하여 젊은 문
사들은 글쓰기가 손가락과 키보드에서 오는 것으로 믿고 있는 듯하지
만, 적어도 나는 글쓰기란 '몸쓰기'에 다름아니라는 생각을 하곤 했었
지. (…) 세상의 이곳저곳에 폭탄이 떨어지고 시신이 넘쳐나고 시위와
폭동이 일어나건만, 그것은 브라운관 내부의 사건일 뿐이지 자네들의
몸을 움직이게 하지는 않는 것 같아.

상상 속 단재의 목소리를 빌려 개진되기는 했으나, 이 견해는 기실 이명원 씨 자신의 문학관일 테다. 그러니까 '자네를 포함하여'라는 표현은 (단재의 배후에 있는 이명원 씨의) 의뭉스러운 겸사일 테다. 이것이 별난 견해는 아니다. 문학과 삶의 일치, 글쓰기와 '몸쓰기'의 일치는 어떤 문학관의 오래된 이상이었다. 나로서는 이런 견해가 좀 불편하기는 하다. 나는 글쓰기가 손가락과 키보드에서 나올 수도 있다고 믿는 축에 든다. 문학이 삶을 고스란히 실어 날라야 하는지도 미심스럽다. 그러나 나와 이명원 씨의 생각 차이는 이름에 있을 뿐 실체에 있지 않다. 나 역시, 이명원 씨처럼, 글쓰기와 '몸쓰기'의 일치를 아름다운 이상으로 여기고, 거기 다가가려는 노력을 고귀한 실천으로 기린다. 내가 이명원 씨와 생각을 달리하는 점은, 그런 실존적 구속에 꼭 '문학'이라는 이름을 붙여야 하는가에 대해서다. 나는 '문학이라는 이름'을 좀 헐겁게 놔두고 싶은 것이다.

이명원 씨가 자신이 교수로 재직하던 서울디지털대학으로부터 이번 학기에 재임용 해지 통보를 받았다. 학교가 밝힌 재임용 탈락 사유는 '평소 행동의 부적절함'과 '일간지 칼럼 등을 통한 학교 명예 훼손'이라고 한다. 이명원 씨는 학내 인터넷 게시판과 신문 지면을 통해 서울디지털대학의 학내 비리 문제를 비롯해 대학 문화 일반에 대한 비판적 견해를 몇 차례 밝힌 바 있다. 학교 쪽은 이명원 씨의 이런 비판적 글쓰기를 '부적절한 행동'이자 '명예훼손'으로 판단한 것이다. 교비 횡령과 등록금 담보 제공 등의 '부적절한' 관리 운영을 교육부한테서까지 지적받은 학교가 이를 시정하려는 노력을 '부적절하다'고 판단한 것이 얄궂다.

이명원 씨가 '부적절한 행동'으로 '명예훼손'을 한 것은 이번이 처음은 아니다. 원로 문학사가 김윤식 씨가 한국 근대문학을 해석하는 틀과 언어에, 어느 일본 비평가가 일본 근대문학을 해석하는 틀과 언어의 그림자가 짙게 드리워져 있음을 그는 수년 전 지적한 바 있다. 그가 대학원생일 때다. 이 청년 비평가의 조심스러운 지적은 한국 대학사회의 혈연적 봉건성을 거스르는 '부적절한 명예훼손'이었고, 그래서 '스캔들'이 되었다. 이명원 씨는 '역린'을 건드린 벌로 그 뒤 대학사회에서 고립되었다. 그 사태와 관련해 내가 김윤식 씨에게 특별히 유감스러운 것은, 사소하다면 사소하다 할 '표절'이 아니다. 정녕 유감스러운 것은 자신의 직계 제자들이 이명원 씨를 들입다 박해하는데도 그가 이를 방치했다는 사실이다. 그것은 한국 근대문학 연구의 좌장답지 않은 처신이었다. 그는 일급 학자답지 못했던 것 이상으로 어른답지 못했다.

이명원 씨의 처지를 과장해 동정하는 것은 내 분수를 모르는 짓일 테다. 그는 '배제된 사람들'의 일원이지만, 지닌 것이 적지 않다. 여느 '배제된 사람들'에 견주어 배움도 많고 신념도 튼튼하다. '몸쓰기'로 수렴하는 그의 글쓰기가 번듯한 인문(삶-언어!)의 성채로 완성되길 빈다. 다시 생각해보니, 그의 문학관이 옳은 것도 같다.

(06/09/14)

삼성, '부드러운 공산혁명'의 전위당?

1994년 실비오 베를루스코니가 네오파시스트들까지를 망라한 우익 연정을 통해 처음 이탈리아 총리가 됐을 때, 그 나라의 어느 신문은 아이러니로 그득 찬 칼럼을 하나 내보냈다. 취지는 대략 이랬다.

　"나는 베를루스코니가 지은 아파트에 산다. 집안의 전자제품들은 죄다 베를루스코니가 소유한 할인매장에서 산 것들이다. 텔레비전을 켜면 채널을 이리 돌려도 저리 돌려도 베를루스코니가 경영하는 방송사들뿐이다. 그 방송사들에선 베를루스코니가 구단주인 'AC밀란'의 축구경기를 줄기차게 보여준다. 텔레비전 보기가 지겨워 영화관을 찾자니 온통 베를루스코니가 소유한 영화관뿐이고, 그 영화관에서 상영하는 영화들은 베를루스코니가 제작한 것들뿐이다. 서점엔 베를루스코니 계열 출판사들의 잡지와 단행본이 넘쳐난다. 내가 사용하는 것 가운데 베를루스코니 것 아닌 게 뭘까? 아, 이 몸뚱어리 하나는 내 것이군."

베를루스코니가 집권하기 전부터, 이탈리아는 이미 '베를루스코니 공화국'이라 불리고 있었다. 이탈리아인들의 삶 자체가 그 나라 최고 부자 베를루스코니의 경제적·문화적 망 바깥에서 이뤄질 수 없었기 때문이다. 그런데 그 베를루스코니가 마침내 정치권력까지 움켜쥐게 된 것이다. 그 칼럼은 이렇게 끝난다.

"베를루스코니가 마침내 국가가 되었다. 적잖은 이탈리아인들이 오래도록 꿈꾸던 공산혁명이 성취됐다. 내 몸뚱이 말고는 사유재산이 없잖아. 모두가 국가의 것이니. 베를루스코니 서기장 동지 만세!"

이탈리아 사회에 드리워진 베를루스코니의 그림자와 한국 사회에 드리워진 삼성그룹의 그림자 가운데 어느 쪽이 더 짙은지를 판단하기는 쉽지 않다. 얼핏, 삼성 쪽이 더 옅어 보이는 측면이 둘 있다. 우선, 삼성은 1980년 언론통폐합 때 공중파 방송(TBC)을 잃은 뒤 이를 되찾지 못하고 있다. 그러나 이건 결국 시간 문제가 아닌가 싶다. 게다가 삼성은 신문·출판·인터넷 시장을, 꼭 직접적 방식이 아니더라도, 움켜쥐고 있다. 둘째, 삼성은 베를루스코니와 달리 정치권력을 아직 장악하지 못했다. 그러나 오직 겉보기에만 그럴 뿐이다. 오늘날 대한민국의 정치권력은 삼성에 저항하지 못한다. 아니, 사실은 저항하지 않는다. 행정부에도 입법부에도 사법부에도 삼성 인맥이 실핏줄처럼 퍼져 있기 때문이다. 삼성은 베를루스코니처럼 요란스럽게, 반대파들의 목소리가 울려 퍼지는 가운데 정치권력을 움켜쥐지 않는다. 삼성은 정치권력의 뒤에 있거나 거기 스며들어 있을 뿐이다.

그래서, 삼성이 소유한 공중파 방송이 없다는 것과 이건희 씨 집안의 누군가가 아직 청와대 주인이 되지 못했다는 것은 삼성의 '한국 경영'에 별다른 장애가 되지 않는다. 그리고 그밖의 점에서, 삼성은 베를루스코니가 이탈리아를 쥐락펴락해온 것 이상으로 대한민국을 쥐락펴락하고 있다. 내 방만 해도 삼성 라벨이 이 구석 저 구석에서 내 '물질적 · 상징적 자부심'을 북돋우고 있다. 재벌이라고 다 같은 것이 아니다. 오직 삼성만이 주요 프로스포츠의 타이틀 스폰서고, 오직 삼성만이 한국 자본주의를 대표한다.

예찬자들이 내세우는 자본주의의 가장 큰 장점은 '경쟁'이다. 그리고 그 경쟁은 '규칙을 따르는 경쟁'이다. 그 경쟁의 대척 개념이 독점이다. 그런데 지금 삼성은 자본주의의 핵심 가치인 '경쟁'에, '규칙을 따르는 경쟁'에 우호적일까? 확신이 서지 않는다. 만약에 삼성이 '규칙을 따르는 경쟁'에 비우호적이라면, 삼성의 존재는 한국 자본주의의 앞날을 위해서도 불길하다. 서양 격언에 따르면 권력은 부패하게 마련이고, 절대권력은 절대적으로 부패한다. 그리고 여기서 권력은 꼭 좁은 의미의 제도적 정치권력만을 뜻하는 게 아니다. 한국인들은 제 몸뚱어리 말고는 온통 삼성 것인 사회 쪽으로 조금씩 발길을 내딛고 있는 것 같다. 그리고, 이른바 'X-파일 보도 사건'에서 보듯, 그제 몸뚱어리마저 '삼성당'의 뜻에 어긋나게 사용해서는 안 되는 사회로 걸어 들어가고 있는 것 같다. 이것은 '부드러운 공산혁명'의 시작일까? (06/08/22)

투표

대선 후보 합동토론회에 나온 권영길 씨는 다섯 해 전과 다름없었다. 논리 전개는 허술했고, 음절 경계는 흐리터분했다. 그 알아듣기 힘든 언어는 게다가 구체성의 살을 발린 채 관념의 뼈대로 앙상했다. 동문 서답도, 썰렁한 유머도 여전했다. 요컨대 권영길 씨는 다섯 해 전처럼 공부 없이, 준비 없이 토론에 나온 것이 분명했다. 그 배짱이 그를 설 핏 신참자 이명박 씨와 닮아 보이도록 했다. 아무런 사전정보나 선입 견 없이 토론을 지켜본 사람이라면, 권영길 씨와 이명박 씨를 우등생 넷 사이에 낀 열등생들로 판단했을 것이다. 끝끝내 텔레비전 토론을 거부한 채 대통령이 된 김영삼 씨가 텔레비전 토론이라는 것을 했다면, 아마 권영길 씨나 이명박 씨 식으로 해치웠을 것이다. 메떨어진 억양과 빈약한 가용어휘로 말이다. 그러니 민주노동당에 미련이 남아 있는 사람들이, 그 자리에 권영길 씨가 아니라 심상정 씨나 노회찬 씨가 앉았다면 얼마나 좋았을까 아쉬워한다 해도 나무랄 일은 아니다.

아니, 권영길 씨와 이명박 씨를 제외한 나머지 네 후보 중 누구라도, 그가 권영길 씨 자리에 놓였다면, 한결 더 효과적으로 민주노동당이 추구하는 가치를 유권자들에게 소구할 수 있었을 것이다.

이것은 중도우파 세력의 지지 기반이 무너져 진보정치의 공간이 외려 넓어질 수도 있는 이번 대선에서, 민주노동당이 제 후보를 잘못 골랐다는 뜻이다. 주류 정치 세력 후보들 모두를 선택지에서 제쳐놓은 유권자들도 '권영길-민주노동당'에 선뜻 마음을 열지 못하는 눈치다. 뭔가 개운치 않다는 것이다. 따지고 보면, 뭔가 개운치 않은 것이 꼭 권영길 씨 개인의 매력이 모자라서만은 아니다. 정작 개운치 않은 것은 권영길 씨를 아슬아슬하게 민주노동당 후보로 만든 정파의 이념적 봉건성이고, 좀처럼 화해하기 힘들어 보이는 민족지상주의자들과 민주주의적 사회주의자들의 당내 혼거 상황이다. 이질적 정파의 이 혼거는 갈등을 조정할 당내 정치력의 부족으로 자주 파열음을 낳고, 그 파열음은, 보수정당에서라면 그냥 넘어갈 수도 있을 사소한 추문들과 맥놀이를 만들어내며, 기호 3번에 표를 주기를 머뭇거리게 만든다.

그러나 세상만사는 다면적이고 상대적이다. 권영길 씨는 다른 후보들과 전혀 다른 삶을 살아왔다. 그 다른 삶은, 진보 유권자들 처지에서는, 존경할 만한 삶이었다. 신문기자로 일할 때 그가 얼마나 노동계급 지향적이었는지는 알 수 없으나, 적어도 지난 20년간 그는 한국 노동운동의 한복판에, 또는 그 전위에 있었다. 그리고 민주노동당의 경선을 거쳐서 그 당의 후보로 뽑혔다. 그것은, 이번이 몇번째 출마든, 그가 한국 노동계급을 대표하는 대통령후보로서 정통성이 있다는 뜻이다.

기호 3번에 투표하는 것이 권영길 씨 개인에게 투표하는 것이라기보다 민주노동당에 투표하는 것이라는 사실도 중요하다. 자주와 통일 담론에 대한 완고한 집착이 이 당의 노동계급 정체성을 많이 흐려 버리기는 했으나, 민주노동당이 제도권 안에서 한국 노동계급을 대표해온 유일한 정당이라는 사실은 엄연하다. 법적 출발로만 따져도 민주노동당은 한나라당에 이어 한국에서 두번째로 오랜 역사를 지닌 정당이지만, 민주노동당의 사회정치적 역사가 2000년 1월에 시작된 것은 아니다. 이 정당에는 군사파쇼 정권의 폭압 속에서도 면면히 이어졌던 노동운동의 흐름들이 합류했고, 해방기까지 올라가는 민주주의적 사회주의의 흐름들이 합류했다. 그러니까 기호 3번에 투표하는 것은 한국 노동계급의 역사와 그 미래에 투표하는 것이기도 하다. 게다가 민주노동당은, 그 근본이 조직노동자들의 정당이긴 하나, 적어도 다른 정당들에 견줘서는 우리 사회의 순정(純正) 아웃사이더들에게까지 눈길을 건네왔다.

이석행 민주노총 위원장은 최근 "80만 조합원이 각자 10명씩을 조직하여 800만 표를 노동자 후보에게 몰아주자"고 호소했다. 꼭 10명씩이 아니라, 조합원 모두가 제가끔 가족, 친족, 유권자 들만 설득해도 민주노동당 후보는 이번 대선에서 미증유의 높은 득표율을 기록하게 될 것이다. 지금까지 그렇게 되지 못한 것은 조직노동자를 포함한 노동자들 자신이 지역을 비롯한 이런저런 연고에 이끌려 표를 '반-노동자적으로' 행사했기 때문일 테고, 민주노동당 안의 소위 자주파마저 수구 세력 집권 저지라는 대의와 민족주의 열정에 휘둘려 중도우파 세력에 대한 비판적 지지를 실천했기 때문일 테다. 지역을 가리지 않고 보수 정치 세력이 힘을 얻고 있는데다 그 보수 세력이 민생은 몰라도 민족주의 열정은 살려낼 것이 틀림없어 보이는 지금은, 비판적 지지를 철회하고 계급투표를 하기에 딱 좋은 계제다. 물론 그런다고 권영길 씨가 대통령에 당선될 수는 없을 것이다. 그러나 이번 대선에서 민주노동당이 얻은 표는 내년 총선에서 민주노동당이 치를 시험의 모의고사 점수 노릇은 하게 될 것이다. 한나라당이 집권하든 범여권이 재집권하든 한국 노동계급에게 달라질 것은 없다. 그러나 민주노동당의 득표율은, 적어도 장기적으로는, 한국 노동계급의 운명을 바꿀 수 있다. (07/12/28)

미술비평가들

문학비평이 문학작품에 값을 매기듯, 미술비평은 미술작품에 값을 매긴다. 그러나 이 두 '값' 의 값이 똑같지는 않다. 문학작품에 비평이 매기는 값은 그 일부분만 화폐로 바꾼다. 다시 말해 그 값의 상징 차원과 물질 차원은 어긋날 수 있고, 실제로 흔히 어긋난다. 반면에, 미술작품에 비평이 매기는 값은 거의 고스란히 화폐로 바꾼다. 다시 말해 그 값의 상징 차원과 물질 차원은 곱다시 포개진다.

문학비평가들이 한목소리로 상찬한다 해서 어떤 소설책의 정가가 오르는 일은 없다. 물론 소설은 인쇄라는 복제기술에 공급을 의존하므로, 비평가들의 언어는 드물지 않게 소설책의 판매량에 영향을 끼친다. 그러나 그 영향은 결정적이지 않다. 비평가들의 일치된 상찬 속에서도 팔려 나가지 않는 소설책이 적지 않듯, 비평가들의 일치된 무시나 혹평 속에서도 기세 좋게 팔려 나가는 소설책이 적지 않다. 문학소비자가 문학비평가에게 제 소비행태를 의존하는 정도는 그만그만하다는 뜻이다.

그래서 어떤 문학작품의 공인된 미적 가치와 그 작품을 통해 작가나 출판사가 벌어들이는 경제적 이득은 비례하지 않는 경우가 많다. 문학작품의 상징적 가치와 경제적 가치가 이렇게 어긋나게 되는 것은 인쇄라는 복제기술 때문이다. 원품과 상징적 값이 거의 다르지 않은(사실은 원품이 아예 없는) 복제품 하나하나의 물질적 값이 그리 비싸지 않으므로, 소비자는 비평가라는 조언자를 크게 아쉬워하지 않는다. 다른 복제예술에서도 마찬가지다. 문학에서처럼 음악이나 영화에서도, 소비자는 비평가에게 부분적으로만 의존한다. 그들은, 비평가가 뭐라 말하든, 이 작품은 여기가 좋고 저기가 모자라다고 제 나름의 평가를 내리고 그 평가를 제 소비에 반영한다. 그래서 음악비평가나 영화비평가가 어떤 작품에 매긴 값은 부분적으로만 화폐로 바뀐다.

흔히 미술이라 부르는 조형예술, 특히 회화는 사정이 다르다. 회화는 복제가 불가능한 예술이다. 아니, 복제가 불가능하지는 않지만, 복제품이 아무런 가치를 지니지 못하는 예술이다. 상투어를 쓰자면, 회화는 아우라를 간직하고 있는 예술이다. 이 아우라는 물질 자체가 상징이라는 조형예술의 특징에서 온다. 물론 인쇄술이나 녹취술 같은 복제기술이 나오기 전엔 문학(책)이나 음악(연주)에도 아우라가 있었다. 또 컴퓨터그래픽이 나온 뒤엔 회화의 아우라에도 금이 가기 시작했다. 그러나 이 자리에선 이 시대 예술의 주류 형태에만 눈길을 건네기로 하자. 그 주류 형태 안에서, 회화는 아우라를 간직한 거의 유일한 예술이다.

거기에 더해, 회화는 다른 장르에 견줘 그 좋고 나쁨을 가려내기가 사뭇 까다로운 예술이다. 까다롭다는 것은 그 기준이 섬세하다는 뜻이기도 하지만, 그 기준이 들쭉날쭉하고 물렁물렁하다는 뜻이기도 하다. 이것은 표현주의 이후의 '난해한' 그림들에만이 아니라 전통적 구상화에도 해당한다. 이런 기준의 상대적 물렁물렁함은 오히려 미술비평가의 권위를 다른 장르 비평가보다 크게 만든다. 다른 장르의 경우 그 기준의 대강은 비평가의 마음 밖에 있으나, 회화의 경우엔, 기준이 워낙 물렁물렁하므로, 비평가는 그 기준을 쉽사리 제 마음 안에다 세우거나 과격하게 구부러뜨린다.

기준의 물렁물렁함은, 회화 장르가 지닌 아우라와 결합해, 미술비평 언어의 환금성(換金性)을 대책 없이 키운다. 유력한 문학비평가를 친구로 두고 있는 소설가가 돈을 벌 확률보다 유력한 미술비평가를 친구로 두고 있는 화가가 돈을 벌 확률이 훨씬 높다. 문학이나 다른 복제예술에선 비평의 값 매김 행위가 중층적이지만, 회화에서는 날것으로 물질적이기 때문이다. 미술비평의 감정행위는 KBS가 일요일마다 내보내는 〈TV쇼 진품명품〉의 감정행위와 한 치도 다름없다. 화상과 미술비평가의 공모가 출판자본가와 문학비평가의 공모보다 훨씬 더 흔하고 악질적이 될 수밖에 없는 이유가 거기 있다. 당연히, 쓰레기의 축성(祝聖)은 문단을 포함한 다른 예술계에서보다 화단에서 더 흔하다. 에프라임 키숀의 『피카소의 달콤한 복수』는 이런 '사기극'에 대한 분개와 조롱이다. 미술비평이, 한국의 미술비평만이 아니라 미술비평 일반이, 쉽게 이해할 수 없는 수사로 덧칠돼 있는 데는 이런 사정도 개입했을 테다. 최근의 박수근·이중섭 그림의 위작 소동 역시 이 맥락 속에 있을 것이다. 중학생의 그림도 '대가'의 서명과 비평가의 '보증'으로 '걸작'이 되는 것이다.

박물관을 채우고 있는 수많은 그림의 역사적 가치에 합의하기는

너무 쉽지만, 그 그림들의 미적 가치에 합의하기는 너무 어려워 보인
다. 그 '미적' 가치가 '테크닉'을 넘어 '철학'까지 포함할 땐 더욱 그
렇다. 그린 지 한 세기도 안 된 그림이 경매장에서 수십억대를 호가하
는 것은 제 비평언어가 곧 '감정가'가 되는 회화 장르의 취약성을 미
술비평가들이 즐기고 있기 때문일 것이다. 현대미술의 '거장'들 앞에
서 심각해지는 관람객이 딱하게 보일 때가 있다. 볼 눈만 있다면, 그
는 미술관 바깥의 거리와 삶 속에서 더 큰 아름다움을 발견할 수 있으
리라. (07/12/07)

차라리 무성영화가…

MBC 텔레비전의 미스터리 오락물 〈신비한 TV 서프라이즈〉의 재연
배우들 가운덴 한국인도 있고 외국인도 있다. 에피소드의 배경이 한
국이나 다른 동아시아 나라들일 땐 한국인 배우들이 한국어로 연기를
하고, 그밖의 지역일 땐 외국인 배우들이 영어로 연기를 한다. 외국인
배우들 가운덴 모국어가 영어가 아닌 사람들도 있는 듯, 말투가 천태
만상이다. 또 전문 연기자가 아니니만큼, 대사 말고도 연기가 전반적
으로 썩 자연스럽지는 않다. 그래도 비-아시아권 사회가 배경인 에피
소드에 외국인 배우가 나와 영어로 연기를 하는 건 그 에피소드의 현
실감을 높이는 데 얼마쯤 이바지한다. 유럽에서고 남아메리카에서고
죄다 영어만 쓰는 게 이상하긴 하지만(에피소드에 따라 가장 알맞은 자
연언어를 골라 이야기를 쓰는 것은 기술적·재정적으로 불가능할 게다), 이
를테면 독일이나 브라질을 배경으로 한 에피소드에 한국어를 쓰는 한
국인 배우가 나왔을 때보다는 영어를 쓰는 외국인 배우가 나왔을 때

시청자들은 더 큰 실감을 느끼며 이야기에 빨려들게 된다. 거기서 영어는 한국 바깥세상의 기호, 또는 동아시아 바깥세상의 기호다.

　비평가가 아닌 평범한 영화 관객에겐 이야기에 몰입하는 게 복이다. 그 복을 방해하는 것 가운데 하나는 배경과 서로 엇걸린 자연언어다. 엘프리데 옐리네크의 소설을 원작으로 삼은 미카엘 하네케의 영화 〈피아니스트〉는 배경이 오스트리아 빈이지만, 프랑스 배우들이 나와 프랑스어로 연기한다. 물론 등장인물들은 죄다 오스트리아 사람이므로 배우들의 입에서 나오는 프랑스어는 독일어로 간주된다. 프랑스어나 독일어를 전혀 모르는 사람이 자막에 의존해서 이 영화를 볼 때는, 장면의 현실감에 그리 큰 문제가 없다. 그에게 이 영화의 프랑스어는 〈신비한 TV 서프라이즈〉의 영어 구실을 하기 때문이다. 그러나 그 두 언어를 어느 정도 아는 사람이 이 영화를 볼 땐, 빈에서 빈 사람들이 쓰는 프랑스어 때문에, 그가 누리고자 하는 현실감이 훼손당한다. 멜 깁슨이 〈그리스도의 수난〉에 출연한 배우들을 고생시키며 굳이 아람어와 라틴어를 쓰게 한 것은 '유식한' 관객들의 이런 현실감 해리를 막기 위해서였을 테다.

　영화에서만은 아니지만 특히 영화에서, 영어는 진정한 보편어다. 할리우드 영화가 미국이나 다른 영어권 사회만을 배경으로 삼는 것은 아니다. 그 영화들은 공간적으로 지구 곳곳과 은하계 저편을 배경으로 삼는다. 어디서고 등장인물들은 영어를 쓴다. 영어는 단지 통-공간적일 뿐만 아니라 통-시간적이기도 하다. 이집트의 파라오도, 먼 미래의 아르헨티나 대통령도 영어를 쓴다. 사실 '유식한' 관객의 회의가 공간적 합리성의 운산을 넘어 시간적 합리성의 운산에까지 미치면, 몰두해서 볼 영화가 없다. 영화 속에서 사자왕 리처드가 쓰는 현대영어는 그의 현실감을 깨기에 충분하다. 실제의 사자왕 리처드가 썼던 영어는 현대영어 사용자들에게 불가해할 테니 말이다. 게다가 그 시절 잉글랜드 왕실에서는 영어를 쓰지 않고 프랑스어를 썼다. 이 모든 영화들에서 현대영어는 고대 이집트어로, 중세 노르망디의 프랑스어로, 은하계 저편 생물체의 미지 언어로 간주된다. 그렇게 간주해야만 이야기에 빨려들 수 있다. 그 영어를 그저 통역기에서 흘러나오는 소리겠거니 여기지 않으면, 몰입의 복을 누릴 수 없다.

영어권 바깥에서 만들어지는 영화도 상업적 타산에 따라 영어로 만들어지는 일이 많다. 영어가 모국어도 아니고, 그래서 일상적으로는 영어를 쓰지 않을 배우들도 그런 영화 속에선 영어를 쓴다. 그들 가운데 어떤 배우들의 영어는, 영어권에 살아보지 않아 영어에 익숙하지 않은 내 귀에도, 방언적 허용 너머에 있다. 영어가 모국어인 관객들은 그런 부자연스러움을 훨씬 더 예민하게 느낄 것이다. 그럴 바에야, 차라리 배우들에게 편한 언어로 영화를 만들고 자막을 다는 게 낫지 않을까? 대사는 연기의 중요한 부분이다. 배우의 뛰어난 자질 가운데 하나는 대사 처리를 깔끔하게 하는 것이다. 영어권 바깥 사회에서 어설픈 영어로 만들어지는 영화는, 실감을 훼손하는 데서 더 나아가, 연기의 그 중요한 부분을 사실상 포기한 것이다.

〈신비한 TV 서프라이즈〉가 에피소드별로 배우의 인종과 언어를 바꾸듯, 적지 않은 할리우드 영화가 현실감을 높이려 중간에 언어를 뒤섞기도 한다. 냉전 시기를 배경으로 삼은 스파이 영화에서 소련 스파이들(물론 미국인 배우다)은 이따금 러시아어를 쓴다. 영화 〈대부〉의 마피아들은 저희들끼리 더러 이탈리아어로 얘기한다. 그 등장인물에게 러시아어나 이탈리아어는 모국어다. 문득 이런 궁금증이 생긴다.

러시아 사람이나 이탈리아 사람 귀에 그 미국 배우들의 러시아어나 이탈리아어가 얼마나 그럴듯하게 들릴까 하는 궁금증. 혹시 '깨는' 것 아닐까? 이리 지레짐작하는 것은 미국 드라마나 영화에서 가끔 듣는 한국어가 도무지 한국어답지 않은, '깨는' 수준이기 때문이다. 어떤 종류의 현실감에 관한 한, 차라리 무성영화 때가 나았는지 모른다. (07/11/16)

도린과 제라르를 위하여

여자는 83세였고, 남자는 84세였다. 그들은 지난달 24일 북동 프랑스
오브의 자택에서 숨진 채 발견됐다. 남자는 여자 곁에 나란히 누워 있
었다. 30년 가까이 여자의 몸을 갉아먹고 있던 진행성 질환이 아니더
라도 두 사람 앞의 생이 길지는 않았겠으나, 그들은 스스로 목숨을 끊
었다. 그들은 60년 동안 서로 사랑했고, 58년간 부부였다. 여자의 이
름은 도린이었고 남자의 이름은 앙드레였다.

　여자는 태어날 때부터 도린이었으나, 남자는 태어날 때부터 앙드
레가 아니었다. 남자가 1923년 오스트리아 빈에서 태어났을 때 부모
가 지어준 이름은 게르하르트였다. 여자는 60년 동안 남자를 그 이름
으로, 정확히는 그 독일어 이름을 프랑스어 식으로 다듬어 제라르라
불렀다. 남자의 아버지는 호르스트라는 성을 지닌 유대인 목재상이었
고 어머니는 가톨릭이었다. 1938년 독일과 오스트리아의 나치 정권
이 두 나라의 합방을 선언하자, 남자의 부모는 자식의 미래를 걱정하

게 되었다. 이듬해 스위스로 여행 간 남자에게 부모는 오스트리아로 돌아오지 말라고 일렀다. 16세 소년 게르하르트 호르스트는 로잔에 정착했다. 그리고 로잔대학에서 화공학을 공부했다. 고향을 떠나면서 남자는 무국적자가 되었다. 그 무국적 상태는, 1954년 프랑스 총리 맹데스-프랑스(그도 유대계였다)의 호의로 남자가 프랑스 국적을 얻을 때까지 이어졌다.

남자에게 처음 호감을 보인 프랑스인은 맹데스-프랑스가 아니라 사르트르였다. 게르하르트 호르스트는 1946년 로잔으로 강연 온 사르트르를 처음 만났다. 두 사람은 서로에게 반했고, 호르스트는 사르트르와의 이 만남을 통해 제 기질이 화공학보다는 넓은 의미의 철학 쪽에 맞는다는 사실을 깨달았다. 그 뒤 그는 대학 제도가 베푸는 공식 사승(師承) 관계 바깥에서 자신을 철학자로 단련시켰다. 사르트르와의 인연으로 호르스트는 삶의 둥지를 파리로 옮겼고, 1960~70년대에 『현대』의 편집에 간여했다.

남자는 철학자이기에 앞서 기자였다. 그의 기자 이력은 『파리-프레스』에서 시작해 『렉스프레스』와 『르누벨옵세르바퇴르』로 이어졌다. 그는 『르누벨옵세르바퇴르』의 창간자 가운데 한 사람이었다. 병든 아내를 돌보기 위해 1983년 때이른 은퇴를 하기까지 그는 이 시사주간지를 이끌었다. 기자로서 그가 다룬 영역은 주로 경제였다. 그것은 그의 철학이 사회정치적 지평으로 늘 열려 있던 것과도 무관치 않았다.

기자로서, 남자의 이름은 게르하르트 호르스트가 아니었다. 종전 직후 독일인에 대한 프랑스인의 감정은 최악이었다. 첫 직장이었던 『파리-프레스』의 편집장은 독일 이름으로 기명기사를 쓸 수는 없다는 점을 오스트리아 남자에게 납득시켰다. 남자는 흔해터진 프랑스 이름 미셸에다가 보스케라는 성을 붙여 제 필명으로 삼았다. 보스케는 남자의 원래 성 호르스트(덤불)에 해당하는 프랑스어다. 이렇게 해서, 한 세대 이상 프랑스 좌파 경제저널리즘의 한 분파를 지휘한 미셸 보스케 기자가 태어났다.

철학자로서, 남자의 이름은 미셸 보스케도 아니었다. 독일인에 대한 프랑스어 멸칭(蔑稱) '보슈'를 대뜸 연상시키는 보스케는 귀화를 바라는 사람에게 알맞은 성이 아니었다. 세번째 이름이 필요했다. 그는 이번에도, 흔해터진 프랑스 이름 앙드레에다 고르라는 성을 붙여 프랑스인이 되었다. 고르는 남자가 아버지의 유품으로 간직하고 있던 쌍안경의 산지(産地)였다. 이탈리아 북부 알프스 기슭의 이 작은 도시(이탈리아어로는 '고리차')는 본디 슬로베니아인들의 땅이었고, 오래도록 오스트리아의 지배를 받았다. 그 경계의 땅은 모두의 땅이면서 누구의 땅도 아니었다. 남자는 이 도시의 경계성이 제 망명자 정체성과 닮았다고 여겼다. 이렇게 해서, 20세기 후반의 정치생태론과 문화사회론을 풀무질한 철학자 앙드레 고르가 태어났다.

사르트르의 영향 아래 실존주의와 마르크스주의를 버무리며 출발한 고르의 사회철학은 선배의 것보다 한결 덜 관념적이었고, 그러면서도 더 전복적이었다. 선배가 살아 있을 때, 고르는 이미 『생태론과 정치』를 통해 자신의 상상력을 적색에서 녹색으로 이동시켰다. 선배가 죽은 해에 출간한 『아듀 프롤레타리아』에서, 그는 노동의 역사형성력과 노동계급의 역사적 특권을 부인하며 마르크스주의와 결별했다. 그 뒤 내놓은 『노동의 변신』과 『눈앞의 비참, 숨어 있는 풍요』에서, 그는 일하지 않는 사람도 먹고살 수 있는 사회를 구상했다.

그러나 미셸 또는 앙드레에게 가장 중요했던 것은 저널리즘도 철학도 아니었다. 그에게 더 중요했던 것은 자신을 제라르라 불렀던 여자, 도린이었다. 남자가 영국인 아가씨 도린을 처음 만난 것은 1947년 10월이었다. 남자의 회고에 따르면 눈 내리는 밤이었고, 그는 춤추러 가자고 여자를 꾀었다. 그 뒤로, 두 사람은 공기를 호흡하듯 상대를 호흡했다. 여자는 제 남자 주변의 유명인들을 자연스럽게 대할 줄 아는 기품과 지혜가 있었다. 사르트르도 맹데스-프랑스도 자기들 앞에서 스스럼없었던 도린을 좋아했다.

아내를 수신인으로 삼아 지난해 출간한 『D.에게 보내는 편지』에서, 남자는 "상대가 자기보다 먼저 죽을까봐 우리는 늘 두려워했지요"라고 썼다. 그 두려움을 60년 넘게 견디기가 두 사람 다에게 힘겨웠나 보다. (07/10/26)

복제되는 입들

지난번 이 자리에서 나는 주체의 신분에 따라 말의 힘이 달라지는 양상을 살폈다. 그런데 말의 힘을 만들어내는 데 주체의 신분보다 더 큰 구실을 하는 것이 입의 수(數)다. 똑같은 말을 하는 사람이 많을수록, 그 말의 (사회적) 힘은 커진다. 따지고 보면 주체의 신분이 말에 베푸는 힘도 궁극적으로는 입의 수로 환원된다. 어느 분야 '권위자'의 말은 그를 신뢰하는 대중화저자(파퓰러라이저)나 대중매체의 입을 통해 되풀이되고, 그 말들은 다시 그 대중화저자나 대중매체를 신뢰하는 대중의 입에서 되풀이됨으로써 힘을 얻는다.

말의 힘이 입의 수에 의존하는 이 현상을 고분고분 받아들인 것이 다수결주의다. 서로 다른 사회적 판단들이 맞설 때, 설득이 열매를 맺지 못하고 어느 쪽도 양보하려 하지 않을 때, 공동체의 선택은 다수결에 따르는 것이 상례다. 판단의 옳고 그름을 따질 근거가 또렷하지 않을 때는 말할 나위도 없지만, 그 근거가 비교적 또렷할 때도 마지막 결정은 다수결에 따를 수밖에 없다. 옳고 그름의 판단에는 사실판단과 가치판단이 뒤섞여 있는 경우가 많고, 가치판단은 주관적이기 때문이다.

그런데 사실판단의 영역에서도, 말의 힘은 입의 수에 달려 있기 일쑤다. 그리고 그 힘이 가치판단의 영역을 쉽사리 오염시킨다. 소위 황우석 사태가 본격화하고 있었을 때조차, 다수의 한국인들은 황우석 씨가 줄기세포 연구에서 뭔가 획기적인 것을 이뤄냈다고 믿었다. 그 믿음을 만들어낸 것은 대중매체였다. 그리고 황우석 씨가 뭔가 이뤄냈다고 떠드는 그 수많은 입들이 줄기세포 연구와 관련된 윤리적 쟁점들을 묻어버렸다.

19세기 말 20세기 초 드레퓌스 사건 때, 대다수 프랑스인들은 드레퓌스 대위가 독일의 간첩이라고 믿었다. 이 믿음을 만들어낸 것 역시 당대 프랑스의 주류언론이었다. 그리고 드레퓌스가 간첩이라고 떠드는 그 수많은 입들이 인종주의나 국가주의와 관련된 윤리적 쟁점들을 하찮게 보이도록 만들었다. 그 시절 소수의 드레퓌스 옹호자 가운데 한 사람이었던 소설가 아나톨 프랑스는 이런 수많은 입들에 굳건히 맞섰다. 이 '다수결주의자들'에게, 그는 어떤 어리석은 소리를 5000만 명이 지껄인다고 해도 그것은 여전히 어리석은 소리일 뿐이라고 반박했다. 아나톨 프랑스의 말은 전적으로 옳다. 그러나 실제의 사회적 결정에서 5000만의 입이 내지르는 어리석음은 큰 힘을 지닌다. 그 어리석은 소리가 가치판단의 영역에 속할 때만이 아니라 사실판단의 영역에 속할 때도 그렇다.

신문이라는 제도가 태어난 이래 기자는 문필가 집단 가운덴 공동체에 대한 영향력이 가장 큰 직업인에 속했다. 기자 한 사람 한 사람의 안목이 높아서가 아니라, 그들이 복제 텍스트를 통해(그 이후의 방송기자라면 전파[電波]를 통해) 똑같은 말을 수십만 번, 수백만 번 되풀이할 수 있었기 때문이다. 그들은 수십만 개의, 수백만 개의 입을 지닌 특권적 커뮤니케이터였다. 신문들이 발행부수에 그리 집착하고 방송사가 시청률에 그리 집착하는 것은 제 입의 수가(제 입 앞에 늘어선 귀의 수가) 제 말의 힘을 결정한다는 것을 잘 알고 있기 때문이다.

오늘날, 인터넷 주체들이 조회수에 그리 집착하는 것도 마찬가지 이유에서다. 흔히, 인터넷이 대중에게 발언권을 주었다고들 한다. 이 말은 인터넷을 통해서 이제 대중도 제 입의 수를 늘릴 수 있게 됐다는 뜻일 테다. 그 이전에도 대중 개개인에게 발언권이 없었던 것은 아니다. 단지 입 하나의 발언권만 있었을 뿐이다. 전통적으로 제 입을 복제할 수 있었던 사람들은 직업적 문필가들 아니면 그 문필가들이 떠받드는 권력자들뿐이었지만, 인터넷의 보편화 이후 이젠 누구라도 제 입을 복제할 수 있게 됐다. 흔히 '낚시질'이라 부르는 행위는 제 입의 수를 되도록 늘리려는 네티즌들의(물론 올드미디어 종사자라고 그런 짓을 안 하는 것은 아니지만) 안간힘과 관련 있다.

이렇게 보편화한 입의 복제는 '참여민주주의'의 바탕으로도 여겨진다. 문제는 '참여'와 '동원' 사이의 담이 너무 낮다는 데 있다. '참여정부'를 만들어내고 보호해온 인터넷은 흔히 동원의 공간이었다. 그리고 이제 이 나라 반동 세력도, 인터넷을 통한 그 대중동원의 기법을 충분히 배웠다. 지금, 전투적 네티즌들은 능동적 참여의 주체인가? 1920~30년대의 파시즘 전사들도, 1960년대의 중국 홍위병들도, 그때까지 있어본 적 없는 새 역사를 만드는 데 자신들이 능동적으로 참여하고 있다고 여겼다. 그러나 그들은, 그들의 공적(公敵) 누구

보다도 더 대중을 경멸했을 빅브라더의 동원령에 꼭두각시로서 복무
했을 뿐이다.

　　인터넷은, 한 세기나 반세기 전보다, 빅브라더(들)의 대중동원을
더 쉽게 만들어준 것 아닐까? 파시즘운동이나 문화혁명이 대중동원
에 성공한 이유 하나는 그것이 이성의 규율을 '해방'의 열정으로 대
치하며, 심지어 '대의(大義)'의 옷을 입히며, 개개인으로 하여금 내면
의 짐승을 드러낼 기회를 주었기 때문이다. 그 기회는 인터넷 속에서
한결 더 넓어진 것 같다. (07/10/05)

말의 힘

말의 힘은 그 화자가 누구냐에 따라 크게 달라질 수 있다. 어떤 속성을 지닌 진술은, 주체의 신분에 구속되는 힘의 크기 차이를 아예 헌법이나 법률 같은 강성(剛性) 규범에 의존한다. 이를테면 한국처럼 언론의 자유가 꽤 탐스러운 나라에선 누구나 국무총리에게 "당신, 이제 그만 둬!"라고 말할 수 있지만, 그 말이 실제로 국무총리를 물러나게 하는 것은 화자가 대통령일 때뿐이다. 법규범 바깥에서 인정되는 화자의 깜냥도 말의 힘을 결정하는 데 큰 구실을 한다. 자선단체에 1000억원을 기부하겠다는 말은 누구나 할 수 있지만, 그 말을 이건희 씨가 했을 때와 맥도널드 아르바이트생이 했을 때의 차이는 어마어마하다.

　말의 이런 힘 차이가, 방금 든 예처럼, 명령이나 약속 따위에 올라타고 있는 소위 수행문에서만 나타나는 것은 아니다. 무엇이 '참이다'라는 진리술어도 그 말의 주체에 따라 서로 다른 힘을 내뿜는 일이 많다. 저명한 생물학자나 철학자가 "신(神)이 있다는 건 거짓말이야!"라고 말했을 때 그 말이 지닌 힘과, 범상해 보이는 고등학생이 똑같이 말했을 때 그 말이 지닌 힘은 천양지차다. 그것은 진리술어 역시 깊은 수준에서는 주장이나 동의라는 수행 기능을 지녀서이겠지만, 사실판단을 내리는 언어가 전형적 수행문처럼 그 힘의 크기를 주체의 신분에 구속시킨다는 것은 좀 쓸쓸한 일이다.

쓸쓸하든 어떻든, 흔히 전문가라고 불리는 사람들의 말은 여느 사람들의 똑같은 말보다 더 큰 힘을 떨친다. 말하자면 이들은 진리를 과점한다. 그렇게 된 이유는 여럿일 것이다. 하나는 이들이 전문가가 되기까지의 지적 훈련을 통해서 여느 사람보다 더 올바른 판단을 할 능력을 갖췄을 가능성이 크기 때문일 게다. 둘째는 일단 전문가라는 공인을 얻고 나면, 전문가라는 그 존경스러운 신분이 이들의 판단능력에 대한 사회의 평가를 이들에게 유리한 방향으로 오염시키기 때문일 게다. 거기에 더해서, 전문가 집단 내부의 동질성과 배타성도 이들의 진리 독점을 강화하는 방향으로 작용할 게다. 이것은 사실 한국 사회에서 몇몇 대학 졸업생들이 '좋은 것'을 독차지하게 되는 메커니즘과 닮았다.

앞에서 전문가 집단 내부의 배타성이라는 말을 했지만, 이 배타성은 일반인들은 물론이고 다른 분야 전문가도 봐주는 법이 없다. 그리고 이 배제의 욕망은 수학이나 물리학처럼 '단단한' 과학에서보다, 사회과학처럼 '무른' 과학에서 외려 더 도드라지는 것 같다. '무른' 과학에서는 사실판단의 준거가 비교적 성글어서, 전문가의 권위로 메울 수 있는 빈틈이 그만큼 크기 때문일 게다. 누구나 정치에 대해선 한마디씩 할 순 있지만, 그 한마디의 타당성을 (학적으로) 판단하는 과정엔 화자가 그 이전에 획득한 지적 권위(의 이미지)가 깊이 개입한다.

소립자물리학이나 미분위상기하학에 대해 한마디 하는 것은 매우 어려운 일이지만, 그 한마디의 타당성을 (학적으로) 판단하는 과정에 화자의 지적 기득권이 개입하는 정도는 상대적으로 덜하다.

촘스키도 이런 불평을 한 적 있다. 이 변형생성문법의 창시자는 베트남전쟁 시기부터 사회문제에 깊이 개입하며 정치언어를 공적으로 발설해왔다. 그런데 사실과의 조회를 통해서가 아니라 촘스키의 지적 배경을 물고 늘어지며 그의 발언을 깎아내리는 목소리들이 사회과학계에 있었던 모양이다. 그 일을 거론하며 촘스키는 "수학자들 앞에서 발제를 하면 그들은 내 발언의 타당성 여부에, 수식(數式)의 엄밀함 여부에 주의를 기울인다. 그들은 내게 수학 학위가 있는지 궁금해 하지 않는다. 그런데 정치학자들 앞에서 발제를 하면, 그들은 내게 정치학 학위가 있는지부터 궁금해 한다"고 말한 바 있다.(과장이고 엄살일지도 모른다. 정치학 학위도 없고 공인된 정치학자도 아니지만, 촘스키가 던진 발언들은 동시대 어느 지식인의 것보다 더 생생한 정치적 메아리를 얻어왔으니 말이다.) 촘스키처럼 자신의 지적 배경 때문에 전문가들로부터 백안시된 전문가에 백낙청 씨도 포함될지 모르겠다. 분단체제론으로 대표되는 그의 사회과학 담론이 직업적 사회과학자들로부터 후한 점수를 받지 못한 데는 인문학에서 출발한 그의 지적 이력에 대한 편견도 한몫했을지 모른다.

백낙청 씨 얘기가 나왔으니 말인데, 나는 학생 시절 그의 지독한 독자였다. 지독했다는 것은 그의 말을 의심할 줄 몰랐다는 뜻이다. 나는 이 '창비' 엔지니어의 지적·도덕적 권위에 주눅들어 최소한의 합리적 의심마저 내던지고 그의 말에 고개를 끄덕이기만 했던 것 같다. 그런 식의 독서는 안 하느니만 못하다는 걸 깨달은 건 서른이 다 돼서였다. 어떤 공인된 전문가도, 어떤 공인된 대가(大家)도 틀릴 수 있다. 술에 취해 한 말이라 그럴 수도 있고, 격정이나 편견이나 이해관계에 휘둘려 쓴 글이라 그럴 수도 있고, 그가 본디부터 이름에 미치지 못하는 헐렁이여서 그럴 수도 있다. 그것을 잊지 않는 것이 지적 독립의 첫걸음이다. (07/09/07)

다시, 경계긋기의 어려움

두 달 전 이 난에 쓴 「경계긋기의 어려움」에서, 나는 "삼성 제품을 기꺼이 사 쓰면서 조선일보를 지네 보듯 하는" 내 윤리가 논리적으로 가지런한지 물었다. 그 글이 나가고 얼마 뒤, 지면을 통해서만 알고 있는 칼럼니스트 한 분이 메일을 보내주셨다. 글의 논지를 따지는 메일은 아니었다. 그이는 가볍게 조선일보 (기자들) 얘기를 했다.

바깥에서 보는 매체의 이미지와 사적으로 겪은 그 매체 기자들의 됨됨이는 다를 수 있다고 전제한 뒤, 그이는 자신이 가장 '나이스' 하다고 느낀 기자들이 조선일보 기자들이라고 말했다. 이런저런 신문잡지들에 글을 쓰며 기자들과 얽혀본 경험으로는, 조선일보 기자들이 필자들에게 가장 섬세히 마음을 써준다는 것이었다. 거드름을 안 떠는 기자들은 조선일보 기자들뿐이라고도 했다.

없는 일을 그이가 지어냈을 리는 없다. 좋고 싫음은 순전히 개인 차원의 문제라는 점을 떠나서도, 조선일보라 해서 어떻게 두루두루

'나이스' 한 기자가 없겠는가? 나만 해도 '나이스' 한 조선일보 기자를 사적으로 몇 알고 있다. 그래서 다시, 경계긋기는 어려워진다.

이를테면 내가 이념적으로 한겨레에 이끌리고(한겨레에 무슨 이념이 있는지는 모르겠으나) 윤리적으로 한겨레가 옳다고 판단하더라도(늘 윤리적일 순 없겠지만 한겨레 지면이 일정한 윤리적 충동에 휘둘리는 것은 또렷해 보인다), 그 이끌림과 판단이 한겨레 구성원 개개인에게 고스란히 옮아가는 것은 아니다. 이념이나 윤리를 기준으로 조선일보와 한겨레에 어떤 경계를 그어놓고 보면, 이내 (사적으로 알고 있는) 딱하다 싶을 만큼 매력 없는 어떤 한겨레 기자들과 (역시 사적으로 알고 있는) 넉넉히 매력적인 어떤 조선일보 기자들이 떠올라 마음이 스산해진다. 그 매력은 재능만이 아니라 됨됨이(예의나 겸손이나 너그러움이나 신의 같은 미덕으로 이뤄지는 개인윤리)까지를 포함하는 것이다. 조선일보 기자들이 자주 '나이스' 할 수 있는 건 포실한 물적 조건 덕분일 따름이라고 자신을 설득하려 해도, 그런 개인들에 대한 느낌이 완전히 지워지지는 않는다.

사실 「경계긋기의 어려움」에서 명시적으로 드러내진 않았으나, 경계긋기의 큰 어려움은 집단 퍼스낼리티와 개인 퍼스낼리티의 그런 어긋남에서도 온다. 나는 민주노동당에 그럭저럭 호의적이지만, 어떤 민주노동당 당원이나 지지자에 대해 좋지 않은 느낌을 지니고 있다. 어떤 민주노동당 지지자들 역시 내게 그런 느낌을 지녔을 것이다. 나는 또 한나라당의 역사와 현재에 대단히 부정적이지만, 어떤 한나라당 당원이나 지지자에 대해서는 싫지 않은 느낌을 지녔다. 어떤 한나라당 지지자들 역시 때론 내게 그런 느낌을 지닐 수도 있을 게다. 실제로 술자리에서 가끔 어울리는 친구 하나는 한나라당 지지자다. 게다가 조선일보 독자다. 내가 그 친구와 어울리는 것은 그 친구에게서 (최소한의 개인윤리까지를 포함한, 그러나 다분히 주관적인) 어떤 매력을 읽었기 때문일 것이다.

이것은 일종의 자가당착일 수도 있다. 그 자가당착은, 이념이라는 말로 표현되는 집단윤리로 한 개인이 완전히 환원될 수 없다는 점 때문에 생겼을 것이다. 자신이 내세우는 이념을 적잖은 개인들이 일상생활에선 아예 팽개치고 있다는(사회적 발언권이 큰 공직사회 안팎의 명망가들 가운데 이런 이들이 많겠지만, 별다른 이념도 그 이념에 대한 발언권도 없는 소시민들 역시 이런 표리부동에서 늘 자유로울 수만은 없을 게다) 점 때문에 그 자기모순은 더욱더 커진다.

그러나 그런 개인과 개인 사이의 좋고 싫은 느낌에 휘둘리지 않는 것이 '양식'의 일부분이기도 할 것이다. 이것은 나부터 깔끔히 실천하지 못하고 있는 양식이긴 하다. 넉넉한 집안에서 태어나 좋은 교육을 받고 자란 어떤 여성이 교양이 철철 넘쳐흐르고 더구나 너그럽기까지 할 때, 그 교양과 너그러움을 뒷받침하는 물적 조건의 윤리성을 따져보는 것은, 그리고 그 여성에 대한 호감의 윤리성을 따져보는 것은, 특히 나처럼 개인주의적인 사내한텐 정말 어려운 일이다. 그런 한편, 그 여성에게 온통 넋을 잃고 그 매력의 사회경제적 맥락에 무심한 채 산다면, 문득 슬플 것 같다. 부끄러울 것 같다.

사람들 사이의 좋고 싫음이 늘 윤리나 논리의 그물에 잡히는 것은 아니다. '괜히 좋다'거나 '괜히 싫다'는 말이 괜히 있는 게 아니다. 그러나 좋고 싫음은 어쩔 수 없다 해도, 그 호오가 윤리의 논리를, 또는 논리의 윤리를 완전히 동강내서는 안 될 것 같다. 민주노동당이 괜찮은 정당인지 형편없는 정당인지는 알 수 없으나, 한나라당은 형편

없는 정당이다. 이것은 그 당의 어떤 당원이나 어떤 지지자가 괜찮은 사람인 것과는 무관하다. 한겨레가 괜찮은 신문인지 형편없는 신문인지는 잘 모르겠으나, 조선일보는 형편없는 신문이다. 이것은 그 신문의 어떤 기자가 괜찮은 사람인 것과는 무관하다. (07/08/17)

넘버쓰리

걸려 있는 게 명예든 돈이든 권력이든 사랑이든, 경쟁에서 1등은 선망의 대상이다. 수석 합격자, 수위 타자, 수도 서울, 정부 수반, 수상관저 같은 말들이 내뿜는 매력은 으뜸을 향한 인간의 드센 욕망을 밑절미로 삼는다. 그러나 정신건강에든 일종의 처세술로서든, 넘버원이 되는 것보다 넘버쓰리가 되는 것이 한결 나은 경우가 많다. 셋만으로 이뤄진 공동체에서 넘버쓰리 노릇을 하는 거야 속이 쓰리겠지만, 적정한 수준의 다수로 이뤄진 공동체에선 넘버쓰리만큼 우아함과 평안함을 겸한 자리도 드물다.

넘버원은 외롭다. 더 이상 올라갈 데가 없는 자리이기 때문이다. 넘버원은 제 자리를 겨우 지탱하거나 밑으로 떨어질 수밖에 없다. 그 자리를 노리는 발톱들이 사방에 숨겨져 있다. 그 발톱은 가장 가까운 친구의 것일 수도 있다. 그래서 넘버원은 늘 둘레를 의혹의 눈으로 살핀다. 제도가 허락하지 않는 방식으로 제도적 넘버원이 된 경우엔 더 그렇다. 박정희와 전두환이 그랬다. 그들은 제가 저질렀던 방식으로 누군가가 제 자리를 빼앗을지도 모른다는 악몽을 떨쳐버릴 수 없었고, 그래서 늘 넘버투를 의심하고 교체했다. 실상, 제도 내부에 깔린 길을 따라 넘버원이 된 사람들도 크게 다르진 않다. 정통성을 갖춘 정부의 임기중에도 넘버투는 바뀌기 일쑤다. 그 넘버투가 넘버원에게 흔히 위협이 되기 때문이다.

그러나 넘버쓰리는 다르다. 넘버원은 넘버투를 경계하는 것만큼은 넘버쓰리를 경계하지 않는다. 공인된 넘버투도, 자신의 목표는 넘버원이므로, 넘버쓰리를 해코지하려 들지 않는다. 심지어는 넘버쓰리와 힘을 합쳐서 넘버원을 무너뜨리려 한다.(이때, 현명한 넘버쓰리라면 넘버투의 제안을 받아들이지 않을 게다. 그렇다고 넘버원 편에 서서 넘버투를 몰아내려 하지도 않을 게다. 어느 쪽이 됐든, 그런 적극적 편들기는 자신을 전투의 한가운데로 밀쳐 넣는 짓일 테니.) 얼마 전 신문에서 읽은 것 같은데, 일반적으로 올림픽 동메달리스트는 은메달리스트보다 만족감을 더 느낀다고 한다. 은메달리스트는 비교 대상이 금메달리스트여서 상실감이 크지만, 동메달리스트는 비교 대상이 메달을 따지 못한 사람이어서 안도감이 크다는 것이다.

사실, 3등까지 시상을 하는 운동경기나 이런저런 경시대회에서 말고는, 넘버쓰리는 무명(無名)의 완곡어이기 십상이다. 지성사에서도 그렇다. 과학적 사회주의의 창시자는 마르크스와 엥겔스다. 넘버쓰리는 없다. 아니, 있기야 하겠지만, 아무도 모르거나 의견이 분분하다. 역사학에서 소위 아날학파를 세운 이는 뤼시앵 페브르와 마르크 블로크다. 넘버쓰리는 없다. 이른바 비판이론이라는 것을 내세운 프랑크푸르트학파와 관련해 사람들이 반드시 거론하는 그 1세대 사람은 호르크하이머와 아도르노다. 누가 넘버쓰리인지는 또렷하지 않다. 이렇게 넘버투까지만을 쳐주는 인식의 틀은 '쌍벽'이니 '양대 산맥'이니 하는 상투적 표현에도 담겨 있다. 적잖은 경우, 넘버쓰리는 그저 넘버N인 것이다. 그러니까 강준만이 '주목중독증 환자'라고 부르는 사람들에겐, 넘버쓰리가 되는 게 악몽일 게다.

조국 루마니아를 떠나 프랑스에서 빈둥거리던 1940~50년대의 에밀 시오랑에게는 그렇지 않았던 모양이다. 그는 젊은 시절 파리의 사교계에서 그저 '이오네스코의 친구'로 통했다 한다. 시오랑은 아무에게도 주목받지 않은(못한) 채 공짜술을 실컷 마실 수 있었던 그 무명의 상황을 '편안'이라는 말로 회고한 바 있다. 시오랑은 파리에 정착한 루마니아 출신 문필가로선 종교학자 엘리아데와 극작가 이오네스코에 이어 넘버쓰리였다. 엘리아데가 미국으로 떠난 뒤에도, 철학자 뤼시앵 골드만이 끼어들어 시오랑은 여전히 넘버쓰리였다.

시오랑이 젠체한 것인지도 모른다. 철학사의 큰 이름들을 거론할 것도 없이, 주목받는 것, 다시 말해 인정받는 것은 호모 사피엔스 사피엔스의 원초적 욕망에 속한다. 그러나 중독에까지는 이르지 않은, 그만저만한 수준의 주목을 원하는 여느 사람에게 넘버쓰리 자리는 복이다. 그것은 인간관계에서도 마찬가지다. 누군가의 가장 소중한 사람이 되거나 두번째로 소중한 사람이 되는 건 괴롭다. 누군가의 넘버원이 되면 그 사람에 대해 무한책임을 져야 하고, 넘버투가 돼도 넘버원의 경계와 의혹을 감내해야 하기 때문이다.

이런 잡념 끝에 내 삶을 돌이켜보니, 지금까지는 비교적 운이 좋았던 것 같다. 가족이든 교실이든 동아리든 직장 일선이든, 어떤 수준과 크기의 집단이나 공간에서도 내 자리는 넘버쓰리 위로 올라간 적이 없다. 인간관계에서도 그런 것 같다. 내 쪽에서 가장 가깝게 여기는 사람에게도 나는 넘버쓰리 이하다. 결혼 앞뒤로 얼마간 어떤 여자에게 넘버원이었던 불행한 시절이 있었으나, 아이가 둘 생기며 다시 편안한 넘버쓰리로 돌아왔다. 내 넘버쓰리 예찬이 '신 포도'의 심리학이라고? 아니다. 당신의 넘버원 예찬이 외려 '달콤한 레몬'의 심리학이다.('달콤한 레몬'은 훔친 표현이다. 누구한테서 훔쳤는지는 안 가르쳐 준다.) (07/07/27)

이름

제 이름을 스스로 지어 몸소 제 출생신고를 하는 갓난아이는 없다. 그러니 호적에 오르는 이름에는 평생 그 이름으로 불릴 사람의 뜻이 조금도 반영되지 않는다. 제 이름을 탐탁스러워 하지 않는 사람이 적잖은 것도 당연하다. (조)부모든 직업적 작명가든 이름을 짓는 이가 너무 무디거나 너무 뾰족하거나 너무 진보적이거나 너무 보수적일 때, 그 이름은 '튀기' 십상이다. 그리고 이름이 너무 튀어 이름 주인의 스트레스가 너무 커지게 되면, 당사자는 제 이름을 바꾸기 위해 법원 문을 두드린다. 이태 전 문화방송이 내보낸 미니시리즈 〈내 이름은 김삼순〉도 그런 삽화를 품고 있었다. 사실 우리 주변에만도 '삼순' 보다 더 우스꽝스럽게 들리는 이름이 얼마든지 있다.

'종석' 이라는 내 이름도, 우스꽝스러울 건 없지만, 너무 밋밋하다. 내가 지을 수 있었다면 좀더 경쾌하고 우아한 이름을 지었을 것이다. 항렬자인 석(錫)의 금속성부터가 마음에 차지 않는데다가, 그 앞의 제 종(宗)은 뜻만 거창할 뿐 소리가 투미하다. 망상에 가까운 기대를 자식에게 걸었던 이십대 청년의 마음자리가 안쓰럽다. 그런데 나도 그 이름의 작명자를 탓할 처지가 아니다. 그이의 반대를 무릅쓰고 나는 내 두 아이에게 고유어 이름을 주었는데, 겉멋이든 뭐든 그 즈음엔 '모던' 해 보였던 이 이름들이 이젠 어쩐지 너무 잘아 보인다. 아이들도 제 이름을 썩 마음에 들어하지 않는다. 옛사람이라면 제 이름의 뜨거움을 아호로라도 식힐 수 있었겠지만, 이제 아호는 구닥다리들의 허세로 여겨지고 있다.

그래도 현대인들에겐 아호를 대체할 만한 수단이 있다. 전자우편 아이디도 그 가운데 하나다. 슈퍼시니어 세대를 제외하면 전자우편 주소 하나 없는 이는 드문 세상이니, 사람들 대부분이 호적이름 말고 이메일 아이디라는 현대적 아호를 하나 이상 지닌 셈이다. 제 호적이름의 로마자 머리글자를 이메일 아이디로 삼는 '덤덤파' 도 있지만, 더 많은 사람들이 제 취향에 맞춰 아이디를 새로 짓는다. 나도 전자우편 주소를 셋 지녔다. 그래서 현대적 아호가 셋이나 된다. 만든 순서대로 보이자면 aromachi, misshongkong, lunedemiel이다.

aromachi는 다니던 신문사의 메일 아이디인데, 내 두 아이의 이름을 이어붙인 뒤 마지막 자음을 잘라낸 것이다. 처음 듣는 이들이 재미있어 하는 misshongkong은 네이버메일의 아이디다. miss는 내 '여성성' 을 뽐내려 부러 고른 것이지만, hongkong은 내 뜻대로 된 게 아니다. miss 뒤에 붙일 이름으로, korea와 seoul에서 시작해 내게 익숙한 나라와 도시들을 스무 개가 넘게 시도해봤으나, 죄다 기존 네이버 회원들이 쓰고 있는 것들이어서 내 차지가 되지 못했다. misshongkong에 이르러서야 그 아이디를 써도 좋다는 허락이 떨어졌다. 처음부터 의도했던 것은 아니지만, 그 이름으로 정해지고 나니 홍콩이라는 도시가 부쩍 정겹다. 다음메일에서 아이디로 쓰는 lunedemiel은 밀월이라는 뜻의 프랑스어 'lune de miel'을 잇댄 것이다. 처음엔 honeymoon을 골랐으나, 이 이름 역시 기존 회원 누군가가 쓰고 있어서 lunedemiel로 낙착됐다. 다음메일에선 아이디 말고 닉네임을 따로 짓게 돼 있어 '여름씨'를 골랐다. 아내의 닉네임이 '봄씨'여서 그걸 본뜬 것이다.

인터넷에 글을 올릴 때 실명 대신 쓰는 필명, 곧 닉네임도 현대판 아호랄 수 있겠다. 나는 전자우편 말고는 인터넷에서 글을 쓰는 일이 없지만, 지난해에 한 사이트에 가입해 내가 종이매체에 기고했던 글을 거기 옮겨두고 있다. 글을 간수할 데가 마땅치 않아 일종의 스크랩북으로 쓰고 있는 것이다. 거기서도 '여름씨'라는 닉네임을 쓴다. 《프레시안》과 《오마이뉴스》 같은 인터넷 신문 말고 내가 들어가 보는 국내 사이트는 거기밖에 없는데, 그곳에 글을 올리는 네티즌들의 닉네임을 보고 있으면 그 이름의 주인들에 대한 상상이 발동해 설핏 웃음이 나온다. 물론 선의의 웃음이다.

인터넷이 아직도 서먹서먹한 나야 닉네임이 '여름씨' 하나밖에 없지만, 여느 네티즌이라면 닉네임을 여럿 지니고 있을 것이다. 전통적 의미의 필명은 직업적 문필가의 특권 같은 것이었다. 활짝 핀 이 넷월드에선 이제 누구나 필명을 얼마든지 지닐 수 있다. 본명의 억압을 눅일 여지가 늘어난 것이다. 그 현대적 필명 역시, 전통적 필명처럼, 필자(의 본명이라는 껍데기)를 지우면서 필자(의 취향이나 상상력이나 무의식 같은 알맹이)를 드러낸다. 한편, 이름이라는 껍데기가 인격의 일관성을 거드는 그릇이나 거푸집 노릇을 할 수도 있다면, 한 이름의 독재에서 해방되는 것이 인격의 분열이나 해리를 다그칠 수도 있을 게다.

전통적으로, 직업적 문필가나 연예인들보다 더 많은 이름을 지녔던 이들은 신분 노출이 육체적 위험으로 이어지게 마련인 지하운동가들이나 게릴라 전사들이었다. 이메일 아이디와 닉네임을 아우르면 나도 호적이름 말고 이름을 넷이나 더 지닌 셈이다. 그 이름들을 헤아리다 보면, 문득 내가 비밀결사의 세포에라도 속한 느낌이다. (07/07/06)

경계긋기의 어려움

출퇴근 인생을 접은 뒤에도 의식(衣食)까지 접을 수는 없어 한 출판사의 군식구가 된 게 두 해 전이다. 한 달에 한 번 출판사에 나가 기획회의 자리에 우두커니 앉아 있는 것이 내 일이다. 이 출판사는 홍보용 책을 조선일보에 보내지 않는다. 새 천년 앞뒤로 안티조선운동이라는 것이 본격화하기 전부터 그랬다. 안티조선이 시민적 양식의 상징이었던 시절엔 조선일보에 책을 보내지 않는 출판사들이 더러 있었다. 그 운동이 시들해지면서(거기 두드러진 공훈을 세운 이들이 대통령과 소위 '노빠'들일 게다) 그런 출판사들이 하나둘 줄어들었고, 이젠 내가 한 다리 걸치고 있는 출판사가 거의 유일하게 조선일보와 데면데면 지내는 모양이다.

객식구라는 인연도 작용해, 특별한 사정이 없으면 나는 이 출판사에서 책을 낸다. 내 책은 조선일보만이 아니라 동아일보와 중앙일보에도 보내지 않는다. 내가 그리 부탁했다. 안티조선운동이 시작될

무렵에는 이 두 신문이 조선일보와 어딘지 달라 보이기도 했지만, 언제부턴가 나는 그 차이를 또렷이 짚어내기 어렵게 되었다. 그리고 '조중동'이 세쌍둥이라는 판단을 내린 이상, 조선일보는 무뚝뚝하게 대하면서 동아일보, 중앙일보는 살갑게 대하는 것이 부자연스럽게 여겨졌다. 지난해에 무슨 책을 내면서부터는 '면납(免納)' 리스트에 문화일보를 새로 올렸다. 『미디어 오늘』에 인용된 문화일보 기사들에 몇 번 눈길을 주다가, '살굿빛 조선일보'라는 이 신문의 명성이 허전(虛傳)이 아님을 확인했기 때문이다. 출판사로서는 내 책 마케팅의 일정 부분을 포기하는 셈이다.

다른 출판사에도 내가 그런 부탁을 하는 것은 아니다. 조선일보와 닭 소 보듯 소 닭 보듯 하는 걸 이 출판사가 기왕 원칙으로 삼고 있으니, 그 원칙을 낳았으리라 짐작되는 기준에 맞춰 내가 다른 신문 몇을 거기 보탰을 따름이다. 딴 출판사에서 책을 낼 땐, 조선일보에 책을 열 부 보내든 동아일보 기자에게 기사 로비를 하든 출판사 일에 상관하지 않는다. 물론 출판사 쪽에서도 내가 이 신문들의 취재 요청을 거절하는 걸 양해한다.

몇 년 전, 한 서적 전문 웹진 기자가 그 즈음 내가 낸 책을 읽고 전화를 걸어와 인터뷰 약속을 한 적이 있다. 그러고 나서 퍼뜩 무슨 생각이 떠올라 출판사 편집장에게 그 웹진에 대해 물었다. 걱정했던 대로였다. 그 웹진은 어느 전직 대통령의 아들이 경영하는 대형출판사에 딸린 것이었다. 나는 그 웹진 기자에게 전화해 정중히 사과하고 인터뷰 약속을 취소했다. 속내를 드러내지는 않았다. 갑자기 일이 생겨 서울을 꽤 오래 비우게 됐다고만 말했다.

나는 연좌제를 두둔하지 않는다. 정서 수준에서도 그렇다. 그래서 1980년 5월을 피로 물들인 내란수괴에게는 적의가 있을지언정 그의 아들에게는 아무런 유감이 없다. 이런저런 추문으로 제 아버지의 낯을 깎은 다른 전직 대통령 아들들에 견주어, 정치에 뜻을 두지 않고 사업에 매진하는 그 지혜로운 처신이 외려 보기 좋기까지 하다. 그러나 모르긴 몰라도, 그의 출판 사업이 저리 번창한 것이 전적으로 그 자신의 재능과 노력에 힘입어서만은 아닐 테다. 적어도 그 사업의 시초에는, 경영자의 아버지가 국부에서 갈취한 피묻은 돈이 들어갔을 게다. 그가 운영하는 매체에 대고 내가 내 책을 홍보하는 것은 그의 아버지 손에 죽고 상한 이들에 대한 예의가 아니었다.

나는 지금 내 '윤리성'을 뽐내고 있는 게 아니라 논리 강박을 털어놓고 있다. 그런데 두 달쯤 전 그 강박적 논리가 한순간에 허물어지는 일을 경험했다. 알고 지내는 한 출판인이 어느 술자리에서, 내가 아무리 애써봐야 내 한 몸조차 깨끗이 건사할 수 없음을 일깨워준 것이다. "C씨(전직 대통령 아들)가 커다란 책 도매상을 운영하고 있거든요. 선생님 책들 상당 부분도 그 도매상을 통해 독자들에게 갈 겁니다." 머리가 어찔했다. 얼마 되지 않는 내 독자들의 일부는 내가 그리도 관련되지 않고 싶어하는 특정 자본을 통해 내 책을 만나고 있었다. 그렇다면, 이런저런 신문에 내 책을 보내지 않고 그 신문들과 인터뷰를 하지 않는 내 '자기만족적' 실천엔 도대체 무슨 의미가 있을까?

집에 돌아오는 택시 안에서 나는 더 침울해졌다. 삼성의 기업윤리는 조선일보의 기업윤리보다 나은가? 내가 바라는 세상에 대해 삼성은 조선일보보다 더 너그러운가? 그럴 거라는 대답이 선뜻 나오지 않았다. 그렇다면 삼성 제품을 기꺼이 사서 쓰는 내가 조선일보를 지네 보듯 하는 것은 자연스러운가? 한쪽은 그저 물질을 팔고 다른 쪽

은 거기 사악한 정신을 끼워 파니 둘을 나란히 놓는 것은 어불성설인
가? 분명히 그런가? 그 둘은 늘 또렷이 구분되는가? 나는 혼란스러웠
다. '윤리의 논리적 일관성'을 유지하고 싶어하는 소시민으로서 내가
넘어서는 안 될 경계가 정확히 어딘지 나는 알 수 없었다. 지천명을
코앞에 둔 나이에. (07/06/15)

복거일 & 노무현

1987년 6월항쟁이 마련한 한국 민주주의의 원(原) 공간은 일반민주
주의 너머의 체제를 더듬어 찾는 유혹의 공간이기도 했다. 시민항쟁
의 바람을 타고 일기 시작한 정치적 자유의 물결 위에서 이미 혁명의
멀미를 겪은 세력도 있었겠으나, 마르크스주의에 젖줄을 댄 노동운동
의 일부 주체들은 '진짜 혁명'을 꿈꾸고 있는 듯 보였다. 1871년의 파
리 코뮌이나 1917년의 볼셰비키 집권 같은 혁명 말이다. 혁명 러시아
를 본떠 동유럽에 들어선 체제들이 내부 모순과 세계자본주의의 압력
으로 거북이 등딱지 꼴이 돼가고 있던 그 순간, 얄궂게도 한국에서는
그 체제를 희망의 종착역으로 삼은 관념의 레일들이 속성으로 깔리고
있었다. 현실사회주의 체제의 실상에 대한 정보가 모자랐던 탓이기도
했을 테고, 오래 지속된 유사 파시즘 체제에 대한 반작용의 힘이 컸던
탓이기도 했을 테다. 지금 돌이켜보면 어처구니없는 일이지만, 사회
운동권의 일부 담론은 '한국 혁명의 임박'을 기정사실화하고 있었다.

게다가 이런 시대착오는 현실의 산문성(散文性)을 두루뭉술한 시적 언어의 변증법으로 무책임하게 대체하는 좌파 낭만주의자들의 전유물이 아니었다. 오늘날 한국 문학의 보수성을 상징하는 몇몇 평론가들도 그때는 '변혁'이라는 이름의 혁명을 이야기했다. 혁명적 마르크스주의는 제대로 된 반-파쇼 지식분자의 아편이었을 뿐만 아니라 신분증명서이기도 했다.

복거일 씨가 시사논평을 쓰기 시작한 것은 그 무렵이었다. 그처럼 단호하게 반공주의를 내세우는 지식분자는 그 이전에 지겹도록 보아왔지만, 제 반공주의를 그만큼 아치(雅致) 있는 문장에 실은 예를 나는 보지 못했다. 우수마발의 반공주의에 질려 생래의 반공주의를 쓰다듬기만 하고 있던 내가 이 글 잘쓰는 반공주의자에게 반한 것은 자연스러웠다. 복거일 씨는 공적 글쓰기의 시작부터 지금까지 줄곧 자유주의자를 자임해왔다. 그의 자유주의는, 적어도 그 초기에, 정부의 재분배 정책과 적정한 수준의 시장개입, 사회적 약자의 보호를 용인하는 정치적 지평을 지니고 있었다. 말하자면 그 자유주의는 일종의 '정의 감각'으로 조율되고 있었다. 그러나 그의 자유주의는 이내 급진적(근본적) 자유주의로, 그러니까 최소정부를 지향하는 '효율' 제일의 시장지상주의로 변했다. 이름을 유지한 채 실체를 바꿔치기한 셈인데, 묘한 것은 복거일 씨가 자신의 '전향'을 의식하지 못하는(않는) 듯하다는 점이다.

문제는 그의 '전향'에 있는 것이 아니라, '전향' 이후 그의 자유주의가 자유지상주의와 권위주의라는 두 대척점을 자유롭게 오간다는 데 있다. 김대중 정부 이후의 알량한 복지정책과 재벌개혁 시도를 겨냥해 말의 팔매질을 할 때, 복거일 씨는 도저한 자유지상주의자다.

박정희 · 전두환 체제를 슬그머니 또는 노골적으로 두둔할 때, 그는 때를 놓친 권위주의 이데올로그다. '(낭만적) 권위주의자 복거일'은 복거일 씨의 거듭되는 군대 예찬에서도 실루엣을 드러내는데, 그 실루엣은 그가 높이 평가하는 과학소설가 로버트 하인라인의 그림자와 설핏 겹친다. 그러니까 '전향' 이후 복거일 씨는 로버트 달이 민주주의의 양 방향 비판자로 설정한 무정부주의와 수호자주의를 동시에 끌어안는 묘기를 보여왔다. 이 분열증을 그가 자각하지 못하고 있다면, 그것은 그가 옹호하는 '소수'가 늘 '힘센 소수'이기 때문일 테다.

새 천년 앞뒤로, 나는 노무현 씨에게 반했다. 집권하기 전, 그는 약자의 편에 서겠다 했다. 그의 비판자들에 따르면, 그는 집권한 뒤 제 약속을 저버렸다 한다. 그러나 그런 정치인이 한둘이 아니니, 노무현 씨를 특히 비난할 일은 아닐지 모른다. 그렇다면, 그가 집권한 뒤 낯을 바꾼 것이 크게 비난받을 일 아니듯, 그가 집권하기 전 약자들과 연대한 것도 (윤리적으로) 크게 칭찬받을 일은 아닐 게다. 이런저런 상징자산이 모자랐던 노무현 씨에게, '약자동맹'은 필요불가결한 집권 전술이었다. 그와 그 동료들의 완장에 요란스레 새겨진 반-지역주의 구호 역시 마찬가지다. 노무현표 반-지역주의는 분칠한 영남패권주의에 지나지 않는다는 비판자들의 지적이 설령 그르다 해도, 호남에서는 구조적으로 '노무현'이 나올 수 없는 만큼(호남 출신 정치인의 반-지역주의 제스처에 눈시울이 젖어들 영남 유권자는 거의 없을 게다), 그의 반-지역주의 제스처에 윤리적으로 높은 점수를 매기는 것은 지나치다.

복거일 씨에 대해, 그리고 노무현 씨에 대해 내가 투덜거리기 시작했을 때, 혜안의 친구들은 그걸 처음부터 몰랐느냐며 나를 타박했다. 나는 몰랐다. "척 하면 척!"은 내 능력 너머에 있었다. 나는 복거일 씨의 '우아함'에, 노무현 씨의 '진실됨'에 홀렸다. 말할 나위 없이, 비판받아야 할 것은 헛것으로 호린 자의 재주가 아니라 헛것에 홀린 자의 미욱함이다. 명색이 기자라는 자가 참. 그저, 바로 나 자신이 그 일원인 인류의 남루함을 잊지 말고, 세상사를 판단하는 덴 늘 삼감이 있어야겠다는 자경(自警)의 계기로 삼아야 할 테다. (07/05/25)

한윤형 vs. 최익구

글 표제의 'vs.'는 허풍이다. 내 눈에 비친 두 사람은 민주공화국 시민의 양식을 공유하고 있고, 생각이나 이해관계가 첨예하게 맞서 있는 것 같지도 않다. 나는 &나 as well as로 두 이름을 이을 수도 있었을 것이다. 좀더 자극적인 'vs.'를 넣은 것은 좀더 많은 독자를 낚기 위한 꼼수에 지나지 않는다.

한윤형 씨는 군복무를 마치고 얼마 전 학교로 돌아온, 철학 전공의 복학생인 듯하다. '듯하다', 라고 한 자락 깐 것은 내가 그와 친분이 없기 때문이다. 그래도 그의 글을 처음 읽은 것은 꽤 오래 전이다. 새것에 잘 적응하지 못하는 내가 인터넷 사이트라는 델 처음 들어가본 것은 막 새 천년을 맞았을 때다. 그 사이트가 '인물과 사상' 홈페이지였다. 정치학자 최장집 씨의 사상을 검증하겠다고 조선일보가 거들먹거리면서 시민사회 일각에서 일기 시작한 '안티조선' 운동이라는 것이 세상에 알려질 무렵이었고, 인물과 사상 홈페이지는 그 운동의

한 근거지였다. 자신을 고교생이라고 밝힌 한 네티즌이 '아흐리만'이라는 닉네임으로 그 사이트 게시판에 바지런히 글을 올리고 있었는데, 고교생이 썼다는 게 믿기지 않을 만큼 글이 (여러 의미에서) 어른스러웠다. '아흐리만'(옛날 조로아스터교도들은 어둠의 세계를 다스린다고 자신들이 상상한 신을 이 이름으로 불렀다 한다)이라는 닉네임에서 설핏 읽히는 위악만이 덜 어른스러워 보였다.

그 시절 안티조선 운동에 발 담갔던 한 친구를 지난주 술자리에서 보았다. 문득 '아흐리만'이라는 이름이 떠올라 그 친구에게 아흐리만의 실명과 근황을 물었다. 친구는 그의 근황은 알지 못했으나, 이름이 한윤형이라는 것을 알려주었다. 그 이름으로 구글을 뒤져보니 그의 블로그에 실린 글이 여럿 떠올랐다. 나는 아예 한윤형 씨의 블로그에 들어가 두 시간 남짓을 보냈다. 그가 철학 전공의 복학생이리라는 짐작은 그의 글들을 훑고 나서 하게 된 것이다. 고교생 시절의 조숙이 워낙 인상 깊었던 터라 그가 그동안 더 '어른스러워'졌는지는 판단하기 어려웠으나, 그 글들은 만개한 시장사회를 버텨내는 한 젊은이의 정치적·문화적 감수성으로 뾰족했다.

한윤형이라는 이름 옆에 최익구라는 이름을 놓는 것을 나는 꽤 망설였다. 한윤형 씨와 달리, 최익구 씨는 내가 사적으로 모르는 이가 아니기 때문이다. 그는 내가 한 해에 한두 번쯤 만나는 술친구다. 공적 지면에 제 친구 얘기를 늘어놓는 것은 민망한 일이다. 그러나 내게 그런 전과가 없는 것도 아니고, 무엇보다도 두 이름을 나란히 놓는 것이 그럴듯해 보이기도 해, 나는 뻔뻔해지기로 했다. 최익구 씨는 대학에서 경영학을 공부하다 휴학하고 지금 공익 근무를 하고 있다. 한윤형 씨의 동갑내기가 아닌가 싶다. 그가 개인 홈페이지를 지니고 있다

는 걸 최근에 알게 됐는데, 한윤형 씨 글들을 읽다가 내친 김에 최익
구 씨의 홈피에도 들어가보았다. 전자우편으로만 읽어보던 그의 글을
한꺼번에 여럿 읽고 있자니 다시 한윤형 씨 생각이 났다. 크게 다르지
않은 교육 배경을 지녔을 이 두 동년배가 취향이나 기질에서 꽤 달라
보였기 때문이다.

블로그는 일종의 일기장이다. 그러나 그것은 공개된 일기장이다.
그곳에선 공적인 것과 사적인 것이 뒤섞이고, (사회적) 윤리와 (개인
적) 도덕이 미묘하게 맞버티며, 드러냄의 욕망과 감춤의 솜씨가 서로
스며든다. 낯선 사람의 블로그를 들여다보는 재미는 거기서 나올 것
이다.

한윤형 씨와 최익구 씨는 둘 다 만만찮은 독서가인 듯한데, 철학
도의 취향이 새것에 쏠려 있다면 경영학도의 취향은 옛것에 쏠려 있
다. 둘 다 개인주의자이지만, 한쪽의 개인주의는 민중의 벗 겸 검술교
사가 되고자 하는 프티부르주아 지식분자의 욕망으로 눅눅해지고, 다
른 쪽의 개인주의는 백성의 살림을 걱정하는 사대부 독서인의 목민의
식으로 불순해진다. 한윤형 씨의 언어는 날카롭게 벼려져 있고, 최익
구 씨의 언어는 넉넉하게 다습다. 그 날카로움이 냉소주의의 각박함
으로 졸아들지 않았으면 좋겠다. 그리고 그 넉넉함이 온정주의의 무
원칙으로 흐물흐물해지지 않았으면 좋겠다. 정치적 존재로서, 이 두
사람이 제가끔 한국 정치의 공간에서 자신들에게 부여한 좌표도 사뭇
달라 보인다. 한윤형 씨에 견줘 최익구 씨는, 그의 닉네임 '새우범생'
이 암시하듯, 주류 정치질서에 더 너그럽다.

그러나 이들이 부리는 지식과 정보의 총량은, 그리고 그 앎에 떠
밀리는 생각과 느낌의 포물선은 이들 나이 때의 나에게 견주어서는

물론이고 지금의 나에게 견주어서도 한결 크고 아리땁다. 나이는 한 사람의 지적 · 정서적 · 윤리적 성숙과 아무런 관련이 없음을 알겠다. 나는 이들보다 두 배는 더 산 듯싶다. 다행이다. 나이 차가 이만큼 크지 않았다면, 나는 질투심 때문에 이들의 글을 읽기 힘들었을 테니.
(07/05/04)

제3부
슬픈 사랑노래 둘

말의 타락

욕설로 대표되는 비속어는 타락한 말의 일종이다. 그러나 그것은 한눈에 알아볼 수 있는 타락이고, 그래서 덜 위험한 타락이다. 그보다 좀 덜 눈에 띄는, 그래서 더 위험한 말의 타락은 꾸밈이다. 꾸밈의 언어는 스스로를 꾸밀 때 교태의 언어가 되고, 대상을 꾸밀 때 감탄의 언어가 된다. 한쪽에선 자기애가 넘실대고, 다른 쪽에선 팬덤(fandom)의 열기가 느껍다. 얼핏 보기엔 자기애가 더 보기 흉하지만, 언어적 타락의 정도에선 오십보백보다. 사실, 자기애와 팬덤의 열기는 근본이 하나이기 십상이다. 팬덤의 언어 곧 팬픽션은 흔히 작자와 대상을 동일화하기 때문이다.

아름다움을 느끼는 능력은 복이다. 그 아름다움을 언어로 찬탄하는 능력은 더 큰 복이다. 그런데 이 복을 탕진하는 사람들이 적지 않다. 세상에 아름다운 것이 그리 많은가? 세상에 좋은 것이 그리 많은가? 아니, 범위를 좁히자. 아름다운 텍스트가 그렇게 많은가? 좋은 예술작품이 그렇게 많은가? 비평의 옷을 입고 나풀거리는 말들을 곧이 곧대로 믿자면, 한국엔 아름다움과 좋음이 지천인 것 같다. 그러나 그 감탄의 언어들이 가리키는 대상을 직접 보면, 아름다움이나 좋음과는 동떨어져 있기 일쑤다. 사실 그게 당연하다. 무릇, 아름다운 것은 드물고, 좋은 것도 드문 법이니.

아름답지 않은 것을 아름답게 꾸미는 언어는 아름답지 않다. 좋지 않은 것을 좋다고 다독거리는 언어도 좋지 않다. 그것은 타락한 언어다. 지금 예술비평은 그런 타락한 언어의 전시장이다. 으레 그렇겠거니 에누리해서 읽는 책 뒤의 발문이나 전시 도록의 평문만 그런 게 아니다. 예술 저널들을 채우고 있는 비평언어들도 그런 팬픽션이 태반이다. 잦으면서 상투가 되지 않는 것은 세상에 없다. 감탄도 마찬가지다. 언어가 팽창할수록 느낌은 무뎌진다. 거듭된 감탄으로 가용어휘를 바닥내면, 정작 감탄할 대상을 만났을 때 입 다물 운명에 처하게 된다.

섬세한 미적 감각이란 신경과민의 미적 감각이 아니다. 그것은 적절한 미적 자극에 적절히 반응하는 능력이다. 10의 자극에는 10의 반응을, 5의 자극에는 5의 반응을 보이는 것이 섬세한 미적 능력이다. 물론 미적 감각은 다분히 주관적이다. 그러나 지금 한국 비평의 문제는 그런 주관성의 물렁물렁함이 아니다. 1의 자극을 받았든 5의 자극을 받았든 심지어 0의 자극을 받았든, 제게 맡겨진 모든 글뭉치와 이미지 앞에서 10의 반응을 하는 신경과민이 문제다. 그럴 때 비평은 광고카피가 된다. 팬픽션이 된다. 더 나아가 전근대적 사회의 지도자 숭배 언어가 된다. 실(實)이 뒷받침되지 않을 때, 가장 화사한 언어는 가장 타락한 언어다.

꾸밈의 언어보다 더 눈에 띄지 않는 말의 타락은 과잉분석이다. 물론 세상은 복잡하다. 텍스트나 이미지도 복잡하다. 복잡한 세상과 복잡한 텍스트/이미지에는 거기 걸맞게 복잡한 분석이 따라야 한다. 그러나 세상만사가 죄다 복잡한 것도 아니고, 세상의 텍스트/이미지들이 죄다 복잡한 것도 아니다. 세상만사가 죄다 복잡하다 여기는 사람은 음모론의 지지자가 된다. 세상의 텍스트/이미지들을 죄다 복잡하게 여기는 사람은 의미 만들기의 파라노이드가 된다.

말할 나위 없이, 어떤 텍스트가 하나의 의미만을 지닐 수는 없다. 텍스트는 때로 그 저자조차 깨닫지 못한 의미를 지닐 수도 있다. 그 자체로도 그러하고, 콘텍스트와의 관련 아래서도 그러하다. 그러니, 비평가는 저자가 깨닫지 못했던 의미를 발견하거나 부여할 수도 있다. 오독이 텍스트의 의미를 풍성하게 만들 수도 있다. 그러나 그것도 정도 문제다. 소설 속의 한 인물이 말한다. "파리 하늘이 그리워." 비평가가 이 발화를 분석한다. "그가 세상의 수많은 도시 가운데 하필 파리를 그리워하는 것은 청년기의 한 도막을 그 도시에 묻어두고 왔기 때문만은 아니다. 거기 더해, 그 도시의 이름이 트로이 왕자 파리스와 포개지고 할리우드 사교계의 꽃 패리스 힐튼과 포개지기 때문이다. 말하자면 파리를 향한 그의 그리움은, 무의식의 수준에서, 폭력과 성애를 향한 그리움이다. 작가는 그 사실을 깨닫지 못했을 수도 있다. 모든 작가가 자신이 만든 인물의 내면을 속속들이 알 수 있는 것은 아니다."

황당한가? 그러나 쏟아져 나오는 예술비평 언어들을 한번 들여다보라. 파리라는 도시 이름에서 폭력과 성애의 무의식을 읽어낼 법한 '의미의 파라노이드들'이 수두룩하다. 이런 과잉분석의 언어야말로, '전문성'의 너울을 쓰고 있는 만큼, 가장 위험한 타락의 언어다.
(대산문화, 2007 겨울)

외국어로서의 한국어 교육과 문학

창작물(문학작품)을 읽는 것과 비-창작물(학술서적을 포함해 좁은 의미의 문학 바깥에 자리잡은 텍스트들)을 읽는 것 가운데 어느 쪽이 더 어려울까? 또 창작적 글쓰기와 이론적 글쓰기 가운데 어느 쪽이 더 어려울까? 단언할 수는 없다. 창작물이든 비-창작물이든 그 됨됨이가 문제될 테고, 글을 읽거나 쓰는 사람의 취향도 개입할 게다. 그렇지만 경향의 수준에서 말하자면, 모국어로는 창작물 쪽이 더 쉽고 외국어로는 비-창작물 쪽이 더 쉬울 듯하다. 이것은 물론 (모국어로) 일급 문학작품을 쓰는 것이 일급 이론서를 쓰는 것보다 반드시 쉽다는 뜻도 아니고, (모국어로 쓰인) 최량의 문학작품을 속속들이 이해하는 것이 최량의 이론서를 온전히 이해하는 것보다 늘 쉽다는 뜻도 아니다. 그저, 평균적으로 그러리라는 짐작일 따름이다. 문학작품의 언어는 모국어 화자들에게 정서적 울림을 자아내는, 몸에 새겨진 말들인 경우가 많다. 그 말들은, 평균적 성인 독자라면, 사전을 찾지 않아도 대개 알고 있다. 그 텍스트를 짜낸 문화배경도 독자들에게 익숙하다. 그래서, 텍스트 안에 깊숙이 숨겨진 비의(秘意)까지는 몰라도, 내용을 움켜쥐는 데 큰 어려움은 없다. 그렇지만 이론서의 언어는 다르다. 그것은 우리가 어려서부터 입으로 배운 언어가 아니라 학교에서 문자를 통해 배운 언어다. 그래서 해당 분야의 정보로 미리 무장하지 않은 독자에게, 이론서를 읽는 것은 문학작품을 읽는 것처럼 만만하지 않다. 그런데 외국어를 읽을 땐 이 난이(難易) 관계가 뒤바뀌기 십상이다. 자란 뒤에 배운 언어이므로, 그 외국어로 어지간히 책을 읽었다 해도 문학작품에 쓰인 말들에 정서적으로 감응하기가 쉽지 않다. 그 텍스트를 짜낸 문화배경도 낯설다. 반면에 이론 텍스트를 짜는 딱딱한 개념어들을 이해하는 것은 그리 어렵지 않다. 처음 보는 말이 나와도 (전문어)사전만 있으면 든든하다. 사전을 찾아 뜻을 알고 나서도 그 정서적 울림을 포착하기 어려운 문학언어들과는 다르다.

이런 역전은, 정도의 차이는 있겠으나, 쓰기에도 적용되는 것 같다. 범상한 수준의 텍스트라면, 모국어로는 창작이 이론 구성보다 쉽다. 적어도 더 어렵지는 않다. 그러나 외국어로는 창작이 이론 구성보다 훨씬 어렵다. 어떤 말의 뉘앙스에 대한 지식이 한결 더 섬세하게 요구되기 때문이다. 모국어를 버리고서도 큰 작가가 된 사람이 모국어를 버리고 큰 이론가가 된 사람보다 훨씬 적다는 사실은 이런 추측을 경험적으로 정당화한다. 둘 이상의 언어로 창작을 하는 작가가 둘 이상의 언어로 이론 작업을 하는 저자보다 훨씬 더 적다는 사실 역시 이런 추측을 경험적으로 정당화한다. 요즘 세상의 어지간히 뛰어난 이론가들은 제 모국어와 영어로, 경우에 따라서는 거기 한두 언어를 더해, 저술활동을 한다. 그러나 둘 이상의 언어로 문학작품을 쓰는 작가는 찾기 어렵다. 문학에서 언어 장벽은 그만큼 높다. 새뮤얼 베케트나 밀란 쿤데라 같은 이들은 그 장벽을 뛰어넘은 예외적 작가들이다. 이것은 문학이 한 자연언어의 정화(精華)라는 뜻이자, 그 마지막 영토라는 뜻이기도 하다.

문학은 한 자연언어의 마지막 영토다. 그 자연언어를 외국어로 배운 사람에겐 특히 그렇다. 한국어를 외국어로 배운 사람이 한국어로 버젓한 시나 소설을 쓰는 것은, 예컨대 박노자 씨처럼 버젓한 이론적 글을 쓰는 것보다 훨씬 어렵다. 외국인들이 한국어로 문학작품을 읽는 것 역시 한국어로 비-문학 텍스트를 읽는 것보다 어렵다. 언어교육론에 따라 이견이 있을 수 있겠지만, 배움은 쉬운 것에서 어려운 것으로 나아가는 것이 자연스럽다. 이것은 외국어 교육이 문학 텍스트 중심으로 이뤄지는 것이 바람직하지 않다는 뜻이다. 이를테면 한국어를 배우는 외국인이 겨우 문법의 틀을 이해한 뒤 곧바로 문학작품을 읽는 것은 바람직하지 않다. 문학작품은 신문, 잡지, 각급 교과서와 학술서적 같은 비-문학 텍스트에 익숙해진 뒤 접하는 것이 낫다. 그래야 한국어 학습에 질리지 않는다. 그리고 질리지 않은 채 한국어를 배워 이 언어에 익숙해진 외국인들이 많이 나와야, 그 가운데서 한국 문학을 한국어로 향유하는(심지어 생산하는) 사람이 생겨나기 시작할 것이다. 정부가 한국어와 한국 문화를 보급하기 위해 2011년까지 100여 개의 '세종학당'을 세계 여러 곳에 세우기로 했다 한다. 반가운 일이다. 세종학당의 한국어 교육도 '문학 중심'을 피했으면 한다. 그것이 궁극적으로 한국 문학을 위하는 길이다. (대산문화, 2007 봄)

슬픈 사랑노래 둘

초등학교 6학년 겨울방학 때 나를 가장 걱정스럽게 한 것은 이제 곧
중학교에 들어가 영어를 배워야 한다는 사실이었다. 다른 과목들에
견줘 영어가 특히 두려웠던 것은 그것이 초등학교 때 배운 과목들과
는 완전히 다른 영역에 속하리라 짐작했기 때문이다. 중학교에 다니
는 사촌누이들과 어울린 덕에, 나는 그 즈음 수학이라거나 물상이라
거나 생물이라거나 지리라거나 국사 따위의, 중학교에서 배우게 될
과목들의 이름 정도는 알고 있었다. 그런 과목들은, 비록 그 이름들이
만만치 않아 보이긴 했지만, 그래도 초등학교 때 배웠던 산수나 자연
이나 사회의 연장일 뿐이었다. 영어는 달랐다. 그것은 초등학교 때 배
운 '국어'가 아닌 '외국어'였고, 완전한 미지의 세계였다. 그 시절에
도 공부 좀 한다는 아이들은 초등학교 6학년쯤 되면 '썬데이, 먼데이'
라거나 "아이 앰 어 보이" 정도는 읊조릴 줄 알았다.(적지 않은 초급 영
어 텍스트가 "아이 앰 어 보이"로 시작하는 것은 기괴하다. 제 '사내 됨'을 뽐

내야 할 특정한 맥락이 아니라면, 남성 영어 화자들이 이 문장을 발설할 기회
는 평생 한 번도 없기 쉬울 게다.) 그러나 내겐 그런 문화적 자산이 전혀
없었다. 6학년 겨울방학이 끝나도록 나는 영어 알파벳을 인쇄체로도
쓸 줄 몰랐다. 두려움이 없을 수 없었다.

　　졸업식 날 나는 동네 서점에서 『영어 첫걸음』이라는 책을 샀다.
중학교에 입학하기까지 주어진 열흘 남짓의 봄방학 동안 영어라는 괴
물과 한판 붙거나 친해지거나 할 요량이었다. 표지조차 누런 갱지였
던데다 인쇄 상태도 매우 조잡했던 『영어 첫걸음』은 지금 돌이켜보면
영어에 관한 한 내게 복음서였다. 열흘 동안 그 책에 통달했다는 게
아니다. 그러기는커녕 10분의 1도 채 못 읽었다. 인쇄체 영어 알파벳
을 익히는 데 닷새쯤 걸렸고(필기체는 아예 포기했다), 발음기호를 익히
는 데 그만큼의 시간이 걸렸다. 그래도 알파벳과 발음기호를 익히고
나니 두려움이 싹 가셨다. 이젠 낯선 영어 단어와 만나도 스스로 영어
사전을 뒤적여 그 발음과 뜻을 알 수 있게 된 것이다. 나는 중학교 1학
년 1학기 내내 『영어 첫걸음』을 들고 다녔다. 학교에서 채택한 영어
교과서(『Standard English』라는 책이었다)보다도 이 책을 더 애지중지했
다. 여름방학 때도 이 책에 코를 파묻었다. 개학과 함께 1학년 2학기
가 시작됐을 때 내게 학교 영어 수업은 유치하게 느껴질 정도가 됐다.
『영어 첫걸음』의 저자(이름은 모르겠으나)에게, 뒤늦게나마 고마움을
표한다. 그 책 중간쯤, 부정사의 명사적 용법을 설명하는 대목에 이런
시(인지 노래가사인지는 모르겠으나, 아무튼 라임을 갖춘 운문이다)가 예문
으로 실려 있었다.

To meet, to know, to love and then to part

Is the sad tale of many a human heart

만나서 사귀고 사랑하고 결국 헤어지는 건
수많은 사람의 슬픈 사연이다

이 문장의 원(原) 출처는 지금도 모른다. 그러나 열두 살짜리 눈엔 좀 근천스레 보였던 이 문장이 세월과 나란히 점점 가슴을 후벼판다. 첫 행의 부정사 네 개는 아닌 게 아니라 많은 사람의 생애를 요약한다.(물론 to love 자리에 to hate가 들어갈 수도 있겠지만.) 주어-동사-보어로 이뤄진 이 2형식 문장은 평범한 자연인의 삶을 요약하는 듯도 하고, 만났다 사랑했다 헤어지기를 되풀이하는 대한민국(만은 아니겠으나) 정치인들의 삶을 요약하는 듯도 하다. 누항에 몸을 구겨 넣은 장삼이사의 경우든, 아니면 대통령선거 해를 맞아 이합집산을 거듭하는 정치인들의 경우든, 이 만남과 헤어짐의 과정은 호르몬 분비 상태와 사악한 이성(理性)의 연산에 동시에 종속돼 있을 것이다. 정치인의 경우엔 이성의 연산이 압도적으로 더 크게 작용할 테다. 아무튼 사랑은 움직이게 마련인 모양이고, 그걸 깨닫고 나서 마음을 다스리려 해도, 움직이는 사랑은 여전히 슬프다. 슬픈 것은 움직이는 사랑만이 아니다. 좀처럼 움직일 줄 몰라 내게 다가오지 않는 사랑도 슬프다. 이 슬픔을 매우 슬프게 표현한 스페인어 노래 하나가 떠오른다. 『영어 첫걸음』으로부터 몇 년이 지난 뒤, 『Spanish without Toil』이라는 책으로 스페인어를 익히면서 알게 된 노래다.

Aunque tu no me quieras

Tengo el consuelo

De saber que tu sabes

Que yo te quiero

비록 그대가 날 사랑하지 않아도

내겐 위안거리가 하나 있으니

내가 그대를 사랑하는 걸

그대가 알고 있다는 것

이것은 패배자의 노래다. 그러나 승자의 노래가 심금을 울리는 경우는 없다. 문학사가 특권적 자리를 부여한 운문 작품이든 노래방에서 소비되는 유행가든, 사랑의 언어는 대체로 실연의 언어고 이별의 언어다. 사랑은 결핍 상태에서 가장 치열하기 때문이다.

술 몇 잔 마시다 보니 삶의 푸른빛에서 멀찌감치 떨어진 나이가 되었다. 이젠 그럴싸한 멜로드라마에보다도 맛난 음식에 더 몸이 쏠린다. 그래도 곰곰 생각해보면, 연애는 사람의 삶에서 가장 큰 사업이 아닌가 싶다. 생물체로서도 그렇고, 소위 문화적 존재로서도 그렇다. 사람됨의 가장 큰 특성은 높다란 교감의 능력이기 때문이다. 흔히 '치정(癡情)'이라는 말로 백안시되는 감정의 주고받기는 다른 모든 세속적 야심을 압도하는 고강도(高强度) 연애다. 그 격렬한 연애는 한 사람의 삶을 망치면서, 그와 동시에 그 삶을 온전하게 만든다. 망언다사(妄言多謝)! 벚꽃 진 뒤에도 한창인 봄빛이 내 몸을 간질였나 보다. (kopus, 07/04/27)

〈그레이 아나토미〉, 그레이 닥터

일요일 밤 11시 20분 무렵이 되면 꼭 KBS 2텔레비전에 채널을 맞춘다. 메디컬 드라마 〈그레이 아나토미(Grey's Anatomy)〉를 보기 위해서다. 사실 이 버릇은 이 드라마에 앞서 같은 시간대에 방영되던 〈위기의 주부들〉 때부터 들인 것이다. 예고방송에서 〈그레이 아나토미〉라는 제목을 처음 들었을 땐, 무슨 의학 스릴러가 아닌가 넘겨짚었다. 장기 불법매매나 생체실험 따위를 소재로 한. '잿빛 해부(grey anatomy)' 라니 얼마나 음산한가? 알고 보니 이 제목은 드라마 주인공 가운데 한 사람인 외과 인턴 메러디스 그레이의 어머니 앨리스 그레이가 쓴 해부학 교과서 표제였다. 알츠하이머병을 앓고 있는 앨리스 그레이는 한때 명성 높은 외과의사였고, 그녀가 쓴 해부학 교과서『그레이의 해부학(Grey's Anatomy)』은 드라마 속에서 외과의사들의 필독서로 설정돼 있다.

　　최근에 한 의사 친구로부터, 실제로『그레이의 해부학(Gray's

Anatomy)』이라는 고전적 해부학 교과서가 있다고 들었다. 19세기 중엽에(《위키피디아》에서 확인해보니 1858년이다) 초판이 나온 이 책의 저자는 영국인 해부학자 헨리 그레이(Henry Gray: 1825~1860)다. 드라마 〈그레이 아나토미〉의 해부학자 앨리스 그레이와는 성(性)도 다르고 성(姓)의 철자도 하나 다르다. 그렇게 현실을 약간 비틀었다 해도, 이 드라마의 작가가 헨리 그레이의 해부학 교과서 표제에서 제 작품의 제목을 취한 것은 틀림없어 보인다. 그가 '그레이'라는 성의 철자를 바꾼 것은, 배우이자 시나리오 작가 스폴딩 그레이(Spalding Gray)가 헨리 그레이의 책에서 제목을 차용해 1996년 스크린에 올린 모노드라마식 영화 〈그레이 아나토미(Gray's Anatomy)〉를 의식해서였는지 모른다. 헨리 그레이의 해부학 교과서는 후배 학자들의 손질을 거치며 영국과 미국에서 지금도 개정판이 나오고 있다 한다. 해부학 교과서의 고전이 '그레이'라는 이름의 저자에게서 나온 것은 우연찮은 우연이다. 나 같은 문외한에게 해부학이란, 더 나아가 외과학 일반이란 음산하게 보일 수밖에 없으니.

그전의 〈위기의 주부들〉이 하도 자극적이었던 터라, 〈그레이 아나토미〉의 첫인상은 상대적으로 밋밋해 보였다. 첫 회에 메러디스 그레이가 외과 전문의 데릭 셰퍼드를 만나는 장면에서 이미 멜로드라마 냄새가 물씬거려 그랬을 것이다. 나도 젊어서는 멜로물에 중독된 세월을 얼마간 보내기도 했으나, 나이 한두 살 더 먹어가며 사랑놀이에 감응할 마음의 결이 점점 성글어진다. 그런데도 〈그레이 아나토미〉를 챙겨 봤던 것은 극중에서 메러디스 그레이의 인턴 동료로 설정된 크리스티나 양 역을 한국계 배우 샌드러 오가 맡고 있다는 데 호기심이 일어서였다. 처음에는 그랬다는 말이다. 사실 샌드러 오에게 호기심이 인 것이 단지 그녀가 한국계라는 이유에서만은 아니었다. 아는 여자 가운데 그녀와 매우 닮아 보이는 사람이 있었던 것이다. 연세대학교에서 러시아문학을 가르치는 김진영이 그 사람이다. 김진영 교수를 한 번이라도 본 사람이라면 그녀와 샌드러 오가 판으로 찍어낸 듯 닮았다는 데 동의하지 않을 수 없을 것이다. 〈그레이 아나토미〉에서 처음 샌드러 오를 봤을 때, 나는 한순간 '아니 김 모가 미국에서 연기자 생활을?' 하는 생각까지 했다. 김진영은 코네티컷에서 대학을 다녔다. 드라마의 무대인 태평양 연안에서는 멀리 떨어진 곳이지만, 거기도 미국은 미국 아닌가? 그러나 곧이곧대로 얘기하자면, 배우가 아닌 김진영이 배우 샌드러 오보다 미모에서 외려 앞선다.(친지에게 아부하자고 하는 말이 아니다!) 그리고 러시아문학자 김진영은 외과 인턴 크리스티나 양만큼 질투와 직업적 야심으로 자신을 괴롭히는 것 같지도 않다.

샌드러 오에게 이끌려 이 드라마를 쫓아가다가, 나는 〈그레이 아나토미〉가 〈위기의 주부들〉 못지않게 매력적이라는 것을 깨달았다. 〈그레이 아나토미〉의 두 축은 통속적 휴머니즘과 로맨스다. 말하자면 〈그레이 아나토미〉는 전형적인 멜로드라마다. 그러나 이 멜로드라마는 그 자체의 맛을 통해서, 또는 이런저런 양념을 치며, 불쑥불쑥 깊은 생각거리를 남긴다. 그 생각거리는 여러 가지다. 세상에서 가장 부유하고 가장 의학이 발달한 나라에서도 왜 어떤 계층 사람들은 의료 혜택을 충분히 받을 수 없는가, 의사집단 내부의 도제 시스템이나 관료주의는 필요악인가, 사람에게는 자신을 해칠 권리가 있는가, 의식 없는 삶도 연장할 가치가 있는가, (말기)환자는 자신의 건강상태에 대해 완전한 정보를 알 권리가 있는가(의사는 환자의 가족이 아니라 오직 환자 당사자에게 그의 건강에 대한 정보를 완벽하게 알려주어야 하는가) 같은 것들.

그러나 이보다 더 큰 생각거리는 삶/죽음 자체에 대한 것일 테다. 사실 병원은, 특히 외과 병동은 죽음에 대한 명상을 하기에 최적의 장소다. 거기에선 죽음이 일상사다. 그 영원한 이별 앞에서 사람들은, 때로는 억만장자까지 포함해서, 속수무책이다. 응급실에서, 그리고 영안실에서, 사람들은 삶에 대한 겸손을 배울 수밖에 없다. 세속적 가치를 향한 모든 욕망이 수술대 둘레에선, 영안실에선 부질없이 느껴진다. 외과의사들은 그 해탈의 의식을 일상적으로 치르는 사람들이다. 그런데 그들은 왜 도사가 되지 못할까? 그 의식을 너무 자주 치르다 보니 내성이 생겨서 그런 것일까? 강력계 형사나 사건기자가 그렇듯.(모든 직업에는 그 핵심이라 할 영역이 있다. 이를테면 신문기자 가운데는 사회부의 사건기자가 그렇다. 경찰서와 사건 현장을 누비는 소위 '사스마리'야말로 기자 중의 기자다. 경찰관 가운덴 강력계 형사가 그럴 것이고, 의사 가운데는 외과의사가 그럴 것이다. 사건기자 노릇과 강력계 형사 노릇이 기자 노릇과 형사 노릇 가운데 가장 고되듯, 외과의사 노릇이 의사 노릇 가운데 가장 고되다. 그러나 바로 그 고됨이 그들에게 한 직업군을 대표하는 영예를 헌정한다.)

더러, 의사답지 않은 의사를 본다. 중국 언론인 저우창이가 최근 『한겨레』 칼럼(「망가진 중국 의료 윤리」, 2006. 11. 14)에서 비아냥거렸듯, 환자를 '돈이 열리는 나무'로 여기는 의사 말이다. 저우창이는 그 칼럼에서 중국의 '인민병원'이 개혁의 이름으로 기업화를 거치면서 '인민폐(人民幣) 병원'이 됐다고 한탄한다. 의료가 하나의 산업이 된 자본주의 사회에서 유독 의사들에게만 중뿔난 윤리를 강요하는 것은 불공평한 일인지도 모른다. 그러나 세상 사람들이 '어진 기술(仁術)'이라고까지 부르는 거룩한 능력이 오로지 돈벌이 수단으로만 쓰이는 것은, 그래서 의사들이 더러 탐욕의 상징으로 여겨지는 것은 어쩔 수 없이 써늘하다. 의사가 되기까지의 그 고된 수련 과정에 대한 보상이 단지 금전적인 것이라면, 그것은 의사의 명예를 위해서도 서글픈 일이다.

과잉진료는 모든 자본주의 사회가 겪는 병폐다. 최근, 한국의 극소수 병원에서, 검진자들에게 암이 의심된다는 허위 진단을 내려 두 번 세 번 정밀검사를 받게 하는 경우가 있다는 사실이 한 국회의원에 의해 지적됐다. 입을 다물 수 없다. 그 병원은 환자의 돈만을 갈취한 것이 아니라 신뢰를 갈취한 것이다. 자신이 암에 걸렸을지도 모른다는 말을 의사에게 들었을 때 환자(와 그 가족)가 겪을 마음의 고통이 의료자본가와 그들에게 고용된 의사들에겐 아무런 거리낌도 주지 못했던 것이다.

이쯤 되면 이 의사들은 가학성변태성욕자라고도 볼 수 있다. 의사의 명예심을 팽개친 이 의사들도 의사가 되면서 히포크라테스 선서(제네바 선언문)라는 것을 했을 것이다. 이 선서가 의사들에게 너무 높은 윤리 수준을 요구한다고 투덜대는 의사도 있을지 모른다. 그러나 이 선서의 휴머니즘적 속박은 모든 사회에서 의사가 누리는 커다란 존경의 작은 대가다. 돈벌이를 위해서라면 더 효율적인, 다른 직업을 택하는 것이 낫지 않을까? 의사가 될 수 있을 정도의 재능과 노력으로라면, 무슨 일을 하든 한 재산 모을 수 있을 게다.

의료의 사회화는 한 공동체의 가장 큰 재능들을 의과대학 바깥으로, 의료계 바깥으로 내몰지 모른다. 그러나 그때, 의사들은 제 직업의 고귀한 전통과 명예를 회복할 수 있을 것이다. 그때, 의료계는 음산한(그레이) 의사가 아니라 원숙한(그레이) 의사로 채워질 것이다.

(kopus, 06/11/22)

내가 '시사모'에 참여한 까닭

어떤 조직 바깥에 있는 사람이 그 조직의 속사정을 소상히 알기는 어렵다. 바깥 사람이 조직의 속사정을 알게 되는 것은 대개 귀동냥을 통해서인데, 그 정보에는 그걸 전하는 사람의 입장도 반영되게 마련이어서 그게 꼭 공평한 전언인지는 확신할 수 없다. 내가 『시사저널』 사태에 대해 알고 있는 것도 그런 불확실한 정보에 속할지 모른다. 그러나 지금 갈등을 빚고 있는 기자들과 경영진 양측이 모두 동의할 수 있는 사실에 기초해 내 의견을 적어보려 한다.

월드컵 열기가 한국 사회의 모든 쟁점을 삼켜버리던 지난 6월 중순, 인쇄소에 넘겨진 『시사저널』의 기사 하나가 인쇄 직전에 편집국장 모르게 빠졌다. 그 기사는 삼성그룹의 2인자라 할 이학수 부회장의 인사 스타일을 비판적으로 다룬 것이었고, 이 기사의 삭제를 지시한 이는 『시사저널』 금창태 사장이었다. 금 사장은 그에 앞서 당시 이윤삼 편집국장에게 이 기사를 빼라고 요구했으나, 이 국장과 편집국 기자들은 이 요구가 부당하다고 판단해 응하지 않고 있던 상태였다.

잡지가 나온 뒤 기사가 빠진 것을 알게 된 이윤삼 국장은 항의의 표시로 사표를 냈고, 금 사장은 즉시 이 사표를 수리했다. 뒤이어 편집국 기자들이 기사 삭제와 편집국장 사표 수리에 대해 항의하자, 금 사장은 직무정지, 대기발령 등의 중징계를 무더기로 내리는 것으로 이에 대응했다. 기자가 고작 27명에 지나지 않는 『시사저널』 편집국에서 사실상 해고된 편집국장을 빼도 다섯 명의 기자가 중징계를 받아 출근을 하지 못하는 상태다. 경고장을 받은 기자까지 포함하면 이번 사태에서 회사 쪽이 문제삼고 있는 기자는 무려 17명에 이른다.

이 사태의 쟁점은 크게 세 가지다. 첫째는 기사가 삭제된 이유다. 금 사장은 왜 편집국 기자들의 일치된 반대에도 불구하고 이 기사를 삭제했는가? 그 사안은 기사화할 가치가 없었고, 기사도 충실한 근거를 갖춘 것이 아니었다는 게 금 사장의 주장이다. 반면에 편집국 기자들은 금 사장이 학교 선후배로 가깝게 지내는 이학수 부회장의 처지를 고려했고, 더 나아가 삼성그룹의 힘에 휘둘려 무리하게 기사를 삭제했다고 보고 있다. 어느 쪽 말이 옳은지는 국외자로서 판단하기 어렵지만, 그 기사가 실릴 잡지가 나오기 전에 삼성 쪽 사람이 편집국엘 찾아와 기사를 쓰지 말아달라고 요청했고, 이와 동시에 삼성그룹 고위 인사가 『시사저널』 경영진을 접촉한 사실은 확인되었다.

둘째는 편집권의 귀속 문제다. 편집권은 편집국에 속하는가, 아니면 경영진에 속하는가? 그러니까 어떤 사안을 기사화할 것인가에 대한 최종 판단은 편집국장이 하는가, 아니면 '사장'이나 '회장'이 하는가? 기사도 하나의 '상품' 노릇을 하는 자본주의 사회에서, 이것은 보기보다 미묘한 문제다. 편집권은 전적으로 편집국에 속한다고 무자르듯 단언하기 어려운 것이, 자본주의 사회에서 어떤 매체의 편집 권은 그 언론기업의 경영권 일반을 구성하는 하위 범주라고 볼 여지 도 있기 때문이다.(기사라는 상품을 시장에 내다 파는 사람은 경영자다.) 편집국장에 대한 인사권이 경영진에 있다는 사실이 그 근거가 될 수 있겠다. 이것은 『시사저널』만이 아니라 사기업 형태를 띤 다른 언론 사의 경우도 마찬가지다. 다시 말해 나는, 우리가 자본주의의 공기를 숨쉬고 있는 한, 매체의 보도와 논평에서 자본과 경영의 그늘을(다시 말해 '장사'의 그늘을) 말끔히 걷어낼 수는 없다는 점을 인정한다.

그러나 나는, 다른 한편으로, 자본주의의 그 고귀한 자유가 불구 가 되지 않기 위해서는 거기에 민주주의적 가치가 결합돼야 한다고 생각한다. 편집권을 편집국 기자들이 공유하고, 어떤 사안을 기사화 할 것인가에 대한 최종 판단이 편집국장에게 맡겨져야 한다는 것은 그런 민주주의적 가치의 일부다.

공직은 장사가 아니라는 점에서 고스란히 포갤 수는 없겠지만, 언론사 경영자와 편집국장의 관계는 대통령과 검찰총장의 관계에도 비유할 수 있다. 검찰총장에 대한 인사권은 대통령에게 있지만, 어떤 구체적 사안을 뒤져라 또는 덮어라 하는 것은 대통령이 할 일이 아니 라고 우리는 인식한다. 그것이 특히 이 정부 들어서 널리 선양된 검찰 의 독립이다. 검찰총장 인사권을 대통령이 가지면서도 대통령이 자신 의 이해관계에 따라 구체적 사안의 수사나 기소 여부를 지시해서는 안 되는 것은 그것이 민주주의적 가치의 일부이기 때문이다.

이와 마찬가지로, 편집국장 인사권을 경영자가 가지면서도 어떤 사안에 대한 기사가치 판단을 편집국에 맡기는 것이 민주주의적 가치 의 일부라고 나는 생각한다. 기사는 내다 파는 상품이지만, 내다 파는 상품만은 아니라는 점에서 더 그렇다. 비록 사기업이 공급한다고 할지라도, 기사는 공공재의 성격을 부분적으로 띠고 있다. 오로지 시장기구에만 맡겨놓기에는, 한 공동체의 총체적 위생을 위해 너무 귀중하고 결정적인 것이 기사라는 재화다. 그래서 나는 편집권의 편집국 귀속을 지지한다.

셋째는 사태의 처리방식이다. 말하자면 기술적 수준의 문제다. 금창태 사장이 편집국장의 사표를 즉시 수리한 데 이어, 편집권 독립을 옹호하는 기자들을 과격하게 징계함으로써 갈등의 수준을 높이고 있는 것은 이 사태의 해결에 도움이 안 된다고 나는 판단한다. 금 사장은 이 기회에 기자들을 확실히 길들이겠다는 생각인지 모르겠으나, 한 시절 '주인 없는' 상태에서 월급을 못 받으면서도 『시사저널』의 독립성과 생명력을 지켜왔던 기자들이 경영진의 서슬에 굴복할 것 같지는 않다. 또, 설령 기자들이 길들여진다 할지라도, 그렇게 길들여진 기자들이 만들어내는 『시사저널』은 도대체 어떤 꼬락서니일 것인가?

이번 사태를 계기로 『시사저널』 기자들은 노조를 결성해 경영진과 단체협상을 진행시키고 있다. 경영진의 소극적 태도로 단체협상은 매우 더디게 진행되고 있다 한다.

이 사태가 어떻게 마무리되느냐에는 『시사저널』 기자들의 명예만이 아니라 지난 17년간 독립언론의 모범을 보여준 '시사저널'이라는 제호의 명예가, 더 나아가서 한국 저널리즘의 명예가 걸려 있다. 나는 『시사저널』의 오랜 독자로서, 한국 저널리즘의 명예를 위해 싸우는 『시사저널』 기자들과 노조에 간접적으로나마 힘을 보태고 싶다. 그것이 내가 '시사저널을 사랑하는 사람들의 모임'에 참여하게 된 이유다. (오마이뉴스, 06/10/13)

첫인사

《선샤인뉴스》 편집자 한 분이 제게 고향 이야기를 해보라고 하셨습니다. 그분은 제 고향이 전주나 그 언저리일 것이라 여기신 모양입니다. 망설이다가 그래보겠노라 말씀은 드렸지만, 막상 이야기를 시작하려니 불편함이 없지 않습니다.

물론 저는 전라도 사람입니다. 아직까지는 한국에서 고향이 원적지를 가리키기 일쑤이니까요. 그렇지만 저는 원적지가 전남이어서 전북 사람이라는 의식은 없었습니다. 그저 전라도 사람이거나 전남 사람이거나 광주 사람이거나, 아니면 서울 바깥에서 살아본 적이 거의 없으니 서울 사람이라 여겼습니다. 그런데 이제 전주 시민들의 신문 《선샤인뉴스》에 고향 이야기를 씀으로써 전주도 고향으로 삼게 된 셈입니다.

제가 전주와 인연이 없는 것은 아닙니다. 전주는 제 어머니의 고향입니다. 그래서 이 도시에는 지금도 외가 쪽 친척들이 여럿 살고 있습니다. 전주에 가본 것이 최근 30년 사이엔 아마 다섯 번도 채 안 될 테지만, 십대 이전엔 여름방학과 겨울방학이면 전주엘 가곤 했습니다. 또래의 사촌들과 어울려 놀기 위해서 말입니다. 어린 시절엔 사촌 형제들과 노는 것이 왜 그리 재미있었는지요. 나이가 차 제가끔 직장을 얻고 가정을 꾸리고 나서는, 만날 일이 거의 없게 돼버렸지만 말입니다.

십대 어느 해엔 넉 달 가까이 전주 교동의 이모 댁에 머무르기도 했습니다. 그때 저는 학교에서 떨려난, 갈 데 없는 문제아였습니다. 그러나 제 십대를 돌이켜보면 그 넉 달의 전주 시절이 가장 달콤씁쓸하게 기억됩니다. 정작 아버지의 고향인 광주에는 사촌 이내의 친척들이 살고 있지 않아서, 어린 시절에 가볼 일이 없었습니다.

그러니까 전주는, 서울을 제외하면, 한국에서 제가 정 들일 만큼 살아본 유일한 도시입니다. 게다가 전주에는 제 막내누이가 살고 있습니다. 매제가 전주 사람이거든요.

합쇼-체(습니다-체)로 글을 써보는 건, 제 기억엔 처음인 것 같습니다. 합쇼-체는 해라-체에 견주어 높임의 뜻을 지니기도 하지만, 수신자가 다중일 때는 구어체에 더 가깝기도 합니다. 해라-체가 다중을 상대로 한 '글쓰기 방식'이라면, 합쇼-체는 다중을 상대로 한 '말하기 방식'입니다.

글에 견주어 말은, 아무래도 덜 딱딱합니다. 그리고 기승전결의 체계나 논리성의 요구를 덜 받습니다. 그 물렁물렁하다는 약점은 소통을 촉진하는 강점이 되기도 합니다. 글을 아무리 난삽하게 쓰는 사람도 말을 자기 글만큼 난삽하게 하지는 못합니다. 물론 그런 사람이 없지는 않겠지만 매우 드물 겁니다. 그리고 그런 사람은 매우 기이하다는 느낌을 줄 겁니다.

제가 합쇼-체를 쓰기로 한 것은 제 이야기가 글보다 말에 가까워지길 바라서입니다. 그것은 저 편하자고 하는 짓이기도 합니다. 저는 처음의 불편함을 싹 잊고 아주 편하게 이야기할 겁니다. 적어도 그러려고 애쓸 겁니다. 제 이야기는 고향 사람한테 하는 고향 이야기이니까요.

어떨 땐 조리가 없을 겁니다. 이 이야기를 하다가 갑자기 저 이야기를 해, 주제나 소재를 종잡을 수 없을지도 모릅니다. 무슨 이야기를 꺼냈다가 마무리도 하지 않은 채 뚝 그칠 수도 있을 테고, 지겨운 이야기를 길게 늘어놓을지도 모릅니다. 그 이야기들 가운데 어떤 것은 긍정과 낙관의 바이러스를 퍼뜨리겠다는 《선샤인뉴스》의 취지에 어긋날지도 모르겠습니다. 무엇보다도, 대부분의 이야기가 신변잡기에 가까울 겁니다.

오늘은 인사를 드리는 자리니 이만 그치기로 하겠습니다. 물러가기 전에, 민망함을 무릅쓰고 책 한 권 홍보하고 싶습니다. 개마고원 출판사에서 나온 『영남민국 잔혹사』라는 책입니다. 남원의 서남대학교에서 헌법학을 가르치는 김욱 선생님이 쓰신 책입니다.

이 책을 홍보하는 것이 민망한 것은 제가 개마고원 출판사와 인연이 닿아 있기 때문입니다. 제가 기획에 간여한 책은 아니지만, 아무튼 민망한 건 어쩔 수 없군요. 『영남민국 잔혹사』는 흔히 영남 패권주의라 부르는 정치사회 현상을 분석한 책입니다. 단지 분석하는 데 그치는 것이 아니라, 그것을 극복하고 해체하겠다는 의지와 결기가 담긴 책입니다.

전라도 사람으로서 이 책을 읽는 것은 편찮은 일이었습니다. 적잖은 부분에 동의했지만, 그 동의에 거리낌이 없는 것은 아니었습니다. 곰곰 생각해보니, 그 거리낌은 논리적인 것 못지않게 정서적인 것이기도 했습니다. 그리고 그 정서적 거리낌은 제가 덜 전라도 사람이어서가 아니라 너무 전라도 사람이어서 생긴 것 같습니다. 저는 자신이 피해자로, 희생자로 호명되는 것이 싫었던 것 같습니다. 그걸 떠나 순수하게 논리적으로, 더 나아가 경험적으로 동의할 수 없는 부분도 있었습니다. 뭐랄까, 이 책에 묘사된 '범주로서의 전라도 사람'은 정치적으로 너무 잘 훈련된 것 같았습니다.

이 책에 대해서 따로 얘기할 기회가 있을까요? 잘 모르겠습니다.

(선샤인뉴스)

전주고 이야기

이를테면 백낙청 선생님의 책 제목 '분단체제 변혁의 공부길' 같은
데서처럼 공부라는 말이 깊다란 연찬이나 궁리를 뜻하는 경우도 있기
는 합니다만, 사람들이 보통 공부라고 할 때는 학교 공부나 그 비슷한
것을 뜻하는 것 같습니다. 시험에서 더 좋은 점수를 얻기 위해 책을
읽거나 연습을 하는 것 말입니다. 제 경우 초등학교 이후의 학교 시절
을 돌이켜보면, 즐거운 기억이 별로 없습니다. 군대를 닮은 억압적 분
위기에 넌더리가 나기도 했지만, 제가 공부를 잘하지 못했기 때문에
그리 된 것 같습니다. 시험이라는 게 그만그만한 부담감을 주는 골칫
거리 정도가 아니라, 제겐 거의 공포의 대상이었습니다.

공부가 신통찮은 아이를 둔 부모들이, 듣는 사람 민망한 줄 모르
고 더러 하는 이야기가, "우리 아이는 머리는 좋은데 노력을 하지 않
아서 학교 성적이 좋지 않아요" 하는 것입니다. 그게 사실이든 아니
든, 그런 식의 자기위안거리라도 있어야 부모들은 속이 편한 모양입

니다. 그런데 제 경우는 '머리가 좋은' 아이도 아니었습니다.

　요즘도 그런지는 모르겠지만, 제가 초등학교, 중학교에 다닐 땐 한 해에 한 번 지능지수 검사라는 걸 했습니다. 소위 아이큐 테스트라는 거지요.(지금 돌이켜보면, 한 사람의 지적 능력을 수치화하겠다는 교육기관의 시도가 놀랍긴 합니다. 서양에서 들어온 제도이긴 합니다만. 그리고 그걸 해마다 실시했던 관행은 더욱 놀랍습니다.)

　원칙적으론 그 결과를 당사자에게 알려주지 않기로 돼 있는 검사지만, 이런저런 통로를 통해 결국은 아이들이 제 지능지수를 알게 됩니다. 직접 알려주는 철없는 교사들도 있었고, 그렇지 않더라도 대개 부모를 통해 알게 되지요. 제 경우는, 매해 조금씩 차이가 있긴 했지만, 아이큐 테스트 결과가 반 평균을 웃돈 적이 한 번도 없었습니다. 공부는 반 평균을 웃도는 일이 더러 있었으니, 성적보다도 머리가 더 나쁜 셈이었습니다. 저의 부모님에겐 그러니까, '얘가 그래도 머리는 좋아' 하는 위안도 없었던 겁니다.

　머리가 나쁘다는 걸 저 역시 자인할 수밖에 없었던 것이, 제가 특히 수학 성적이 형편없었기 때문입니다. 수학 교사들은 곧잘, 수학을 잘하는 사람이 머리가 좋은 사람이라고 말하곤 하지요. 제가 학교에서 만난 수학 선생님들도 마찬가지였습니다. 지금 생각하면 좀 유치하거나 사려 없는 선생님들이었던 것 같긴 합니다.

　저는 중학교 2학년 때 2차함수라는 걸 배우기 시작하면서부터 수학과의 끈을 거의 놓아버렸습니다. 그 이후로 제 수학 점수는 과락 경계를 오르내렸습니다. 다니던 고등학교에서 떨려난 뒤 이리저리 방황하다 대입 종합반 학원엘 한 해 다닌 적이 있습니다. 고등학교처럼 매달 월례고사를 쳤는데, 그 한 해 동안 제가 받아본 수학 점수 중 가장 높았던 게 30점대였습니다. 한번은 그 반에서 유일하게 0점을 받아서 담임선생님께 따로 불려가 책망을 듣기도 했습니다. 저와는 다른 이유로(밝혀도 될 것 같군요, 유신 반대 시위를 하다가) 고등학교에서 떨려난 친구가 그 반에 있었는데, 제가 0점을 받은 시험에서 그 친구는 70 몇 점인가를 받았습니다. 반 최고 점수였지요. 정말 부러웠습니다. 그이는 대학엘 잠깐 다니다가, 대학에서도 떨려나 노동운동가가 되었습니다.

제가 수학사 책으로 읽어본 유일한 게 벨이라는 미국 사람이 쓴 『수학의 사람들』입니다. 시대 순으로 저명한 수학자들의 생애를 간략히 기술하면서 그들의 이론을 초보 수준에서 해설해놓은 책입니다. 아무리 초보 수준이라 해도, 수학자들의 이론을 설명하려면 수식이 안 들어갈 수 없지요. 그런데 저는 그 수식이 골치 아파 그 부분은 경중경중 건너뛰면서 그 책을 읽었습니다.

이십대에 쓴 책으로 이름을 얻은, 지금은 사십대가 된 사회철학자가 있습니다. 이름을 대면 여러분도 알 만한 분입니다. 저와는 술자리에서의 안면만 있는 정도지 교유라고 할 만한 것은 없는 이입니다. 그이를 두번째인가 봤을 때, 누가 먼저 꺼냈는지는 기억나지 않습니다만, 벨의 『수학의 사람들』 얘기가 나왔습니다. 저는 그이한테, 그 책엔 왜 그리 '복잡한' 수식이 많으냐고 투덜댔지요. 그런데 그이는, 젠체하는 게 아니라 정말 어리둥절해 하며, 정말 그리 생각하느냐고 묻는 것이었습니다. 그이 말로는 그 책에 나오는 수식들은 아주 기초적이라는 것이었습니다. "복잡하다니요? 지금 농담하는 거죠, 선배?"라고 그이는 물었습니다. 그러나 제겐 그 수식이 정말 너무 어려웠습니다.

앞에서 얘기한 노동운동가나 방금 얘기한 사회학자는 물론 특별히 머리가 좋은 사람들일 겁니다. 그런 사람들과 비교해서 나는 그만못하다 하는 건, '실제로 내 머리가 그렇게 형편없진 않아' 하는 말로 오해받을 수도 있겠네요. 그렇지만 그런 예외적인 사람들과 견주어서만이 아니라, 제 주변의 평범한 친구들이나 제 누이들과 비교해서도 저는 수학을 참 못했습니다. 머리가 나쁜 거지요. 그리고 수학 성적과 머리가 비례하느냐 그렇지 않으냐를 떠나서, 중등교육까지 수학이 차지하는 비중이 워낙 크다 보니, 저는 아무리 몸살을 해봐야 학교 공부에서 뛰어날 도리가 없었습니다.

수학은 사실 제가 특히 못했던 과목일 뿐, 다른 과목이라고 해서 큰 차이는 없었습니다. 이를테면 국어도, 수학만큼은 아니지만, 제 아킬레스힘줄이었습니다. 아, 아킬레스힘줄이라는 건 강자가 지니고 있는 단 하나의 약점을 가리키는 말이니 알맞은 비유가 아니군요. 멋있게 말하려다 보면 이렇게 실수가 나옵니다. 그저, 수학처럼 국어도 성적이 형편없었다고 고치겠습니다. 점수가 급격히 하향곡선을 그리면서 과목 자체를 싫어하게 된 것도 중학교 2학년 때로 수학과 같습니다. 차이가 있다면, 수학 시험에서 제가 풀지 못했던 문제는 그 정답이 도출되는 과정을 설명 듣고 나면 이해가 됐지만, 국어 시험에서 제가 맞히지 못했던 정답은 나중에 설명을 듣고도 납득할 수 없는 일이 많았다는 것 정도입니다.

도대체 이 자가 무슨 이야기를 하려고 이렇게 자기 공부 못했다, 머리 나쁘다 얘기를 주저리주저리 늘어놓는 거지, 하고 지루해 하시는 게 눈에 선합니다. 제가 생각해도 서론이 너무 길었습니다. 인터넷 공간엔 지면 제한이 없다는 점이 제 글쓰기를 느슨하게 만들고 있는 것 같습니다. 그게 즐겁습니다.

제가 오늘 드리려는 말씀은, 아, 생각해보니 이 글 제목에서 벌써 말씀드렸군요, 전주고등학교 이야기입니다. 저는 운이 좋게도, 초등학교 고학년이 되자 중학교 입시가 폐지되고 중학교 고학년이 되자 고등학교 입시가 폐지돼, 입학시험 없이 중학교와 고등학교에 진학했습니다. 제가 만약에 전주에 살았다면, 중학교 입시는 전국에서 동시에 없어졌으니 중학교 진학은 무시험으로 했겠지만, 고등학교 입시는 지역에 따라 시차를 두고 사라졌으니 고등학교에 들어가기 위해선 입학시험을 봐야 했을 겁니다. 그러니까 전주에서 중학교를 다녔다면, 전주고등학교에 들어가야 한다는 부담감을 느꼈을 겁니다.

그 생각을 할 때마다, 서울내기로 자란 게 다행스럽습니다. 부담감을 느꼈든 안 느꼈든, 제가 전주고등학교에 들어갔을 가능성은 거의 없으니 말입니다. 그리고 전주에서는, 전주고등학교를 나왔다는 것이 자부심의 근거가 되는 것을 넘어서, 전주고등학교를 나오지 못했다는 것이 자학의 연료가 되는 것 같으니 말입니다.

제 이종사촌이나 외종사촌 가운덴 전주에서 자란 이들이 여럿 있습니다. 그 가운데 어떤 이들은 전주고등학교나 전주여자고등학교를 다녔고, 어떤 이들은 그 학교들을 다니지 못했습니다. '않았습니다'가 아니라 '못했습니다'라고 말할 수밖에 없는 것은, 그이들도 전주고나 전주여고엘 다니고 싶어했을 테니까요. 물론 이것은 전주에 고등학교 입시제도가 있던 시절 얘깁니다. 그런데 재학중이든 졸업한 뒤든, 전주고를 다닌 사촌형제들과 딴 학교를 다닌 사촌형제들은 삶의 질이 크게 다르더군요. 여기서 삶의 질이란 유물론 차원만이 아니라 관념 차원까지 포함하는 것입니다. 어쩌면 관념 차원의 질 차이가 외려 더 주될지도 모르겠습니다.

　이것은 소위 일류학교를 나온 사람과 일류학교를 나오지 못한 사람이 한국에서 일반적으로 겪는 삶의 질 차이에 관한 이야기이면서, 그것을 넘어서는 이야기이기도 합니다. 고등학교 입시가 있던 시절의 서울에는, 물론 경기고등학교가 사다리의 정점에 있긴 했지만, 그만 그만한 학교들이 여럿 있었습니다. 다시 말해서 경기고등학교를 다닐 수 있었던 사람은 물론 행복했겠지만, 경기고등학교를 못 다녔다 해서 꼭 불행해지는 것은 아니었습니다. 그런데 전주에서는, 전주고등학교를 나오지 못한 것이 그대로 불행의 씨앗이 되는 것 같습니다. 전주에는 전주고등학교와 '나머지 고등학교' 밖에 없으니까요. 단 한 번의 경쟁으로, 귀족과 평민이 영원히 갈리는 것입니다.

　'영원히'라는 게 괜히 하는 얘기가 아닙니다. 전주라는 지역사회에서는, 전주고등학교를 나오지 못하면 영원히 그 주류사회에 들어갈 수 없다는 사실을 제가 설핏 엿보았기 때문입니다. 서울에서 경기고등학교를 나오지 않은 것은 재앙이 아니지만, 전주에서 전주고등학교를 나오지 않은 것은 재앙이었습니다. 아닌가요?

　십대에 무학적자로 전주에서 몇 달 살던 시절 놀라운 일을 경험한 적이 있습니다. 저보다 한 살 아래인 이종사촌동생이 고등학교 입시에 실패해 재수를 하고 있었습니다. 어느 날 함께 전주 시내를 걷는데, 교복을 입은 고등학생 둘이 주먹다짐을 하고 있었습니다. 그런데 사촌동생이 그중 한 학생 편을 들어서 싸움에 끼여들기 시작한 겁니다. 싸움이 무서웠던 저는 멍청히 서 있었지요. 사실 제가 싸움을 좋아했다 해도, 낯모를 사람들의 싸움에 끼여들 이유는 없었고요.

　2 대 1이 되자 싸움은 쉽사리 끝났습니다. 나중에 이종사촌에게

물었습니다. 왜 한쪽 편을 들었느냐고요. 사촌동생이 대답하기를, 전주고생 편을 드는 게 당연하지 않느냐는 거였습니다. 사촌은, 싸우고 있는 학생 둘의 교복을 보고, 그중 하나가 전주고 학생이고 다른 하나가 '나머지 고' 학생이라는 걸 알았던 모양입니다.

혹시라도 오해하시는 분이 있으실까봐 말씀드리자면, 제 이종은 어떤 기준을 들이대도 선한 아이였습니다. 또 뒷날 선한 어른으로 컸습니다. 지금은 미국에 살고 있습니다. 저는 그때, 이종의 해명이 어이없어서, 네가 전주고엘 다니는 것도 아닌데 그게 말이 되느냐고 물었지요. 이종은, 자신도 전주고에 들어갈 거고, 그게 아니더라도 전주고생이 맞고 있는 건 참을 수 없다고 말하더군요. '모범생'은 보호받아야 하고, 지지받아야 한다는 뜻 같았습니다. 사실 그 '모범생'이란 '힘센 사람'을 가리키기 십상일 텐데요. 뒤틀린 형태의 지배적 가치는 '선한' 십대 소년의 마음속에까지 뿌리를 내리고 있었던 겁니다.

요즘은 모르겠지만, 1980년대에 제가 기자 노릇을 할 땐, 언론계에 졸업생을 가장 많이 들여보낸 고등학교가 전주고라는 얘길 들었습니다. '전언회'인가 하는 동아리도 있다고 하더군요. 예전에 KBS 사장 하신 박권상 선생이 그 좌장이었던 모양입니다. 가깝다고 할 만한 전주고 출신 언론인은 없지만, 안면이 있는 사람들은 몇 있습니다. 그런데 느낌이, 이 지역 출신으로서 전주고를 다니지 못한 동료들에게 참 냉혹하더군요. 다른 지방의 그만그만한 학교를 졸업한 동료들을 대할 때보다 더 차가워 보였습니다. 혹시 학교를 다니던 시절부터 전주고 출신이 아닌 동향 사람들은 그리 대해도 된다고 교육받은 건 아닐까요? 제가 잘못 넘겨짚은 것이었으면 좋겠습니다.

전라도 사람이라는 건 한국 사회에서 유리한 조건이 아닙니다.

때에 따라선 결정적으로 불리한 조건이 되기도 합니다. 그런 것을 모를 리 없는 전주고 출신 사람들이, '호남 차별'에 대해 분노하고 불평하는 전주고 출신 사람들이 '나머지 고등학교' 출신 사람들을 차갑게 대하는 걸 보면, 역겨움 비슷한 게 생깁니다. 역겨움은 윤리적 판단이 아니라 미적 판단입니다. 악한 사람이라기보다 못생긴 사람, 못난 사람이라는 생각이 든다는 거지요.

물론 전주고 졸업자 가운덴, 다른 '명문고' 졸업자들과 마찬가지로, 더 나아가 다른 모든 범주 집단과 마찬가지로, 이런 사람도 있고 저런 사람도 있을 겁니다. 상크름한 사람이 있는가 하면 질척질척한 사람들도 있을 게고, 날쌘돌이가 있는가 하면 찌질이도 있을 게고, 향긋한 사람이 있는가 하면 악취 나는 사람도 있을 겁니다.

그러니까 저는, 전주고 출신 사람들이 다 이렇다, 하고 말하는 것은 아닙니다. 다만, 저는, 제가 우연히 스치게 된 전주고 출신 사람들이 '나머지 고' 출신 사람들을 대하는 태도에서, 자신도 그들과 같은 전라도 사람(출신지역을 공유하는 사람이라는 뜻이 아닙니다. 아니, 물론 그 뜻도 있지만, 그보다는 편견이라는 폭력을 함께 당하는 사람이라는 뜻입니다)이라는 것을 잊고 있는 것 아닌가 하는 느낌을 자주 받았습니다.

대부분의 사람들은 크든 작든 상처를 지니고 있을 겁니다. 전제군주국의 왕족이든, 현대자본주의 사회의 재벌2세든 자신만의 상처는 있을 수 있습니다. 한국 사회에서 전라도 사람으로 태어났다는 건, 사람에 따라 차이는 있겠지만 아무튼 아직까지는, 상처입니다. 이런 상처든 저런 상처든, 어떤 사람들은 그 상처의 기억으로 다른 이들의 상처를 어루만집니다. 어떤 사람들은 그 상처를 보상하기 위해 다른 이들의 상처를 후벼팝니다. 저는, '전주고 출신'으로 대표되는 제 고향의 엘리트들이, 다른 이들의 상처를 어루만지는 데 자신이 입은 상처의 기억을 사용했으면 좋겠습니다. '전라도 사람'이라는 부정적 호명을 받은 기억이, 전라도 사람을 포함한 모든 소수자를 옹호하는 에너지가 됐으면 좋겠습니다. 제 사적 경험으로는, 전주고 출신 사람들이 그런 소수자의 옹호자 역할을 그리 달가워하지 않는 것 같았습니다.

사십 중반 아래 사람들이야 전주에서도 평준화한 고등학교를 다녔을 테니, 이것도 곧 과거의 일이 돼버리겠군요. 그런데 얼마 전 뉴스를 보자니, 민주신당의 대통령후보 경선에서 전주고 출신들이 동문애를 발휘하기 시작한 모양입니다. 애교심이든 애향심이든 애국심이든 다 자연스러운 감정이고, 또 이런저런 선거에 동창회가 힘을 발휘하는 건 한국 사회에서 별난 일도 아니지만, 전주고 동문회 얘길 뉴스에서 접하니 가슴이 써늘해졌습니다.

그 유명한 경북고 패거리나 경기고 패거리와는 접해볼 기회가 전혀 없었던 탓에, 제가 불공평하게도 전주고에만 예민한 건지도 모르겠습니다. 지난 몇 년 동안 정동영 씨가 하도 뒤숭숭하게 굴어서 그런 것 같기도 하고요. 뭐, 뒤숭숭한 사람이 정동영 씨만은 아니지만 말입니다. 최근에 정태인 씨도 어느 인터뷰에서 비슷한 얘길 한 듯합니다만, 저 역시 1987년 이후 처음 평안한 마음으로 대통령선거를 맞고 있습니다.

이 글이 전주고등학교를 나온 분들께 누가 됐다면 사과드리겠습니다. 그저, 전주고를 다니지 못한 고향 사람의 투정이라고 헤아려주십시오.

다음에 뵙겠습니다. (선샤인뉴스)

가문의 영광, 또는 전주 이씨 이야기

강준만 선생님이 최근 『한겨레21』에 쓴 「가문은 왜 여전히 성역인가」라는 글을 읽다 어떤 느낌이 일어 이 글을 쓰게 되었습니다. 《선샤인 뉴스》에 무슨 글을 쓸까 궁리하던 중에 그 글이 눈에 띄어 '옳거니!' 했다는 뜻일 뿐, 이 글은 강 선생 글에 대한 반론도 아니고 동조도 아닙니다. 그냥 그 글 뒤에 따라붙어서, 아니 그 글과 나란히 쓰는 글입니다.

한 가지 더 미리 독자들께 털어놓을 것이 있네요. 이 글 제목 뒷부분은 사실 군더더기입니다. 군더더기를 넘어서 의도적 왜곡이라고까지 할 수 있겠습니다. 처음 이 칼럼을 쓰라고 권유하신 분이 '고향 이야기'를 '컨셉트'로 제시하신 터여서, 거기 맞추느라고 '전주 이씨 이야기'라는 말을 덧붙인 것뿐입니다. 읽어 나가시다 보면 아시겠지만, 이 글은 그냥 '가문'에 관한 얘기지 전주 이씨 이야기는 아닙니다. 전주 이씨가 몇 차례 언급되기는 합니다만.

가문을 흔히 문중이라고도 합니다. 성(姓)과 본관을 공유한, 가까운 집안이라는 뜻입니다. 갑오개혁으로 신분제가 없어지기까지, 한국에선 '양반/상놈' 구별이 엄연했습니다. 사실은 갑오개혁 이후에도 얼마간은 그랬지요. 신분제라는 게 수천 년 동안 한국인의 몸에 새겨진 것이어서, '오늘부턴 양반 상놈 구별 이런 거 없어!' 하는 법적 선언 하나로 가뭇없이 사라질 수는 없었을 겁니다.

양반이라고 다 똑같지는 않았을 거고, 그들 가운덴 '명문가'라 불리는 집안이 있었겠지요. 대체로 관리시험(과거)을 거쳐 높은 관직에 이른 사람을 많이 낸 집안이 명문가가 되게 마련이었을 겁니다. 전주 이씨, 안동 권씨, 파평 윤씨, 남양 홍씨, 연안 이씨, 청송 심씨, 안동 김씨, 광산 김씨, 평산 신씨, 밀양 박씨 같은 가문들이 대뜸 떠오르는군요.

어린 시절 제사를 지낼 때, 아버님께서 "이 할머니는 광산 김씨시고 저 할머니는 파평 윤씨시다" 같은 말씀을 하시며 흐뭇해 하셨던 기억이 납니다. 우리 집안이 비록 잔반(殘班)이기는 하나 혼례는 명문가와 했다, 하는 자랑이셨을 겁니다. 그러니까 한국에선, 그리 멀지 않은 과거에, '내 비록 가난해도 광산 김씨 핏줄을 타고났어' 하는 자부심이 가능했었습니다.

오늘날 이런 의미의 가문은 특정한 지방의 특정한 서클 바깥에선 큰 의미를 지니지 못한 것 같습니다. 전통적으로 가문이 가장 문제됐던 상황 가운데 하나가 혼례인데, 오늘날 결혼할 때 상대방의 성과 본향을 따지는 습속은 거의 사라진 듯합니다. 물론 자기 자식이 결혼할 사람을 데려와 소개시킬 때 미래의 사위나 미래의 며느리에게 본향이 어디냐고 묻는 부모는 아직도 많이 있습니다. 그러나 상대 집안이 전통적 의미의 명문가가 아니라 해서, 심지어 들도 보도 못한 '상놈 집안'이라 해서 결혼이 깨지는 일은 거의 없는 것 같습니다. '거의 없는 것 같다'고 조심스럽게 말씀드린 것은, 앞에서 말씀드렸듯, 특정한 지방의 특정한 서클 안에선 아직도 그런 일들이 더러 있다고 들은 듯해서입니다.

이렇게 성과 본관을 공유하는 가까운 집안이라는 의미의 가문이 별다른 의미를 갖지 못하게 된 가장 큰 이유는 신분제의 철폐로 '피의 순도(純度)'가 떨어진 데서 찾을 수 있을 것 같습니다. 신분제가 없어지기 전, 한국 사람의 태반은 성이 없었습니다. 특히 신분 사다리의 맨 아래 있던 노비들에겐 성 따위가 있었을 리가 없지요. 신분제가 없어지고 민적부가 만들어져 한국 사람 모두가 제 성명을, 그러니까 '성(姓)까지 포함한 온전한 이름'을 관청에 신고해야 했을 때, 그전까지 성이 없었던 사람들은 기존의 성을 가져다 쓰거나 창씨를 했을 것입니다.

그러나 창씨를 하는 사람은 거의 없었을 겁니다. 그때까지 알려지지 않은 성씨를 내세우는 것은 자신이 '근본 없는' 사람이라는 것을 곧이곧대로 드러내는 일이었을 테니 말입니다. 그러니 이 사람들은 기존의 성씨를 가져다 썼을 겁니다. 그리고 기왕이면 김, 이, 박처럼 흔한 성을 가져다 썼을 겁니다. 흔한 성 속에선, 성 없던 자신의 과거를 숨기기가 더 쉬웠을 테니까요. 더 나아가, 이를테면 안동 김씨 같은 문벌의 성이나 전주 이씨 같은 소위 '종친'의 성을 쓰고 싶은 유혹을 느낀 사람들도 많았겠지요.

통계를 보지 못해 지레짐작을 할 수밖에 없지만, 예전에 위세를 떨쳤던 가문일수록 그 가문의 종가도 모르는 새에 '새 식구'를 더 많이 받아들였을 겁니다. 그러니, 오늘날 안동 김씨 성을 지닌 사람들이든 전주 이씨 성을 지닌 사람들이든, 그 가운덴 노비의 후손들도 적지 않게 있을 겁니다. 통혼의 신분적 제약이 풀리면서 당연히 일어날 수밖에 없는 일입니다. 양반 집안의 피든 상놈 집안의 피든, 순도가 떨어져버린 겁니다.

예전에 위세를 떨쳤던 성씨를 지니고 있든 그렇지 못한 성씨를 지니고 있든, 오늘날 한국인 태반의 조상은, 부계 쪽으로든 모계 쪽으로든, 한 세기 남짓 전까지만 해도 성이 없던 사람들이었습니다. 한 세기 전의 노비들이나 그와 비슷한 신분을 지닌 사람들이 집단적으로 단종이라도 하지 않은 이상, 이것은 당연한 얘기입니다. 우리는 모두 상놈의 후손입니다. 그와 동시에 우리는 모두 양반의 후손입니다. 우리 몸속에 상놈 피와 양반 피가 마구 뒤섞여 있으니까요. 그러니 전통적 의미의 가문은 이제 성역이기는커녕 웃음거리라 할 만합니다. 다시 한 번, 특정한 지역의 특정한 서클을 제외하곤 말이죠.

그런데 이걸로 '가문은 없다!' 라고 말할 수는 없습니다. 전통사회의 명문가는 그 집안사람들이 높은 벼슬자리를 많이 차지함으로써 생겨났습니다. 역성혁명을 모의하지 않고서야 임금 자리를 노릴 수는 없었을 테니, 영의정이 되는 것이 명문가 자제가 품을 수 있는 최고의 꿈이었겠지요. 또는, 권력은 그만 못해도, 학문적 명예의 정점인 홍문관 대제학을 노릴 수도 있었겠지요. 전주 이씨나 광산 김씨나 연안 이씨는 조선조 때 대제학을 많이 배출한 집안으로 유명합니다. 아무튼, 높은 벼슬자리를 많이 차지할수록 그 집안은 명문가가 됩니다.

이런 의미에선 지금도 명문가가 없다 할 수 없습니다. 더구나 지금은 누구나, 신분과 상관없이, 예전의 임금에 해당하는 대통령도 될 수 있는 시대입니다. 선거를 통해서든, 총칼을 통해서든 말입니다. 그러니, 자신이 양녕대군의 후손이라는 걸 노골적으로 내세웠던 이승만만이 아니라, 그 뒤의 장면, 박정희, 최규하, 전두환, 노태우, 김영삼, 김대중, 노무현 같은 최고권력자들의 집안이 새로운 명문가라 할 수 있겠지요. 저는 이 사람들의 본향은 모르지만, 아무튼 이 집안들은 현대적 '왕가(王家)'입니다.

'왕가'라기엔 너무 '미천한' 집안들이라구요? 역사상 새로운 왕조를 세웠던 군주들 가운덴 미천한 집안 출신이 수두룩합니다. 한(漢)조를 세운 유방도 그랬고, 명(明)조를 세운 주원장도 그랬습니다. 프랑스제국을 세운 나폴레옹도, 이들보다는 나았지만, 황제가 되기엔 너무 미천한 집안 출신이었습니다. 그의 가문 보나파르트가는 나폴레옹과 그의 조카 루이가 황제로서 유럽을 호령한 뒤에야 프랑스 역사의 명문가 가운데 하나가 되었습니다. 아무튼, 대통령 집안과 혼담이 오가는 마당에 대통령의 본관을 따져보는 한국인은 없을 겁니다. 대통령의 존재로 이미 그 집안은 명문가가 된 것이니까요.

예전과 달리, 새로운 명문가는 벼슬자리에서만 오지 않습니다. 자본주의가 난만한 시대이기 때문입니다. 조선조 때라면 정치계급에게 늘 고개를 숙일 수밖에 없었을 거상(巨商) 집안들이, 이를테면 이병철 집안이나 정주영 집안이 새롭게 거대한 문벌을 이루고 있습니다. 이들의 가문이야말로 명문가입니다.

조선조의 거상들은 높이 쳐봐야 고작 중인계급이어서, 양반계급 곧 정치계급과 통혼할 수가 없었습니다. 그러나 자본주의 사회에선 거상이 곧 양반입니다. 돈이 양반입니다. 그러니 대자본가와 정치계급 사이의 통혼이 자연스럽습니다. 실로, 더러 언론보도에서도 드러나듯, 한국의 재벌가와 정치권력자들은 혼맥을 통해 거미줄처럼 촘촘히 이어져 있습니다. 이것은 계급혼이면서 부분적으로 신분혼이기도 합니다. 부분적으로 신분혼이라고 말씀드린 까닭은, 서울 강남의 졸부가 이들 '주류양반'과 혼맥으로 이어지기는 그리 쉽지 않기 때문입니다.

　오늘날의 명문가는 안동 권씨나 안동 김씨가 아닙니다. 한국 자본주의를 이끄는 재벌가들이야말로 오늘날의 명문가입니다. 이들은 정치계급을 비롯해 한국 사회의 전 분야를 손아귀에 움켜쥐고 서로를 보호합니다. 위세가 하늘을 찌르는 검찰도 이건희 씨의 손끝 하나 건드리지 못합니다. 입만 열면 법치와 정의를 내세우는 사법부도 정몽구 씨나 김승연 씨를 교도소에 가두는 걸 주저합니다. 그렇다면 오늘날에도 가문이라는 건 여전히 성역이랄 수 있겠습니다.

　그러나 좀더 일반적 차원에선, 오늘날 가문이라는 게 있다 하더라도 그것이 '문중'의 규모가 아니라 '가족'의 규모에서 이어지고 있는 것 같습니다. 가문을 위한 헌신은 '일가'라는 의미의 문중 수준에서 이뤄지는 게 아니라 좁은 의미의 가족 수준에서, 다시 말해 부모 자식 수준에서 이뤄집니다. 대표적인 것이 한국 아이들을 약육강식의 정글 속으로 밀어 넣는 교육열이겠지요. 한국 사회의 학벌투쟁을 강준만 선생은 계급전쟁이라 표현했는데, 바로 그 계급전쟁의 단위가 가족인 것입니다.

　이 전쟁에서 승리해야 할 사람은 '한국의 아이들'도 아니고 이웃의 아이들도 아니고 친구의 아이들도 아니고 심지어 형제자매의 아이들 곧 조카들도 아닙니다. 그 아이들이야 어찌 되든 상관없습니다. 오직 자기 자신의 아이가 승리할 수 있도록 부모는 자신의 모든 것을 희생하며 안간힘을 씁니다. 그렇다면 다시, 전통적 의미의 가문이란 오늘날 그 의미가 거의 없어진 게 아닌가 싶습니다. 자기 자식의 이해관계를 넘어서서 안동 권씨의 이해관계를 생각하는 안동 권씨 사람은 오늘날 거의 없을 겁니다.

그러나 다시, 그 가문은 새로운 형태로 오늘날에도 힘을 발휘하고 있습니다. 전통적 가문의 기능적 핵심은 '벌(閥)'이었는데, 그것은 오늘날에도 막강한 힘을 발휘합니다. 한국의 모든 소사회들이 벌의 생산지입니다. 학벌이 그 대표적인 것이겠습니다만, 한국인들은 자신이 속한 어떤 집단이든 그것을 가족으로, 가문으로 만드는 재주가 있는 것 같습니다. 고향 사람들, 직장 사람들이 다 가족입니다. 지금은 형해화한 예전의 재벌그룹은 제 사원들을 '가족'이라 부르곤 했습니다.

한국엔, 다른 건 몰라도 가족을 배신하는 것은 나쁜 일이라는 인식이 퍼져 있습니다. 그것이 실제의 가족이든 의제된 가족이든 말입니다. 제가 신문사에 다니던 시절 '자사 이기주의'라는 말이 있었습니다. 어떤 사안을 바라보면서 언론자유나 언론윤리 같은 공적 가치에 기준을 두기보다, 그것이 자기가 소속돼 있는 언론기업에 유리한가 불리한가를 먼저 따지는 기자들의 속성을 (자기) 비판하는 말입니다. 실제로 다수의 기자들이 자신의 직업정체성보다는 가족정체성(어느 회사 사원인가)에 더 민감한 듯합니다. 언론 전체가 망가져도 자기 회사(가문)만 든든하면 상관없는 겁니다.

그것이 특정 언론사라는 '패밀리'에 해당하는 일만은 아닐 겁니다. 장삼이사 기자들이야 딱히 공인이랄 것도 없지만, 한국에선 공인들도 흔히 '자사 이기주의'에, 가족주의에 빠져 있는 것 같습니다. 검사들은 사법적 가치보다 검찰이라는 가문의 이해관계에 더 민감한 것 같습니다. 재경부나 산자부 관리들도 나라경제 전체보다는 자기 부처의 이해관계에 더 민감한 것 같습니다. 더 낮은 수준에서는 자기가 속한 과(課)나 국(局)이나 실(室)의 이해관계에 더 민감한 것 같습니다.

그 이해관계를 넘어서서 공익을 위해 내부고발을 하는 사람은 하나같이 조직의 쓴맛을 보게 됩니다. 배신자는 용서할 수 없다는 거지요. 그는 가문의 영광에 무심했고, 그래서 가문의 불명예를 초래했으니 말입니다. 그런데 도대체 가문의 영광이란, 불명예란 무엇일까요? 내부고발자에 대한 이런저런 가문들의 불관용에는 최소한의 명예의식조차 없는 것 아닐까요? 꼭 공익과 관련해서만 그렇다는 게 아닙니다. 공익 수준이 아니더라도, 이들의 명예의식은 가문의 이해관계 틀을 벗어나지 못하는 것 같습니다. 이들의 의리는 고작 가족 안의 의리입니다.

프로스페르 메리메라는 프랑스 소설가가 있습니다. 그는 코르시카 섬을 배경으로 몇 편의 이야기를 썼습니다. 그 이야기들은 그 섬의 전통이라는 방데타(집안끼리의 복수)나 신의(信義) 같은 것을 소재로 삼았습니다. 듣기로, 코르시카 사람들은 전통적으로 가족끼리의 유대가 강하고 가족의 명예를 중시한다고 합니다. 말하자면 코르시카 사람들에겐 가족주의자 기질이, 가문주의자 기질이 있는 셈입니다.

그런데 메리메가 묘사하는 코르시카 사람들의 가족주의에는 또렷한 명예의식이 있습니다. 메리메의 단편소설 가운데 「마테오 팔코네」라는 게 있습니다. 체자르 큐이라는 러시아 작곡가가 오페라로 만들기도 했지요. 그 이야기를 알고 계시는 분도 많으시리라 짐작합니다.

모르시는 분들을 위해 그 이야기를 요약하자면 이렇습니다. 코르시카 섬 두메에 살고 있는 마테오 팔코네 부부에겐 어린 아들이 하나 있습니다. 어느 날 부부는 외출하고 아들 포르튀나트 혼자서 집을 봅니다. 그때 산피에로라는 사람이 경찰에 쫓겨 팔코네 집으로 찾아듭니다. 그는 경찰의 총질에 부상을 입어 거동하기가 힘듭니다. 산피에로는 포르튀나트에게 자기를 숨겨달라고 부탁합니다. 포르튀나트는 몇 푼의 돈을 대가로 받고 그를 집 한구석에 숨겨줍니다. 그런데 경찰이 들이닥쳐 은시계를 주며 꾀자, 포르튀나트는 산피에로가 숨어 있는 곳을 경찰에게 고해바칩니다. 산피에로가 저주의 소리를 내지르며 끌려갈 즈음 집에 돌아온 마테오는 자초지종을 알게 됩니다. 그는 열 살짜리 외아들을 집 밖으로 끌고 나가 총으로 쏘아 죽입니다. 신의를 저버린 자는 용서하지 않는다는 가족의 전통, 코르시카의 전통에 따른 것입니다. 신의를 버린 수치는 죽음으로써만 씻을 수 있다는 거지요.

이것은 물론 매우 극단적인 경우입니다. 그러나 이 짧은 이야기는, 공적 차원 바깥에서도 구현될 수 있는 '가족주의의 명예'라는 것을 생각하게 합니다. 마테오 팔코네는 신의를 저버린 제 자식을 죽이는 것이 가족의 명예를, '가문의 영광'을 구하는 길이라 판단했던 겁니다. 가족구성원 바깥 사람과의 신의를 저버리는 것이 그에게는 가족을 배신한 것과 똑같이 비난받아야 할, 수치스러운 일이었습니다. 한국의 가족주의자들은 과연 남과의 신의를 저버린 자기 가족구성원을 이런 식으로 징치할 수 있을까요? 그럼으로써 가문의 영광을 드높일 수 있을까요?

요즘도 나이 드신 분들 가운덴 전통적 의미의 가문 얘기를 하는 분들이 적잖이 있습니다. 또 나이와 상관없이, 정치인들은 큰 선거 때가 되면 씨족주의적 기동을 하기도 하지요. 이회창 씨도 언젠가 전주 이씨가 한번 크게 떨칠 날이 있을 것이라며 자신의 '왕족' 혈통을 은근히 내세운 적이 있습니다. 그건 참 괴이한 일입니다. 조선 왕조 멸망의 책임을 당대 한국인들이 어떤 비율로 나누어 지든, 가장 큰 책임은 최고권력자인 왕과 그 둘레 사람들이 져야 할 겁니다. 그렇다면, 해방된 조국에서 입 가진 사람들 모두가 한마디씩 한다 할지라도, 나라 떠넘긴 전주 이씨만은 입 다물고 있는 게 옳지 않을까요?

이승만도 그렇고 이회창 씨도 그렇고 참 별난 사람들입니다. 그런 집안 자랑에 고개 끄덕이는 사람들도 그렇고요. 하기야, 지금은 이(李) 왕가의 후손들 이야기가 가끔 신문 한구석에 가십기사처럼 처리되곤 하지만, 일제시대에 국권회복운동의 한 줄기는 복벽운동이었다고 합니다. 폐위된 임금의 후손을 다시 임금으로 모시는 게 그들의 독립운동이었던 겁니다.

들은 얘기로는, 제2차 세계대전이 끝나고 이탈리아에서 국민투표로 공화정이 들어선 뒤, 왕위 계승 순위에 있었던 사람들은 모두 국외로 추방돼 영원히 입국이 불허됐다고 합니다. 또 왕의 일가친척 가운데 일정한 범위에 속한 사람들에게선 투표권을 비롯한 공민권을 박탈했다고 합니다. 프랑스에서도 제2제정이 무너진 뒤 황제의 직계후손들은 추방되거나 공민권 제한을 받았습니다. 그것은 지나친 일일 수도 있지만, 제 성씨를 이(李) 왕가와 연결시켰던 이승만이나 이회창 씨를 생각하면 그럴 법한 조치이기도 합니다. 사실은 이승만 자신도, 그런 복벽의 기운이 두려워, 영친왕 이은의 귀국을 끝내 불허했지요.

제 이야기를 좀 하겠습니다. 이기주의라는 말이 좋은 의미로 쓰이는 경우는 거의 없지만, 모든 생물체는 많게든 적게든 이기적입니다. 어느 생물학자가 크게 유행시킨 '이기적 유전자'라는 말은 우리의 경험칙에 너무나 부합해 그것을 굳이 거론하는 것이 되레 썰렁할 정도입니다. 겉보기에 이타적으로 보이는 행동도, 조금만 더 생각해보면, 수준을 달리하는 또는 에움길로 가는 이기주의이게 마련입니다. 생물체의 본능은 개체 수준에서 살아남고 (문화적·생물적) 종족 수준에서 번성하는 것인데, 이기주의 없이 이것을 이루기는 어렵기 때문이겠지요.

젊어서부터 저는 '이기주의자'라는 말을 주변에서 적잖이 들어왔습니다. 그리고 저는 그것을 군말 없이 수긍해왔습니다. 그런데 어느 때부터인지, 그 말을 그리 수긍해온 것이 좀 억울하다는 생각이 들곤 합니다. 제가 이기주의자가 아니어서가 아닙니다. 제 삶이 이기적이었다는 것을 저는 마음속으로 인정합니다. 그런데도 이젠 그런 말을 들으면 좀 화가 납니다. 누군가에게 이기주의자 딱지를 거리낌 없이 붙일 수 있을 만큼 이타적인 사람은 매우 드물 거라는 것이 첫째 이유고, 제가 자신을 이기주의자라고 여길 때의 그 이기주의와 남들이 저를 이기주의자라고 힐난할 때의 그 이기주의가 똑같은 층위가 아니라는 것을 깨닫게 된 게 둘째 이유입니다.

저를 이기주의자라고 비판한 사람들은 크게 가족·친척 들과 직장 동료들이었습니다. 가족·친척들이 저를 이기주의자라고 비난한 것은, 제가 남에게 잘 베풀 줄 몰라서만은 아니었습니다.(물론 저는 남에게 잘 베풀 줄 모릅니다.) 제가 그 딱지를 얻게 된 것은 주로, 가족·친척 모임에 얼굴을 비치지 않기 때문이었습니다.

저희 집은 5대까지 봉사하는 유교 집안이어서 어려서부터 제사가 많았습니다. 한 달에 두 번씩은 돌아오는 그 제사엔 사촌까지가, 더러는 육촌까지가 모였지요. 어린 시절엔 그게 재미있기도 했습니다. 또래 친척들을 만나 어울리는 것이 즐거웠고, 제사가 끝난 뒤 평소엔 먹지 못하던 맛난 음식을 먹는 게 즐거웠습니다.

아마도 박정희 정권의 가정의례 간소화 정책에 편승해서, 어느 때부턴지 저희 집안 어른들은 제사 횟수를 크게 줄였습니다. 우연히도 그 즈음 해서 제가 제사에 빠지는 일도 늘기 시작했습니다. 어느 때부턴지 친척들 모임이 재미가 없게 된 것입니다. 저는 제사만이 아니라 친척들 결혼식에도 얼굴을 꼬박꼬박 내밀지는 않습니다. 얼굴을 내밀더라도 뒷모임에 끼는 경우는 거의 없고요. 가까운 친척이 상을 당했을 때는 할 수 없이 가는데, 그것은 제 이기주의를 압도하는 보편윤리적 압박 때문이지('슬픈 일은 나누어야 한다!'는 윤리 말입니다) 그 일이 기꺼운 것은 아닙니다.

친척 모임이 즐겁지 않은 것은 어린 시절과 달리 친척들과 공통의 화제가 거의 없기 때문입니다. 공통 화제라 해봐야 어느 조카는 어느 학교에 다니고 어느 조카는 어디에 취직했고 이런 얘기 정도인데, 이런 화제는 흥미롭지 않은 정도를 넘어서 짜증스럽습니다. 그런 얘기를 하는 친척들 가운데 누군가는 기가 살아 있고 누군가는 기가 죽어 있습니다. 누군가는 입을 다물 줄 모르고 누군가는 입을 벌릴 줄 모릅니다. 친척 가운데 세속적으로 잘 풀리는 사람에겐 서로 앞 다투어 말을 걸고, 일이 잘 풀리지 않는 사람 앞에선 뭔가 불편한 예의를 지킵니다. 저는 그런 분위기가 견디기 힘듭니다.

직장 동료들이 저를 이기주의자라 부른 것은, 물론 함께 일을 하면서도 저를 그리 여겼는지는 모르겠습니다만, 제가 직장을 그만둘 때였습니다. 저는 직장을 세 군데 다녔는데 이기주의자 소리를 듣지 않고 나온 건 마지막 한 번뿐이었습니다. 그때의 이기주의자란 '조직을 버린 자'란 뜻이었습니다.

두번째 직장을 그만둘 때 제가 이기주의자라 비난받은 건 좀 뜻밖이었습니다. 제가 무슨 조건 좋은 직장으로 이직을 하는 것이 아니라, 바람이 들어서 직장을 그만두고 유럽에 가 백수로 살겠다는 것이었기 때문이었지요. 좋게 해석하면, 그때 저를 이기주의자라 비난한 동료들은 저를 그들 가운데 하나로, 그러니까 가족으로 대접해주었기 때문인지도 모릅니다. 그렇다면 마지막 직장 동료들이 저를 이기주의적이라 비난하지 않은 건 저를 자신들 가운데 하나로, 그러니까 가족으로 여기지 않아서일 겁니다. 그런데 저는 그쪽이 더 고맙습니다.

그러니까 제가 이기주의자라 비난받는 이유는 주로 제가 소속된 집단에(가족·친척 같은 공동사회든 직장 같은 이익사회든) 영구적으로 붙어 있지 않았다는 것인 듯합니다. 가족·친척이야 제가 원한다고 그 관계에서 벗어날 수 있는 것은 아니니, 제가 다른 '집안사람들'처럼 그들과 자주 어울리지 않는다는 뜻일 겁니다.

그런데 곰곰 생각해보면, 그들이 발견한 제 이기주의라는 것의 속살은 제 쾌락주의인 것 같습니다. 저는 핏줄로 연결된 가족·친척들 모임보다는 제가 선택한 가까운 친구들과의 자리가 한결 즐겁습니다. 그리고 단지 집안사람이라는 이유로 가족·친척들과 즐거워 죽겠다는 표정을 하고 있는 게 싫습니다. 저는 또 직장에 책상을 가지고 누군가의 동료로서, 그러니까 누군가의 가족으로서 버젓한 것도 좋았겠지만, 그것보다 출근 걱정 없이 좀 멋대로 사는 것에 더 끌렸습니다. 저는 가문의 영광보다는 자잘한 쾌락에 더 이끌렸습니다.

그러니까 제가 이기주의자가 된 것은 허랑방탕한 생활이나 자유로운 술자리 같은 '사소한 것들'에 대한 욕망을 절제할 수 없었기 때문인 셈입니다. 그 욕망을 절제하지 못한 결과 저는 이기주의자가 되었지만, 제 이타주의자 친척들이나 옛 동료들에게 크게 미안하지는 않습니다. 그들은 가문에 대한 귀속과 충성이라는 그 이타주의 덕분에 저보다 한결 안정되고 탐스러운 삶을 누리고 있기 때문입니다. 모두가 그렇다는 것은 아닙니다만, 아무튼 제 앞에서 자신의 이타주의를 뽐냈던 사람들 몇은 삶이 세속적으로 버젓합니다. 지혜로운 그들은 명분과 실질을, 윤리와 이익을 동시에 취하고 있는 겁니다.

제 가족 친척들이나 옛 동료들이 앞으로는 저를 그저 쾌락주의자라거나 찰나주의자(찰나의 쾌락만을 좇는다는 의미에서 말입니다)라고 불러줬으면 좋겠습니다. 그 층위와 양태만 다를 뿐 누구도 이기주의에서 벗어날 수 없는 이상, 이기주의자라는 말은 변별성이 너무 없지 않은가요?

그것이 가족의 외양을 하고 있든 동아리나 직장의 외양을 하고 있든 혹은 나라의 외양을 하고 있든, 저는 가문의 영광을 제 자신의 영광과 일치시키기엔 너무 사사로운 기질을 타고난 모양입니다. 그렇다면 결국 저는 너무 이기적인 셈인가요? 넋두리 들어주셔서 고맙습니다. (미발표)

내 둘째 매제를 소개합니다

시집 가 애들 키우며 사는 아줌마 누이동생이 내겐 셋 있다. 그 가운데 둘째 누이는 나와 한 아파트에 산다. 바로 옆 동이다. 첫째 누이는 청주로 시집을 갔고 막내는 전주로 시집을 간 터라, 남매들 가운덴 둘째 누이와 내가 그나마 자주 어울리게 되었다. 그 누이의 남편, 곧 내 둘째 매제는 한 종합병원의 가정의학과 의사다. 그는 나보다 한 살 아래일 뿐이지만 나를 꼭 '형님'이라고 부르고, 나는 그 징그러운 호칭을 뻔뻔스럽게 접수한다. 매제와 누이는 두 사람이 따로따로 알고 있던 선배 부부의 소개로 만나 두 해쯤 연애하다 결혼했다. 내 부모님은 의사 사위를 '살' 형편이 전혀 못 되었으므로, 그리고 나 역시 최저생계비를 겨우 웃도는 임금을 주는 신생 신문사의 평기자였으므로, 매제가 한국 의사들의 평균적 감수성을 지녔다면 그 두 사람이 결혼하기는 쉽지 않았을 것이다. 나는 지금 내 매제가 썩 괜찮은 사내라고 말하고 있는 중이다. 정작 괜찮은 분들은 금반지 하나를 달랑 예물로

들고 온 고등학교 평교사 딸을 기꺼이 며느리로 맞으신 매제 부모님들일지도 모르지만.

부모님들이 두 분 다 이북 출신인 터라, 매제는 남쪽에 친척들이 많지 않다. 반면에 우리 집은 6촌까지는 한가족이라는 전통적 대가족 감수성을 아직까지 버리지 못한, 그래서 돌아가신 분들의 기일이 되면 일가붙이 수십 명이 한 집에서 와글거리는 완고파다. 그러다 보니, 결국 수적 열세 탓이겠지만, 누이가 매제네 식구가 되었다기보다는 매제가 우리 식구가 돼버렸다. '시집 가는 것'과 '장가 드는 것'은 한 사건의 다른 측면일 뿐이지만, 아무튼 내 둘째 누이 내외의 경우엔 본의 아니게 장가가 시집을 (오로지 수의 힘에 의지해) 압도해버린 것이다. 몇 년 전에 바깥분을 여의시고 지금은 막내 아들과 사는 매제 어머님은 그런 둘째 아들이 꽤 서운할지도 모른다. 그분이 그런 기색을 내비치셨다는 얘기는 들은 바 없지만.

매제는 성격이 그리 좋은 사람이라고는 할 수 없다. 환자를 어떻게 대하는지는 모르겠지만, 아무튼 내가 '친구'로서 내리는 평가는 그렇다. 아마 한국의 평균적 의사들에 견주어도 성격이 나쁜 편일 것이다. 그래서 '사람 좋은' 나하고도 가끔은 티격태격한다. 그래도 내가 매제에게 마음이 상하지 않는 것은 그의 그 '나쁜' 성격이 높은 윤리성의 이면이라는 것을 알고 있기 때문이다. 종합병원에 한번 다녀오는 것이 작지 않은 스트레스인 한국 사회에서 가족이나 가까운 친척 가운데 종합병원 의사가 있다는 것은 일종의 특권이라 할 만한데, 매제는 제 가족이나 인척이 그런 특권을 누리는 것을 달가워하지 않는다. 누군가가 차례를 무시하고 진료를 먼저 받으면 다른 외래 환자들 모두가 부당하게 그 시간만큼을 더 기다려야 하는데, 그리고 담당

의사 친지들의 새치기 때문에 대기실에서 시간을 더 보내야 하는 환자 가운데는 새치기꾼보다 병이 더 위중한 사람이 있을 수 있는데, 매제는 그런 '불의'가 짜증스러운 것이다. 그러나 뻔뻔한 나는 매제가 싫어하는 것을 알면서도 늘, 은 아닐지라도 적어도 필요할 때마다, 그런 불의를 기꺼이 실천한다. 그리고 매제는 매번 달갑지 않은 표정으로 별수 없이 그 불의의 공범이 돼준다.

내가 매제의 좋은 환자가 아닌 것은 그를 자주 그런 불의에 끌어들여서만은 아니다. 천성이 약골에 가까운데다가 생활습관도 영 불건전한 나는 늘 건강 걱정으로 전전긍긍하면서도 매제의 정당한 충고를 듣지 않는다. 나는 매제가 끊으라는 담배를 끊지 않았고, 매제가 줄이라는 술을 줄이지 않았다. 매제가 하라는 운동도 귓등으로 흘려버렸다. 내가 하는 팔운동이라고는 술잔을 들었다 내렸다 하거나 담배를 입에 댔다 뗐다 하는 것 정도고, 내가 하는 다리운동이라고는 화장실이나 식당엘 다녀오는 것 정도다. 그러다가 몸 어딘가가 쿡쿡 쑤신다거나 기침이 오래 멎지 않으면, 나는 다시 매제의 직장으로 달려가 길게 늘어앉아 있는 환자들 앞을 위풍당당하게 지나서 매제의 진료실 문을 열어제치는 것이다. 간호사들도 이젠 내 얼굴을 알아보고 멋쩍은 웃음으로 그냥 들여보내지만, 매제는 자신과 간호사들을 불의의 공모자로 끌어들인 내가 영 못마땅한 표정이다. 그래도 그가 나를 쫓아내는 법은 없었다, 아직까지는.

매제는 슬픈 표정을 짓는 법이 거의 없다. 그는 대개 쾌활하고 이따금 신경질적이다. 그런데 딱 한 번, 그가 슬픈 표정을 짓는 것을 본 기억이 있다. 두세 해 전에 그가 대한의사협회에서 쫓겨났을 때였다. 그는 그 전해인가 건강보험 개혁이 촉발시킨 의사 파업에 단호히 반대함으로써 대한민국 의사들의 미움을 한 몸에 받기 시작했는데, 의사협회는 마침내 그 행동이 의사들의 '권익'을 침해했다는 이유로 매제와 원로의사 한 분에게 회원자격 정지 처분을 내렸다. 매제가 의사협회에서 내쳐진 날 밤 나와 하이트를 마시며 지은 표정이 바로 그 슬픈 표정이었다. 그 자리에서 매제는 쾌활하게 웃지도 않았고, 신경질을 내지도 않았다. 그냥 슬픈 표정이었다. 나 역시 슬픈 표정으로 그에게 하나마나한 위로를 건넸다. 그러나 그 자리가 파할 때쯤 나는 굳이 슬픈 표정을 짓고 있을 필요가 없어졌다. 매제가 언제 그런 일이 있었냐는 듯 평소처럼 다시 쾌활해졌기 때문이다. 나는 매제가 그 뒤 의사협회 회원 자격을 회복했는지, 아니면 계속 비회원 의사로 남아 있는지 모른다. 아무튼 그는 의사협회에서 쫓겨난 뒤에도 직장에서는 쫓겨나지 않았다. 그 병원의 원장님께 축복을!

　매제는 요즘 매일 새벽에 아파트 근처의 천변으로 조깅을 나간다. 제 건강을 위해서이기도 하지만, 환자들에게 신뢰를 주기 위해서라고 한다. 비만은 건강의 적신호라며 매일 조금씩이라도 운동을 하라고 환자들에게 조언하는 의사가 정작 자신은 뱃살이 볼록해 있다면 얼마나 우스꽝스럽겠는가? 매제가 쉰, 예순, 일흔이 되도록 배가 홀쭉하기를 기원한다. 술 마시기와 담배 피우기를 운동의 전부로 삼는 내 배야 볼록하더라도. (세아, 02/7~8)

강금실, 또는 느낌의 지성

나이 마흔에 낭인으로 귀국해 가라앉은 세월을 보내고 있던 1998년 여름, 뜻밖에도 내게 멋진 행운이 찾아왔다. 서울 역삼동의 어느 낮술 자리에서 친구들과 어울리다가, 강금실이라는 여자를 알게 된 것이다. 그런데 행운은 거기서 그치지 않았다. 그 나이에 술자리에서 처음 어울리게 된 사람이라면 그저 '아는 여자' '아는 남자' 사이로 머무르기 십상일 텐데, 금실은 순식간에 내 가까운 친구가 되었다. 그리고 그 뒤 아홉 해 동안 그 여자는 내 일상의 한 부분이었다. 나는 금실이 친누이라도 되는 양 그에게 응석과 신경질을 부려댔고, 금실은, 누이의 너그러움으로, 그 응석과 신경질을 기꺼이(라고 말하는 건 나 좋을 대로 생각하는 건지도 모르겠으나 어쨌든) 받아주었다. 그 일방적인 응석과 신경질의 시간 속에서 함께 지지고 볶고 갈팡질팡하다 보니, 어느새 금실은 쉰을 넘겼고 나 역시 쉰을 코앞에 두었다. 금실과 내 앞에 얼마쯤의 생애가 남아 있는지는 모르겠으나, 그가 앞으로도 계속 내

응석과 신경질을 누이처럼 받아주었으면 좋겠다. 앞으로 내가 아무리 나이를 먹어도 우리가 사는 시공간 속에선 금실과의 두 살 차이를 따라잡지 못할 테고, 응석과 신경질은 손아래의 몫이니 말이다.

앞에서 나는 금실을 알게 된 것이 멋진 행운이었다고 말했다. 왜? 이 여자가 예외적인 내면의 소유자이기 때문이다. 예외적? 나는 그 말을 '풍요로운' '다채로운'이라는 뜻으로 썼다. 내가 흘끗흘끗 들여다본 금실의 내면은 시간과 나란히 풍요롭고 다채로웠다. 얼마나? 때때로 그 정향(定向)이 모순적으로 느껴질 정도로. 금실은 부드러우면서 다부지고, 명석하면서 어수룩하고, 너그러우면서 단호하고, 반성적이면서 행동적이고, 내향적이면서 외향적이고, 우울하면서 낙관적이고, 도톰하면서 날씬하고, 둔탁하면서 민첩하고, 무디면서 예민하다. 간추리자면, 차가우면서 뜨겁다. 그러나 이런 대립항들이 서로 맞버티는 것은 이 여자 내면의 표층에서일 뿐이다. 강금실 내면의 심층에서 그것들은 가지런한 질서를 이루고 있는 것 같다. 그 질서의 이름은 어기찬 윤리 감각이다. 그리고 그 윤리 감각이란 세상의 약한 것들에 대한 연대의식이다. 금실의 개인사는 전형적인 주류의 표지로 채워져 있지만, 그의 감수성은 변두리를 향해 거침 없이 뻗어나 있다. 언젠가 이 여자는 내게, 마음 한구석에 한(恨)이 없는 사람, 맺힘이 없는 사람은 미덥지가 않다고 털어놓은 적 있다.

여기서 더 나아가지 않는 게 좋겠다. 프로이트에게 눈길도 줘보지 않은 처지에 얼치기 정신분석학자 시늉을 하고 싶진 않으니. 다만, 이 책, 『서른의 당신에게』를 이루는 글들이 금실의 다채롭고 풍요로운 내면을, 온갖 다양성으로 발현하면서도 깊숙한 수준에선 다부진 윤리 감각에 의해 가지런히 조율되는 그의 내면을 은근히 보여주고 있다는 점만 지적하자. 그러니까 『서른의 당신에게』는, 어느 정도 자기검열이 작동하기는 했겠으나, '강금실이 말하는 강금실'이다.

　글을 쓰는 능력은 인간 지성의 작은 부분에 지나지 않는다. 최고의 문장이 최고의 지성을 드러내는 것도 아니고, 서툰 문장이 덜 익은 지성을 고스란히 증명하는 것도 아니다. 글의 됨됨이는 그 글의 필자가 지닌 지성의 편린만을 보여주게 마련이다. 글쓰기는 지성의 영역인 것만큼이나(또는 그 이상으로) 기술의 영역이다. 다시 말해 직업적 문필가는 지식인인 동시에 기술자다. 그러니, 문필업 바깥 세계에서 자신의 지성을 넉넉히 증명한 사람이, 설령 글쓰기의 '기술'이 부족하다 해서, 그것을 부끄러워해야 할 이유는 없다. 더 나아가 그가 책을 낼 때, 설령 그 문장 하나하나를 스스로 쓰고 다듬지 않았다 해도, 크게 부끄러워해야 할 일은 아닐지도 모른다. 우리가 사는 세상에선 정치인이나 최고경영자를 포함한 다수의 명망가들이 구술을 통해 책을 쓴다. 말하자면 글쓰기 '기술자'의 도움을 받는다. 그래도 그 책이 구술자의 저서임은 엄연하다. 빌 클린턴이 자신의 회고록을 구술에 의존했다 해서, 이미 증명된 그의 빛나는 지성을 의심하는 사람은 없을 게다. 또 그 회고록이 클린턴의 저서가 아니라고 말하는 사람도 없을 게다.

　그래도, 문필업 바깥에서 일가를 이룬 사람이 자신의 책을 직접 쓰는 것은 보기 좋은 일이고 존경할 만한 일이다. 그렇게 쓰인 문장이 문필가의 글 못지않다면 거기에 더해 경탄할 만한 일이다. 바그너나 베를리오즈는 뛰어난 작곡가였던 것 못지않게 뛰어난 문필가였고, 처칠이나 드골도 정치의 기술 못지않게 글쓰기의 기술을 뽐냈다. 한국 법조계에도, 돌아간 조영래 변호사나 희망제작소를 이끄는 박원순 변호사처럼 문장가라 이를 만한 사람들이 있다. 이들이 존경스럽고 경탄스러운 것은, 비록 글쓰기 능력이 인간 지성의 작은 부분에 지나지 않는다 할지라도, 그것이 그 크기에 견줘 매우 중요한(더러는 치명적인) 부분이기 때문이다. 글쓰기 능력은, 아마 수학적 연산 능력과 더불어, 지성의 궁전에서 가장 호사스러운 방을 차지하고 있을 테다. 그 능력들은 작달막하지만 결정적인 능력들인 것이다. 베를리오즈나 드골이나 조영래는, 자신들의 글이 직업적 문필가의 글 못지않게 이로정연하고 맵시 있다는 것을 보여줌으로써, 자신들의 지성이 핵심적이고 총체적이라는 것을 증명했다.

금실은 학창과 법조계와 행정부에서 보낸 삶을 통해 자신의 지적 능력을 넉넉히 증명해왔다. 그 지성은 그가 직업적 이유로 수도 없이 썼을 판결문과 변론서에 농축돼 있을 것이다. 그러니, 그가 대중과 소통하고자 처음으로 쓴 이 책을, 세속적으로 성공한 사람들이 흔히 그러듯 구술에 의존했다 해도, 그의 지성을 의심할 사람은 없을 것이다. 그것이 그의 책이 아니라고 말할 사람도 없을 것이다. 다시 말해, 그가 설령 글쓰기 '기술자'의 도움을 받아 이 책을 썼다 해도 그것이 크게 비판받을 일은 아니다. 그래도 나는, 이 책의 문장 하나하나가 다른 누구도 아닌 금실 자신의 마음속에서 구상되고 그의 손끝에서 나오고 그의 손끝으로 다듬어졌다는 사실이 기쁘다. 지난해 선량한 독자들의 눈살을 찌푸리게 했던 일련의 '가짜 저자' 소동 때문에도 더 그렇다. 금실은 『서른의 당신에게』 텍스트를 출판사에 보낸 뒤, 내게도 보내며 혹시 고치는 것이 나을 대목이 없는지 의견을 물었다. 나는 단숨에 이 글들을 다 읽었고, 아무런 의견도 내놓지 않았다. 사람을 충분히 주눅들게 할 정도로 여러 분야에서 뛰어남을 보여준 이 여자에게 글재주까지 있는 게 질투 나, 잠시 그저 어쩔 줄 몰랐을 따름이다. 물론 그 질투에는, 내가 금실을 가까운 친구로 여기는 만큼, 자랑스러움도 살짝 버무려져 있었다.

　금실의 이 책은 그의 지성이 부분적으로 문학적 지성이기도 하다는 점을 보여준다. 말을 바꾸면, 그의 지성이 빛이나 냄새나 맛 같은 구체적 세계와 삶에서 분리된 갈릴레이 이래 추상적 지성이 아니라, 몇몇 현상학자들이 복권시키려 한, 육체와 대지의 삼투와 조화를 전제로 한 '느낌의 지성'이라는 것을 보여준다. 금실의 지성은 테크노사이언스의 지성이 아니라 '삶'의 지성이다. 그가 법조인으로서나 행정가로서 많은 사람들의 마음을 얻은 것도 그의 지성이 이렇게 '느낌으로서의 삶'에 굳건히 닻을 내리고 있기 때문일 게다. 독자들도 이 책을 통해 강금실이라는 사람을 추상적이고 객관적으로 아는 데서 더 나아가 그의 사람됨을, 그의 내면을 느낌으로 움켜쥐었으면 좋겠다.

　금실은 이 책을 쓰며 시름시름 앓았다. 이제 키보드에서도 놓여났으니, 생기발랄한 '오십대 언니'로 돌아왔으면 좋겠다. 내가 늘 기대는, 존경하고 사랑하는 친구가 '저자'가 된 것을 축하한다. (강금실, 『서른의 당신에게』 발문, 07/02/09)

이야기된 시공간의 문 앞에서

'나만의 공간'을 이야기한다는 것은 자신의 은밀한 영역을 설핏 내비
친다는 뜻일 테다. 거북하다면 거북한 그 일을 이 책 저자들은 기꺼이
떠맡아 주었다. 이들은 대체로 문인들이지만, 변호사나 만화가나 한
의사나 언론인 같은 다른 분야 전문직 종사자도 끼여 있다. 글을 모아
놓고 보니 놀랍다. 저자들이 엇비슷한 영역에서 동시대를 살아가고
있는 만큼 그 공간들이 겹칠 법도 하건만, 이들의 공간은 죄다 다르
다. 가히 개성의 만화경이다. 아니, 겉보기에 닮은 듯한 공간들이 없
는 것은 아니나, 그 공간을 바라보는 시선들과 그 공간을 이야기하는
목소리들은 판이하다. 사람이, 그 종적(種的) 동질성에 구속돼 있는
동류이면서도, 그 하나하나가 독립된 소우주라는 상투적 언설의 진실
성을 새삼 실감한다. 이 책에 묶인 글들은 그 하나하나가 저자들의 개
인성을, 이질적 기질과 취향과 세계관을 거침 없이 드러낸다. 그래서,
이 글들 하나하나는 그 자체로 저자들 자신만의 공간을 이룬다. 그러

나 그 공간들은 서로 불화하지 않는다. 그 공간들은, 그 개성적 목소리들은 너그러운 조화 속에서 은은한 맥놀이를 만들어내며 또 다른 스테레오 공간을, 목소리들의 연회를 이룬다. 독자들이 쥐고 있는 책 『나만의 공간』은, 그러니까, 그 공간들의 공간이고 목소리들의 목소리다. 그것은 입체기하학의 한 풍경이다.

그렇다 하더라도 이 이질적인 시선들과 목소리들을 꿰어내는 한두 개의 공리(公理)가 없는 것은 아니다. 그 하나는, 나만의 공간이란 곧 나만의 시간이라는 점이다. 한 저자가 지적하듯, 누구에게나 공간은 기억이고, 시간의 응축이다. 또 다른 저자가 진단했듯, 우리가 저만의 공간을 이야기하며 원하는 것은 추억의 힘을 잃지 않는 것이다. 그래서 『나만의 공간』에서 펼쳐지는 공간의 이야기는 어김없이 시간의 추억이다. 그렇다면, 『나만의 공간』을 시간들의 시간이라고, 추억된 이야기들의 이야기라고 볼 수도 있겠다. 시간은 현실을 기억 속으로 실어 나른다. 시간에 의해, 내 몸 바깥 현실의 물질성은 내 뇌 안에서 관념으로 해체돼 갈무리된다. 그 관념의 시간이 바로 나만의 공간이고 나만의 이야기다. 그러나 기억이라는 그 관념은 현실을 또 얼마나 일그러뜨리는가. 그 일그러진 기억은 달리 말해 상상이다. 적어도 상상의 한 자락이다. 모든 이야기는 기억이면서 상상이다. 그러니, 『나만의 공간』을 상상들의 상상이라 할 수도 있겠다.

이와는 조금 다른 맥락에서, 공간이란 그 공간을 채우는 생명체다. 이 책의 또 다른 저자가 지적했듯, "산천은 의구한데 인걸은 간 데 없네"라는 선인의 감회는 사실을 제대로 살피지 못한 것이다. 인걸이 간 데 없는 그 산천은 이미 의구하지 않다. 한 공간을 살아가던 존재들이 사라지면 그 공간도 사라진다. 그러니 동시대를 살아가는 이 책의 저자들은, 어떤 점에서는, 다르면서도 같다. 자신의 시공간 안에 역사를 담아내는 어떤 저자와 길고양이를 담아내는 다른 저자는, 놀라워라, 똑같은 윤리적 개인주의로 자신을 얽어맨다.

이제 독자들 앞에선 열한 개의 '나만의 시공간'이, '나만의 이야기'가 펼쳐진다. 그 이야기된 시공간은 이름 없는 망자들이 개인을 역사에 구속시키는 시공간이기도 하고, 요약되고 논평되고 주석되며 현실과 교호하는 동화들의 이야기-역사이기도 하고, 호모 파베르의 감수성이 꿈틀거리기 시작하는 유년의 다락방이기도 하고, 붙박이와 떠돌이가 조우하는 정거장이기도 하다. 어느 저자는 깊숙한 바닥에서 이어진 두 시공간을 이야기한다. 한 군데는 마음의 감옥이고 또 한 군데는 잠과 꿈이다. 한쪽은 그를 가두고 다른 쪽은 그를 풀어놓는다. 한 쪽은 기억이고 다른 쪽은 상상이다. 아니 거꾸로다. 저쪽이 상상이고 이쪽이 기억이다. 차라리, 상상이 기억이고 기억이 상상이다. 어떤 시공간에서는 익숙한 것이 낯설게 변하며 세상살이의 일상적 산문성(散文性)이 치유된다. 또 다른 시공간에서는 불가능한 탈주가 계획되고 서늘한 일탈이 실천된다. 저자들은 추억된 이야기들을 잘게 썰고 다시 그러모으며 자신들만의 시공간의 문을, 그러므로 우리들의 시공간의 문을 열어제친다. 여기가 문턱이다. (『나만의 공간』, 편집의 말, 06/10/27)